코레일
(한국철도공사)

경영학

[사무영업(일반)]

- 제 1 회 -

성명		생년월일	
시험시간	70분	문항수	70문항

〈응시 전 주의사항〉

○ 문제지 해당란과 OMR답안지에 성명과 생년월일을 정확하게 기재하십시오.

○ 기재착오, 누락 등으로 인한 불이익은 응시자 본인의 책임이니 OMR 답안지 작성에 유의하십시오.

○ 필기시험의 만점은 100점으로 합니다.

SEOWONGAK
(주)서원각

> > > **직업기초능력평가**

1 다음 글의 주제로 가장 적절한 것을 고른 것은?

유럽의 도시들을 여행하다 보면 여기저기서 벼룩시장이 열리는 것을 볼 수 있다. 벼룩시장에서 사람들은 낡고 오래된 물건들을 보면서 추억을 되살린다. 유럽 도시들의 독특한 분위기는 오래된 것을 쉽게 버리지 않는 이런 정신이 반영된 것이다.

영국의 옥스팜(Oxfam)이라는 시민단체는 헌옷을 수선해 파는 전문 상점을 운영해, 그 수익금으로 제3세계를 지원하고 있다. 파리 시민들에게는 유행이 따로 없다. 서로 다른 시절의 옷들을 예술적으로 배합해 자기만의 개성을 연출한다.

땀과 기억이 배어 있는 오래된 물건은 실용적 가치만으로 따질 수 없는 보편적 가치를 지닌다. 선물로 받아서 10년 이상 써 온 손때 묻은 만년필을 잃어버렸을 때 느끼는 상실감은 새 만년필을 산다고 해서 사라지지 않는다. 그것은 그 만년필이 개인의 오랜 추억을 담고 있는 증거물이자 애착의 대상이 되었기 때문이다. 그러기에 실용성과 상관없이 오래된 것은 그 자체로 아름답다.

① 서양인들의 개성은 시대를 넘나드는 예술적 가치관으로부터 표현된다.

② 실용적 가치보다 보편적인 가치를 중요시해야 한다.

③ 만년필은 선물해 준 사람과의 아름다운 기억과 오랜 추억이 담긴 물건이다.

④ 오래된 물건은 실용적인 가치보다 더 중요한 가치를 지니고 있다.

⑤ 오래된 물건은 실용적 가치만으로 따질 수 없는 개인의 추억과 같은 보편적 가치를 지니기에 그 자체로 아름답다.

2 밑줄 친 단어를 바꾸어 쓰기에 적절한 것은?

조선시대 우리의 전통적인 전술은 흔히 장병(長兵)이라고 불리는 것이었다. 장병은 기병(騎兵)과 보병(步兵)이 모두 궁시(弓矢)나 화기(火器) 같은 장거리 무기를 주무기로 삼아 원격전(遠隔戰)에서 적을 제압하는 것이 특징이었다. 이에 반해 일본의 전술은 창과 검을 주무기로 삼아 근접전(近接戰)에 치중하였기 때문에 단병(短兵)이라 일컬어졌다. 이러한 전술상의 차이로 인해 임진왜란 이전에는 조선의 전력(戰力)이 일본의 전력을 압도하는 형세였다. 조선의 화기 기술은 고려 말 왜구를 효과적으로 격퇴하는 방도로 수용된 이래 발전을 <u>거듭</u>했지만, 단병에 주력하였던 일본은 화기 기술을 습득하지 못하고 있었다.

그러나 이러한 전력상의 우열관계는 임진왜란 직전 일본이 네덜란드 상인들로부터 조총을 구입함으로써 역전되고 말았다. 일본의 새로운 장병 무기가 된 조총은 조선의 궁시나 화기보다도 사거리나 정확도 등에서 훨씬 우세하였다. 조총은 단지 조선의 장병 무기류를 압도하는데 그치지 않고 일본이 본래 가지고 있던 단병 전술의 장점을 십분 발휘하게 하였다. 조선이 임진왜란 때 육전(陸戰)에서 참패를 <u>거듭</u>한 것은 정치·사회 전반의 문제가 일차적 원인이겠지만, 이러한 전술상의 문제에도 전혀 까닭이 없지 않았던 것이다. 그러나 일본은 근접전이 불리한 해전(海戰)에서 조총의 화력을 압도하는 대형 화기의 위력에 눌려 끝까지 열세를 만회하지 못했다. 일본은 화약무기 사용의 전통이 길지 않았기 때문에 해전에서도 조총만을 사용하였다. 반면 화기 사용의 전통이 오래된 조선의 경우 비록 육전에서는 소형화기가 조총의 성능을 당해내지 못했지만, 해전에서는 함선에 탑재한 대형 화포의 화력이 조총의 성능을 압도하였다. 해전에서 조선 수군이 거둔 승리는 이순신의 탁월한 지휘력에도 힘입은 바 컸지만, 이러한 장병 전술의 우위가 승리의 기본적인 토대가 되었던 것이다.

① 반복   ② 제압

③ 장만   ④ 작용

⑤ 각오

3   다음 글과 어울리는 사자성어로 적절한 것은?

> 진나라의 사마위강은 자신이 모시는 도공에게 이런 말을 하였다. "전하, 나라가 편안할 때일수록 위기가 닥쳐올 것을 대비해야 합니다. 위기가 닥칠 것을 대비해 항상 만반의 준비를 하고 있어야 합니다. 미리 준비를 하고 있으면 걱정할 것이 아무 것도 없습니다." 이 말을 깊이 새겨들은 도강은 위기에 대처할 수 있도록 준비하였고, 마침내 천하통일을 이루었다.

① 토사구팽(兎死狗烹)　　② 유비무환(有備無患)

③ 와신상담(臥薪嘗膽)　　④ 선공후사(先公後私)

⑤ 맥수지탄(麥秀之嘆)

4   다음 글을 읽고 독자의 반응으로 옳지 않은 것으로 짝지어진 것은?

> 1918년 캘리포니아의 요세미티 국립공원에 인접한 헤츠헤치 계곡에 댐과 저수지를 건설하자는 제안을 놓고 중요한 논쟁이 벌어졌다. 샌프란시스코 시에 물이 부족해지자 헤츠헤치 계곡을 수몰시키는 댐을 건설하여 샌프란시스코에 물을 안정적으로 공급하자는 계획이 등장한 것이다. 이 계획안을 놓고 핀쇼와 뮤어 사이에 중요한 논쟁이 벌어지는데, 이는 이후 환경문제에 대한 유력한 두 가지 견해를 상징적으로 드러낸다.
>
> 핀쇼는 당시 미국 산림청장으로서 미국에서 거의 최초로 전문적인 교육과 훈련을 받은 임업전문가 중의 한 사람이었다. 또한 핀쇼는 환경의 보호관리(conservation) 운동의 창시자였다. 이 운동은 산림 지역을 지혜롭게 이용하기 위해서는 이를 보호하는 동시에 적절하게 관리해야 한다는 주장을 폈다. 핀쇼는 국유림을 과학적으로 경영, 관리해야 한다고 생각하였다. 그의 기본 방침은 국유지는 대중의 필요와 사용을 위해 존재한다는 것이었다. 그는 "어떤 사람은 산림이 아름답고 야생 생물의 안식처라는 이유를 들어 이를 보존해야 한다고 주장한다. 하지만 우리의 산림 정책의 목표는 산림을 보존하는 것이 아니라 이를 활용하여 행복한 가정을 꾸미고 대중의 복지를 추구하는 것"이라고 말하였다. 핀쇼는 계곡에 댐을 건설하려는 샌프란시스코시의 계획을 지지하였는데 그 근거는 계곡의 댐 건설이 수백만의 사람들이 필요로 하는 물을 제공할 수 있다는 점이었다. 그는 이것이 자연자원을 가장 효과적으로 사용하는 방법이라고 생각하였다.
>
> 반면 시에라 클럽의 창립자이며 자연보존(preservation) 운동의 대변자인 뮤어는 계곡의 보존을 주장하였다. 그는 자연을 인간의 소비를 위한 단순한 상품으로만 간주하는 보호관리주의가 심각한 문제점을 지닌다고 생각하였다. 그는 야생 자연의 정신적이고 심미적인 가치를 강조했으며, 모든 생명체의 내재적 가치를 존중하였다. 그는 헤츠헤치 계곡이 원형대로 보존되어야 하며 댐을 건설하여 계곡을 파괴하는 인간의 행위는 막아야 한다고 주장하였다.

> ㉠ 정아 : 위 글에는 환경문제에 대한 두 가지 견해가 나타나있어.
>
> ㉡ 연수 : 두 명의 전문가의 의견은 서로 대립되고 있어
>
> ㉢ 인아 : 당시 미국 산림청장이던 뮤어는 계곡의 보존을 주장하였어.
>
> ㉣ 우리 : 핀쇼는 산림정책의 목표를 산림을 활용해서 대중의 복지를 추구하는 것으로 보았어.

① ㉠　　　　　　　　　　② ㉡

③ ㉢　　　　　　　　　　④ ㉣

⑤ ㉠㉡

5   다음 중 ㉠의 의미로 적절한 것은?

> 우리 민족은 고유한 성(姓)과 더불어 성씨 앞에 특정지역의 명칭을 붙여 사용하고 있다. 이를 본관이라고 하는데, 본관의 사용은 고려시대부터 시작되었다. 고려전기 본관제(本貫制)의 기능은 무엇보다 민(民)에 대한 통제책과 밀접하게 관련되어 있었다. 민의 거주지를 파악하기 위한 수단이었음은 물론 신분, 계층, 역(役) 등을 파악하고 통제하는 수단이 되었다. 운영원리로 볼 때 지역 간 또는 지역 내의 위계적인 지배방식과도 관련되어 있었다. 그리고 그것은 국가권력의 의사가 개별 민에게 일방적으로 관철되는 방식이 아니라 향촌사회에 존재하고 있던 공동체적 관계를 통해 관철되는 방식이었다.
>
> 12세기부터 향촌사회에서 향촌민이 몰락하여 계급분화가 심화되고 유망(流亡) 현상이 극심하게 ㉠일어나면서, 본관제를 통한 거주지 통제정책은 느슨해져 갔다. 이러한 상황에 대처하여 고려정부는 민이 거주하고 있는 현재의 거주지를 인정하고 그 거주지의 민을 호적에 올려 수취를 도모하는 정책을 시도하게 되었다. 이에 따라 지역 간 위계를 두는 지배방식을 유지하기 어렵게 되었다. 향소·부곡과 같은 특수행정구역이 감소되었으며, 부곡민도 일반 군현민과 서로 교류하고 이동할 정도로 군현민과의 신분적인 차이가 미미해졌다.

향촌사회의 변동은 많은 변화를 초래하였다. 먼저 향리층이 이전처럼 향촌질서를 주도하기 어려워졌다. 향리층은 본관을 떠나 이동하였고, 토착적 성격이 희박해진 속성(續姓)이 증가하였다. 이들은 살기 좋은 곳을 찾아 이주하거나 외향(外鄕)이나 처향(妻鄕)에서 지역 기반을 마련하는 경우가 많았다. 향리층은 아전층인 이족(吏族)과 재지품관층인 사족(士族)으로 분화하기 시작하였고, 이후 사족은 지방관과 함께 향촌사회 지배의 일부를 담당했다. 또한 본관이 점차 관념적인 혈연을 의미하는 것으로 바뀌게 되었고, 동성(同姓)은 본래 동본(同本)이었다는 관념이 커지게 되었다. 동성동본 관념은 성관(姓貫)의 통합을 촉진시켰고, 군소 성관들이 본래의 본관을 같은 성(姓)의 유력 본관에 따라 고치는 현상을 확대시켰다.

본관제의 성격이 변화함에 따라, 죄지은 자를 자기 본관으로 돌려보내는 귀향형(歸鄕刑)이나 특정한 역에 편입시키는 충상호형(充常戶刑)과 같은 법제는 폐지되었다. 그러한 법제는 본관제의 기능과 관련해서만 유의미한 것이었기 때문이다.

① 어떤 일이 생기다.
② 어떤 마음이 생기다.
③ 누웠다가 앉거나 앉았다가 서다.
④ 잠에서 깨어나다.
⑤ 약하거나 희미하던 것이 성하여지다.

6 다음 글에 나타난 아리스토텔레스의 견해에 대한 이해로 가장 적절한 것은?

자연에서 발생하는 모든 일은 목적 지향적인가? 자기 몸통보다 더 큰 나뭇가지나 잎사귀를 허둥대며 운반하는 개미들은 분명히 목적을 가진 듯이 보인다. 그런데 가을에 지는 낙엽이나 한밤중에 쏟아지는 우박도 목적을 가질까? 아리스토텔레스는 모든 자연물이 목적을 추구하는 본성을 타고나며, 외적 원인이 아니라 내재적 본성에 따른 운동을 한다는 목적론을 제시한다. 그는 자연물이 단순히 목적을 갖는 데 그치는 것이 아니라 목적을 실현할 능력도 타고나며, 그 목적은 방해받지 않는 한 반드시 실현될 것이고, 그 본성적 목적의 실현은 운동 주체에 항상 바람직한 결과를 가져온다고 믿는다. 아리스토텔레스는 이러한 자신의 견해를 "자연은 헛된 일을 하지 않는다!"라는 말로 요약한다.

근대에 접어들어 모든 사물이 생명력을 갖지 않는 일종의 기계라는 견해가 강조되면서, 아리스토텔레스의 목적론은 비과학적이라는 이유로 많은 비판에 직면한다. 갈릴레이는 목적론적 설명이 과학적 설명으로 사용될 수 없다고 주장하며, 베이컨은 목적에 대한 탐구가 과학에 무익하다고 평가하고, 스피노자는 목적론이 자연에 대한 이해를 왜곡한다고 비판한다. 이들의 비판은 목적론이 인간 이외의 자연물도 이성을 갖는 것으로 의인화한다는 것이다. 그러나 이런 비판과는 달리 아리스토텔레스는 자연물을 생물과 무생물로, 생물을 식물·동물·인간으로 나누고, 인간만이 이성을 지닌다고 생각했다.

일부 현대 학자들은, 근대 사상가들이 당시 과학에 기초한 기계론적 모형이 더 설득력을 갖는다는 일종의 교조적 믿음에 의존했을 뿐, 아리스토텔레스의 목적론을 거부할 충분한 근거를 제시하지 못했다고 비판한다. 이런 맥락에서 볼로틴은 근대 과학이 자연에 목적이 없음을 보이지도 못했고 그렇게 하려는 시도조차 하지 않았다고 지적한다. 또한 우드필드는 목적론적 설명이 과학적 설명은 아니지만, 목적론의 옳고 그름을 확인할 수 없기 때문에 목적론이 거짓이라 할 수도 없다고 지적한다.

17세기의 과학은 실험을 통해 과학적 설명의 참·거짓을 확인할 것을 요구했고, 그런 경향은 생명체를 비롯한 세상의 모든 것이 물질로만 구성된다는 물질론으로 이어졌으며, 물질론 가운데 일부는 모든 생물학적 과정이 물리·화학 법칙으로 설명된다는 환원론으로 이어졌다. 이런 환원론은 살아 있는 생명체가 죽은 물질과 다르지 않음을 함축한다. 하지만 아리스토텔레스는 자연물의 물질적 구성 요소를 알면 그것의 본성을 모두 설명할 수 있다는 엠페도클레스의 견해를 반박했다. 이 반박은 자연물이 단순히 물질로만 이루어진 것이 아니며, 또한 그것의 본성이 단순히 물리·화학적으로 환원되지도 않는다는 주장을 내포한다.

첨단 과학의 발전에도 불구하고 생명체의 존재 원리와 이유를 정확히 규명하는 과제는 아직 진행 중이다. 자연물의 구성 요소에 대한 아리스토텔레스의 탐구는 자연물이 존재하고 운동하는 원리와 이유를 밝히려는 것이었고, 그의 목적론은 지금까지 이어지는 그러한 탐구의 출발점이라 할 수 있다.

① 자연물의 본성적 운동은 외적 원인에 의해 야기되기도 한다.
② 낙엽의 운동은 본성적 목적 개념으로는 설명되지 않는다.
③ 본성적 운동의 주체는 본성을 실현할 능력을 갖고 있다.
④ 자연물의 목적 실현은 때로는 그 자연물에 해가 된다.
⑤ 개미의 본성적 운동은 이성에 의한 것으로 설명된다.

┃7~9┃ 다음 글을 읽고 물음에 답하시오.

디지털 통신 시스템은 송신기, 채널, 수신기로 구성되며, 전송할 데이터를 빠르고 정확하게 전달하기 위해 부호화 과정을 거쳐 전송한다. 영상, 문자 등인 데이터는 기호 집합에 있는 기호들의 조합이다. 예를 들어 기호 집합 {a, b, c, d, e, f}에서 기호들을 조합한 add, cab, beef 등이 데이터이다. 정보량은 어떤 기호가 발생했다는 것을 알았을 때 얻는 정보의 크기이다. 어떤 기호 집합에서 특정 기호의 발생 확률이 높으면 그 기호의 정보량은 적고, 발생 확률이 낮으면 그 기호의 정보량은 많다. 기호 집합의 평균 정보량(각 기호의 발생 확률과 정보량을 서로 곱하여 모두 더한 것)을 기호 집합의 엔트로피라고 하는데 모든 기호들이 동일한 발생 확률을 가질 때 그 기호 집합의 엔트로피는 최댓값을 갖는다.

송신기에서는 소스 부호화, 채널 부호화, 선 부호화를 거쳐 기호를 부호로 변환한다. 소스 부호화는 데이터를 압축하기 위해 기호를 0과 1로 이루어진 부호로 변환하는 과정이다. 어떤 기호가 110과 같은 부호로 변환되었을 때 0 또는 1을 비트라고 하며 이 부호의 비트 수는 3이다. 이때 기호 집합의 엔트로피는 기호 집합에 있는 기호를 부호로 표현하는 데 필요한 평균 비트 수의 최솟값이다. 전송된 부호를 수신기에서 원래의 기호로 복원하려면 부호들의 평균 비트 수가 기호 집합의 엔트로피보다 크거나 같아야 한다. 기호 집합을 엔트로피에 최대한 가까운 평균 비트 수를 갖는 부호들로 변환하는 것을 엔트로피 부호화라 한다. 그중 하나인 '허프만 부호화'에서는 발생 확률이 높은 기호에는 비트 수가 적은 부호를, 발생 확률이 낮은 기호에는 비트 수가 많은 부호를 할당한다.

채널 부호화는 오류를 검출하고 정정하기 위하여 부호에 잉여 정보를 추가하는 과정이다. 송신기에서 부호를 전송하면 채널의 잡음으로 인해 오류가 발생하는데 이 문제를 해결하기 위해 잉여 정보를 덧붙여 전송한다. 채널 부호화 중 하나인 '삼중 반복 부호화'는 0과 1을 각각 000과 111로 부호화한다. 이때 수신기에서는 수신한 부호에 0이 과반수인 경우에는 0으로 판단하고, 1이 과반수인 경우에는 1로 판단한다. 즉 수신기에서 수신된 부호가 000, 001, 010, 100 중 하나라면 0으로 판단하고, 그 이외에는 1로 판단한다. 이렇게 하면 000을 전송했을 때 하나의 비트에서 오류가 생겨 001을 수신해도 0으로 판단하므로 오류는 정정된다. 채널 부호화를 하기 전 부호의 비트 수를, 채널 부호화를 한 후 부호의 비트 수로 나눈 것을 부호율이라 한다. 삼중 반복 부호화의 부호율은 약 0.33이다.

채널 부호화를 거친 부호들을 채널을 통해 전송하려면 부호들을 전기 신호로 변환해야 한다. 0 또는 1에 해당하는 전기 신호의 전압을 결정하는 과정이 선 부호화이다. 전압의 결정 방법은 선 부호화 방식에 따라 다르다. 선 부호화 중 하나인 '차동 부호화'는 부호의 비트가 0이면 전압을 유지하고 1이면 전압을 변화시킨다. 차동 부호화를 시작할 때는 기준 신호가 필요하다. 예를 들어 차동 부호화 직전의 기준 신호가 양(+)의 전압이라면 부호 0110은 '양, 음, 양, 양'의 전압을 갖는 전기 신호로 변환된다. 수신기에서는 송신기와 동일한 기준 신호를 사용하여, 전압의 변화가 있으면 1로 판단하고 변화가 없으면 0으로 판단한다.

7 윗글에서 알 수 있는 내용으로 적절한 것은?

① 소스 부호화는 전송할 기호에 정보를 추가하여 오류에 대비하는 과정이다.
② 영상을 전송할 때는 잡음으로 인한 오류가 발생하지 않는다.
③ 잉여 정보는 데이터를 압축하기 위해 추가한 정보이다.
④ 수신기에는 부호를 기호로 복원하는 기능이 있다.
⑤ 영상 데이터는 채널 부호화 과정에서 압축된다.

8 윗글을 바탕으로, 2가지 기호로 이루어진 기호 집합에 대해 이해한 내용으로 적절하지 않은 것은?

① 기호들의 발생 확률이 모두 1/2인 경우, 각 기호의 정보량은 동일하다.
② 기호들의 발생 확률이 각각 1/4, 3/4인 경우의 평균 정보량이 최댓값이다.
③ 기호들의 발생 확률이 각각 1/4, 3/4인 경우, 기호의 정보량이 더 많은 것은 발생 확률이 1/4인 기호이다.
④ 기호들의 발생 확률이 모두 1/2인 경우, 기호를 부호화하는 데 필요한 평균 비트 수의 최솟값이 최대가 된다.
⑤ 기호들의 발생 확률이 각각 1/4, 3/4인 기호 집합의 엔트로피는 발생 확률이 각각 3/4, 1/4인 기호 집합의 엔트로피와 같다.

9 윗글의 '부호화'에 대한 내용으로 적절한 것은?

① 선 부호화에서는 수신기에서 부호를 전기 신호로 변환한다.

② 허프만 부호화에서는 정보량이 많은 기호에 상대적으로 비트 수가 적은 부호를 할당한다.

③ 채널 부호화를 거친 부호들은 채널로 전송하기 전에 잉여 정보를 제거한 후 선 부호화한다.

④ 채널 부호화 과정에서 부호에 일정 수준 이상의 잉여 정보를 추가하면 부호율은 1보다 커진다.

⑤ 삼중 반복 부호화를 이용하여 0을 부호화한 경우, 수신된 부호에서 두 개의 비트에 오류가 있으면 오류는 정정되지 않는다.

10 K은행의 대출심사부에서는 가계대출 상품의 상품 설명서 내용 중 연체이자에 대한 다음과 같은 사항을 고객에게 안내하려고 한다. 다음을 참고할 때, 주택담보대출(원금 1억2천만 원, 약정이자율 연 5%)의 월납이자(50만 원)를 미납하여 연체가 발생하고, 연체 발생 후 3개월 시점에 납부할 경우의 연체이자는 얼마인가? (계산결과는 소수점 첫째자리에서 반올림한다)

- 연체이자율은 [대출이자율+연체기간별 연체가산이자율]로 적용합니다.
  - 연체가산이자율은 연 3%로 적용합니다.
- 연체이자율은 최고 15%로 합니다.
- 상품에 따라 연체이자율이 일부 달라지는 경우가 있으므로 세부적인 사항은 대출거래 약정서 등을 참고하시기 바랍니다.
- 연체이자(지연배상금)를 내셔야 하는 경우
  - 「이자를 납입하기로 약정한 날」에 납입하지 아니한 때
  - ☞ 이자를 납입하여야 할 날의 다음날부터 1개월(주택담보대출의 경우 2개월)까지는 내셔야 할 약정이자에 대해 연체이자가 적용되고, 1개월(주택담보대출의 경우 2개월)이 경과하면 기한이익상실로 인하여 대출원금에 연체이율을 곱한 연체 이자를 내셔야 합니다.

---

① 798,904원   ② 775,304원

③ 750,992원   ④ 731,528원

⑤ 710,044원

11 다음은 유인입국심사에 대한 설명이다. 옳지 않은 것은?

◈ 유인입국심사 안내

- 입국심사는 국경에서 허가받는 행위로 내외국인 분리심사를 원칙으로 하고 있습니다.
- 외국인(등록외국인 제외)은 입국신고서를 작성하여야 하며, 등록대상인 외국인은 입국일로부터 90일 이내 관할 출입국관리사무소에 외국인 등록을 하여야 합니다.
- 단체사증을 소지한 중국 단체여행객은 입국신고서를 작성하지 않으셔도 됩니다.(청소년 수학여행객은 제외)
- 대한민국 여권을 위·변조하여 입국을 시도하는 외국인이 급증하고 있으므로 다소 불편하시더라도 입국심사관의 얼굴 대조, 질문 등에 적극 협조하여 주시기 바랍니다.
- 외국인 사증(비자) 관련 사항은 법무부 출입국 관리국으로 문의하시기 바랍니다.

◈ 입국신고서 제출 생략

내국인과 90일 이상 장기체류 할 목적으로 출입국사무소에 외국인 등록을 마친 외국인의 경우 입국신고서를 작성하실 필요가 없습니다

◈ 심사절차

STEP 01	기내에서 입국신고서를 작성하지 않은 외국인은 심사 전 입국신고서를 작성해 주세요.
STEP 02	내국인과 외국인 심사 대기공간이 분리되어 있으니, 줄을 설 때 주의해 주세요. ※ 내국인은 파란선, 외국인은 빨간선으로 입장
STEP 03	심사대 앞 차단문이 열리면 입장해 주세요.
STEP 04	내국인은 여권을, 외국인은 입국신고서와 여권을 심사관에게 제시하고, 심사가 끝나면 심사대를 통과해 주세요. ※ 17세 이상의 외국인은 지문 및 얼굴 정보를 제공해야 합니다.

---

① 등록대상인 외국인은 입국일로부터 90일 이내 관할 출입국관리사무소에 외국인 등록을 하여야 한다.

② 중국 청소년 수학여행객은 단체사증을 소지하였더라도 입국신고서를 작성해야 한다.

③ 모든 외국인은 지문 및 얼굴 정보를 제공해야 한다.

④ 입국심사를 하려는 내국인은 파란선으로 입장해야 한다.

⑤ 내국인은 입국신고서를 작성할 필요가 없다.

12 다음 〈표〉는 A은행 ○○지점 직원들의 지난 달 상품 신규 가입 실적 현황을 나타낸 자료이다. 이에 대한 설명 중 옳은 것을 모두 고르면?

〈표〉 A은행 ○○지점 직원별 상품 신규 가입 실적 현황

직원 구분	A	B	C	D	E	F
성별	남	남	여	남	여	남
실적(건)	0	2	6	4	8	10

ㄱ 직원들의 평균 실적은 5건이다.
ㄴ 남자면서 실적이 5건 이상인 직원 수는 전체 남자 직원 수의 50% 이상이다.
ㄷ 실적이 2건 이상인 남자 직원의 수는 실적이 4건 이상인 여자 직원의 수의 2배 이상이다.
ㄹ 여자 직원이거나 실적이 7건 이상인 직원 수는 전체 직원 수의 50% 이상이다.

① ㄱ, ㄴ
② ㄱ, ㄷ
③ ㄱ, ㄹ
④ ㄴ, ㄷ
⑤ ㄴ, ㄹ

13 다음은 P사의 계열사 중 철강과 지원 분야에 관한 자료이다. 다음을 이용하여 A, B, C 중 두 번째로 큰 값은? (단, 지점은 역할에 따라 실, 연구소, 공장, 섹션, 사무소 등으로 구분되며, 하나의 지점은 1천 명의 직원으로 조직된다.)

구분	그룹사	편제	직원 수(명)
철강	PO강판	1지점	1,000
	PONC	2지점	2,000
지원	PO메이트	실 10지점, 공장 A지점	( )
	PO터미날	실 5지점, 공장 B지점	( )
	PO기술투자	실 7지점, 공장 C지점	( )
	PO휴먼스	공장 6지점, 연구소 1지점	( )
	PO인재창조원	섹션 1지점, 사무소 1지점	2,000
	PO경영연구원	1지점	1,000
계		45지점	45,000

• PO터미날과 PO휴먼스의 직원 수는 같다.
• PO메이트의 공장 수는 PO휴먼스의 공장 수의 절반이다.
• PO메이트의 공장 수와 PO터미날의 공장 수를 합하면 PO기술투자의 공장 수와 같다.

① 3
② 4
③ 5
④ 6
⑤ 7

14 다음은 사무용 물품의 조달단가와 구매 효용성을 나타낸 것이다. 20억 원 이내에서 구매예산을 집행한다고 할 때, 정량적 기대효과 총합의 최댓값은? (단, 각 물품은 구매하지 않거나, 1개만 구매 가능하며 $구매효용성 = \dfrac{정량적\ 기대효과}{조달단가}$ 이다.)

물품 구분	A	B	C	D	E	F	G	H
조달단가(억 원)	3	4	5	6	7	8	10	16
구매 효용성	1	0.5	1.8	2.5	1	1.75	1.9	2

① 35
② 36
③ 37
④ 38
⑤ 39

15 다음은 연도별 임신과 출산 관련 진료비에 관한 자료이다. 2018년 대비 2023년에 가장 높은 증가율을 보인 항목은? (단, 소수 둘째 자리에서 반올림한다)

(단위 : 억 원)

진료항목＼연도	2018	2019	2020	2021	2022	2023
분만	3,295	3,008	2,716	2,862	2,723	2,909
검사	97	395	526	594	650	909
임신장애	607	639	590	597	606	619
불임	43	74	80	105	132	148
기타	45	71	53	52	54	49
전체	4,087	4,187	3,965	4,210	4,165	4,634

① 분만   ② 검사

③ 임신장애   ④ 불임

⑤ 기타

16 다음은 최근 5년간 혼인형태별 평균연령에 관한 자료이다. A~E에 들어갈 값으로 옳지 않은 것은? (단, 남성의 나이는 여성의 나이보다 항상 많다)

(단위 : 세)

연도	평균 초혼연령			평균 이혼연령			평균 재혼연령		
	여성	남성	남녀차	여성	남성	남녀차	여성	남성	남녀차
2019	24.8	27.8	3.0	C	36.8	4.1	34.0	38.9	4.9
2020	25.4	28.4	A	34.6	38.4	3.8	35.6	40.4	4.8
2021	26.5	29.3	2.8	36.6	40.1	3.5	37.5	42.1	4.6
2022	27.0	B	2.8	37.1	40.6	3.5	37.9	E	4.3
2023	27.3	30.1	2.8	37.9	41.3	D	38.3	42.8	4.5

① A − 3.0   ② B − 29.8

③ C − 32.7   ④ D − 3.4

⑤ E − 42.3

17 다음은 2021~2023년도의 지방자치단체 재정력지수에 대한 자료이다. 매년 지방자치단체의 기준재정수입액이 기준재정수요액에 미치지 않는 경우, 중앙정부는 그 부족분만큼의 지방교부세를 당해년도에 지급한다고 할 때, 3년간 지방교부세를 지원받은 적이 없는 지방자치단체는 모두 몇 곳인가?

$$\left(\text{재정력지수} = \frac{\text{기준재정수입액}}{\text{기준재정수요액}}\right)$$

지방자치단체＼연도	2021	2022	2023	평균
서울	1.106	1.088	1.010	1.068
부산	0.942	0.922	0.878	0.914
대구	0.896	0.860	0.810	0.855
인천	1.105	0.984	1.011	1.033
광주	0.772	0.737	0.681	0.730
대전	0.874	0.873	0.867	0.871
울산	0.843	0.837	0.832	0.837
경기	1.004	1.065	1.032	1.034
강원	0.417	0.407	0.458	0.427
충북	0.462	0.446	0.492	0.467
충남	0.581	0.693	0.675	0.650
전북	0.379	0.391	0.408	0.393
전남	0.319	0.330	0.320	0.323
경북	0.424	0.440	0.433	0.432
경남	0.653	0.642	0.664	0.653

① 0곳   ② 1곳

③ 2곳   ④ 3곳

⑤ 5곳

18 다음은 푸르미네의 에너지 사용량과 연료별 탄소배출량 및 수종(樹種)별 탄소흡수량을 나타낸 것이다. 푸르미네 가족의 월간 탄소배출량과 나무의 월간 탄소흡수량을 같게 하기 위한 나무의 올바른 조합을 고르면?

■ 푸르미네의 에너지 사용량

연료	사용량
전기	420kWh/월
상수도	40㎥/월
주방용 도시가스	60㎥/월
자동차 가솔린	160ℓ/월

■ 연료별 탄소배출량

연료	탄소배출량
전기	0.1kg/kWh
상수도	0.2kg/㎥
주방용 도시가스	0.3kg/㎥
자동차 가솔린	0.5kg/ℓ

■ 수종별 탄소흡수량

수종	탄소흡수량
소나무	14kg/그루·월
벚나무	6kg/그루·월

① 소나무 4그루와 벚나무 12그루
② 소나무 6그루와 벚나무 9그루
③ 소나무 7그루와 벚나무 10그루
④ 소나무 8그루와 벚나무 6그루
⑤ 소나무 9그루와 벚나무 4그루

▌19~20▌ 다음은 우리나라의 다문화 신혼부부의 남녀 출신국적별 비중을 나타낸 자료이다. 다음 자료를 보고 이어지는 물음에 답하시오.

❏ 2022~2023년도 다문화 신혼부부 현황

(단위 : 쌍, %)

남편	2022년	2023년	아내	2022년	2023년
결혼건수	94,962 (100.0)	88,929 (100.0)	결혼건수	94,962 (100.0)	88,929 (100.0)
한국국적	72,514 (76.4)	66,815 (75.1)	한국국적	13,789 (14.5)	13,144 (14.8)
외국국적	22,448 (23.6)	22,114 (24.9)	외국국적	81,173 (85.5)	75,785 (85.2)

❏ 부부의 출신국적별 구성비

(단위 : %)

남편		2022년	2023년	아내		2022년	2023년
출신국적별구성비	중국	44.2	43.4	출신국적별구성비	중국	39.1	38.4
	미국	16.9	16.8		베트남	32.3	32.6
	베트남	5.0	6.9		필리핀	8.4	7.8
	일본	7.5	6.5		일본	3.9	4.0
	캐나다	4.8	4.6		캄보디아	3.7	3.4
	대만	2.3	2.3		미국	2.3	2.6
	영국	2.1	2.2		태국	1.8	2.3
	파키스탄	2.2	1.9		우즈벡	1.3	1.4
	호주	1.8	1.7		대만	1.0	1.2
	프랑스	1.1	1.3		몽골	1.0	1.1
	뉴질랜드	1.1	1.1		캐나다	0.7	0.8
	기타	10.9	11.1		기타	4.4	4.6
계		99.9	99.8	계		99.9	100.2

19 위의 자료를 바르게 해석한 것을 모두 고르면?

(가) 2023년에는 우리나라 남녀 모두 다문화 배우자와 결혼하는 경우가 전년보다 감소하였다.

(나) 다문화 신혼부부 전체의 수는 2023년에 전년대비 약 6.35%의 증감률을 보여, 증가하였음을 알 수 있다.

(다) 전년대비 2023년에 출신국적별 구성비가 남녀 모두 증가한 나라는 베트남과 기타 국가이다.

(라) 다문화 신혼부부 중, 중국인과 미국인 남편, 중국인과 베트남인 아내는 두 시기 모두 50% 이상의 비중을 차지한다.

---

① (가), (나), (다)

② (가), (나), (라)

③ (가), (다), (라)

④ (나), (다), (라)

⑤ (가), (나), (다), (라)

20 다음 중 일본인이 남편인 다문화 신혼부부의 수가 비교 시기 동안 변동된 수치는 얼마인가? (단, 신혼부부의 수는 소수점 이하 절삭하여 정수로 표시함)

① 246쌍

② 235쌍

③ 230쌍

④ 223쌍

⑤ 330쌍

21 다음에 제시되는 두 개의 명제를 전제로 할 때, 결론 A, B에 대한 주장으로 알맞은 것은?

명제 1. 등산을 좋아하는 사람 중에는 낚시를 좋아하는 사람도 있다.

명제 2. 골프를 좋아하는 사람은 등산을 좋아하지만, 낚시는 좋아하지 않는다.

결론 A. 등산을 좋아하는 사람 모두가 골프를 좋아하는 사람일 수 있다.

결론 B. 낚시를 좋아하는 사람 모두가 등산을 좋아하는 사람일 수 있다.

---

① A만 옳다.

② B만 옳다.

③ A, B 모두 옳다.

④ A, B 모두 옳지 않다.

⑤ 옳은지 그른지 알 수 없다.

22 다음 조건을 바탕으로 할 때, 김 교수의 연구실 위치한 건물과 오늘 갔던 서점이 위치한 건물을 순서대로 올바르게 짝지은 것은?

• 최 교수, 김 교수, 정 교수의 연구실은 경영관, 문학관, 홍보관 중 한 곳에 있으며 서로 같은 건물에 있지 않다.

• 이들은 오늘 각각 자신의 연구실이 있는 건물이 아닌 다른 건물에 있는 서점에 갔었으며, 서로 같은 건물의 서점에 가지 않았다.

• 정 교수는 홍보관에 연구실이 있으며, 최 교수와 김 교수는 오늘 문학관 서점에 가지 않았다.

• 김 교수는 정 교수가 오늘 갔던 서점이 있는 건물에 연구실이 있다.

---

① 문학관, 경영관　　　　　② 경영관, 경영관

③ 홍보관, 홍보관　　　　　④ 문학관, 홍보관

⑤ 경영관, 문학관

▌23~24 ▌ 다음은 블루투스 이어폰을 구매하기 위하여 전자제품 매장을 찾은 K씨가 제품 설명서를 보고 점원과 나눈 대화와 설명서 내용의 일부이다. 다음을 보고 이어지는 물음에 답하시오.

K씨 : "블루투스 이어폰을 좀 사려고 합니다."

점원 : "네 고객님, 어떤 조건을 원하시나요?"

K씨 : "제 것과 친구에게 선물할 것 두 개를 사려고 하는데요, 두 개 모두 가볍고 배터리 사용시간이 좀 길었으면 합니다. 무게는 42g까지가 적당할 거 같고요, 저는 충전시간이 짧으면서도 통화시간이 긴 제품을 원해요. 선물하려는 제품은요, 일주일에 한 번만 충전해도 통화시간이 16시간은 되어야 하고, 음악은 운동하면서 매일 하루 1시간씩만 들을 수 있으면 돼요. 스피커는 고감도인 게 더 낫겠죠."

점원 : "그럼 고객님께는 (　　)모델을, 친구 분께 드릴 선물로는 (　　)모델을 추천해 드립니다."

〈제품 설명서〉

구분	무게	충전시간	통화시간	음악재생시간	스피커감도
A모델	40.0g	2.2H	15H	17H	92db
B모델	43.5g	2.5H	12H	14H	96db
C모델	38.4g	3.0H	12H	15H	94db
D모델	42.0g	2.2H	13H	18H	85db

※ A, B모델 : 통화시간 1시간 감소 시 음악재생시간 30분 증가

※ C, D모델 : 음악재생시간 1시간 감소 시 통화시간 30분 증가

23 다음 중 위 네 가지 모델에 대한 설명으로 옳은 것을 〈보기〉에서 모두 고르면?

〈보기〉

㉮ 충전시간 당 통화시간이 긴 제품일수록 음악재생시간이 길다.

㉯ 충전시간 당 통화시간이 5시간 이상인 것은 A, D모델이다.

㉰ A모델은 통화에, C모델은 음악재생에 더 많은 배터리가 사용된다.

㉱ B모델의 통화시간을 10시간으로 제한하면 음악재생시간을 C모델과 동일하게 유지할 수 있다.

① ㉮, ㉯

② ㉯, ㉱

③ ㉰, ㉱

④ ㉮, ㉰

⑤ ㉯, ㉰

24 다음 중 점원이 K씨에게 추천한 빈칸의 제품이 순서대로 올바르게 짝지어진 것은 어느 것인가?

	K씨	선물
①	C모델	A모델
②	C모델	D모델
③	A모델	C모델
④	A모델	B모델
⑤	A모델	D모델

▌25~26 ▌ 표준 업무시간이 80시간인 업무를 각 부서에 할당해 본 결과, 다음과 같은 표를 얻었다. 물음에 답하시오.

부서명	투입인원 (명)	개인별 업무시간 (시간)	회의	
			횟수(회)	소요시간 (시간/회)
A	2	41	3	1
B	3	30	2	2
C	4	22	1	4

※ 업무 효율 $= \dfrac{표준업무시간}{총투입시간}$

※ 총 투입시간은 개인별 투입시간의 합임.

※ 개인별 투입시간＝개인별 업무시간＋회의 소요시간.

※ 부서원은 업무를 분담하여 동시에 수행할 수 있음.

※ 투입된 인원의 업무능력과 인원당 소요시간이 동일하다고 가정함.

25 다음 중 각 부서의 개인별 투입시간으로 옳은 것은?

① A 부서 : 26시간

② A 부서 : 28시간

③ B 부서 : 31시간

④ B 부서 : 34시간

⑤ C 부서 : 44시간

26 어느 부서의 업무효율이 가장 높은가?

① A

② B

③ C

④ A, B

⑤ B, C

27 다음은 행복 아파트의 애완동물 사육규정의 일부이다. 다음과 같은 규정을 참고할 때, 거주자들에게 안내되어야 할 사항으로 적절하지 않은 것은?

제4조 (애완동물 사육 시 준수사항)
① 애완동물은 훈련을 철저히 하며 항상 청결상태를 유지하고, 소음발생 등으로 입주자 등에게 피해를 주지 않아야 한다.
② 애완동물의 사육은 규정된 종류의 동물에 한하며, 년 ○회 이상 정기검진을 실시하고 진드기 및 해충기생 등의 예방을 철저히 하여야 한다.
③ 애완동물을 동반하여 승강기에 탑승할 경우 반드시 안고 탑승, 타인에게 공포감을 주지 말아야 한다.
④ 애완동물과 함께 산책할 경우 반드시 목줄을 사용하여야 하며, 배설물을 수거할 수 있는 장비를 지참하여 즉시 수거하여야 한다.
⑤ 애완동물을 동반한 야간 외출 시 손전등을 휴대하여 타인에게 공포감을 주지 않도록 하여야 한다.
⑥ 앞, 뒤 베란다 배수관 및 베란다 밖으로 배변처리를 금지한다.
⑦ 애완동물과 함께 체육시설, 화단 등 공공시설의 출입은 금지한다.

제5조 (애완동물 사육에 대한 동의)
① 애완견동물을 사육하고자 하는 세대에서는 단지 내 애완동물 동호회를 만들거나 가입하여 공공의 이익을 위하여 활동할 수 있다.
② 애완동물을 사육하는 세대는 사육 동물의 종류와 마리 수를 관리실에 고지해야 하며 애완동물을 제외한 기타 가축을 사육하고자 하는 세대에서는 반드시 관리실의 동의를 구하여야 한다.
③ 애완동물 사육 시 해당동의 라인에서 입주민 다수의 민원(반상회 건의 등)이 있는 세대에는 재발방지를 위하여 서약서를 징구할 수 있으며, 이후 재민원이 발생할 경우 관리규약에 의거하여 애완동물을 사육할 수 없도록 한다.
④ 세대 당 애완동물의 사육두수는 ○마리로 제한한다.

제6조 (환경보호)
① 애완동물을 사육하는 세대는 동호회에서 정기적으로 실시하는 단지 내 공용부분의 청소에 참여하여야 한다.
② 청소는 동호회에서 관리하며, 청소에 참석하지 않는 세대는 동호회 회칙으로 정한 청소비를 납부하여야 한다.

① "애완동물 동호회에 가입하지 않으신 애완동물 사육 세대에서도 공용부분 청소에 참여하셔야 합니다."
② "애완동물을 사육하는 세대는 사육 동물의 종류와 마리수를 관리실에 반드시 고지하셔야 합니다."
③ "단지 내 주민 체육관에는 애완동물을 데리고 입장하실 수 없으니 착오 없으시기 바랍니다."
④ "애완동물을 동반하고 이동하실 경우, 승강기 이용이 제한되오니 반드시 계단을 이용해 주시기 바랍니다."
⑤ "애완동물 사육에 따른 주민들의 불편이 가중될 경우 사육이 금지될 수도 있으니 이 점 양해 바랍니다."

28 K공사에서는 신도시 건설 예상 지역에 철로 연결과 관련한 사업 타당성 조사를 벌여 다음과 같은 SWOT 환경 분석 보고서를 작성하고 그에 맞는 전략을 제시하였다. 다음 자료를 참고하여 세운 전략이 적절하지 않은 것은 어느 것인가?

SWOT 분석은 내부 환경요인과 외부 환경요인의 2개의 축으로 구성되어 있다. 내부 환경요인은 자사 내부의 환경을 분석하는 것으로 분석은 다시 자사의 강점과 약점으로 분석된다. 외부환경요인은 자사 외부의 환경을 분석하는 것으로 분석은 다시 기회와 위협으로 구분된다. 내부 환경요인과 외부 환경요인에 대한 분석이 끝난 후에 매트릭스가 겹치는 SO, WO, ST, WT에 해당되는 최종 분석을 실시하게 된다. 내부의 강점과 약점을, 외부의 기회와 위협을 대응시켜 기업의 목표를 달성하려는 SWOT분석에 의한 발전전략의 특성은 다음과 같다.
• SO전략 : 외부 환경의 기회를 활용하기 위해 강점을 사용하는 전략 선택
• ST전략 : 외부 환경의 위협을 회피하기 위해 강점을 사용하는 전략 선택
• WO전략 : 자신의 약점을 극복함으로써 외부 환경의 기회를 활용하는 전략 선택
• WT전략 : 외부 환경의 위협을 회피하고 자신의 약점을 최소화하는 전략 선택

강점 (Strength)	• 철로 건설에 따른 수익률 개선 및 주변 지역 파급효과 기대 • K공사의 축적된 기술력과 노하우
약점 (Weakness)	• 해당 지역 연락사무소 부재로 원활한 업 무 기대난망 • 과거 건설사고 경험으로 인한 계약 낙찰 불투명
기회 (Opportunity)	• 현지 가용한 근로인력 다수 확보 가능 • 신도시 건설 예상지이므로 정부의 규제 및 제도적 지원 가능
위협 (Threat)	• 지반 문제로 인한 철로 건설비용 증가 예상 • 경쟁업체와의 극심한 경쟁 예상

① 자사의 우수한 기술력을 통해 경쟁을 극복하려는 것은 ST전략이다.

② 입찰 전이라도 현지에 연락사무소를 미리 설치하여 경쟁업체의 동향을 파악해 보는 것은 WT전략이다.

③ 현지에 근로인력에게 자사의 기술을 교육 및 전수하여 공사를 진행하려는 것은 SO전략이다.

④ 건설비용 추가 발생 우려가 있으나 인근 지역 개발 기회가 부여될 수 있다는 기대감에 중점을 두는 것은 WO전략이다.

⑤ 사고 경험은 경쟁사와의 경쟁에 치명적 약점이 될 수 있으므로 우수 건설 사례를 찾아 적극 홍보하려는 전략은 WT전략이다.

29 공연기획사인 A사는 이번에 주최한 공연을 보러 오는 관객을 기차역에서 공연장까지 버스로 수송하기로 하였다. 다음의 표와 같이 공연 시작 4시간 전부터 1시간 단위로 전체 관객 대비 기차역에 도착하는 관객의 비율을 예측하여 버스를 운행하고자 하며, 공연 시작 시간 전까지 관객을 모두 수송해야 한다. 다음을 바탕으로 예상한 수송 시나리오 중 옳은 것을 모두 고르면?

■ 전체 관객 대비 기차역에 도착하는 관객의 비율

시각	전체 관객 대비 비율(%)
공연 시작 4시간 전	a
공연 시작 3시간 전	b
공연 시작 2시간 전	c
공연 시작 1시간 전	d
계	100

• 전체 관객 수는 40,000명이다.
• 버스는 한 번에 대당 최대 40명의 관객을 수송한다.
• 버스가 기차역과 공연장 사이를 왕복하는 데 걸리는 시간은 6분이다.

■ 예상 수송 시나리오

㉠ $a = b = c = d = 25$라면, 회사가 전체 관객을 기차역에서 공연장으로 수송하는 데 필요한 버스는 최소 20대이다.

㉡ $a = 10$, $b = 20$, $c = 30$, $d = 40$이라면, 회사가 전체 관객을 기차역에서 공연장으로 수송하는 데 필요한 버스는 최소 40대이다.

㉢ 만일 공연이 끝난 후 2시간 이내에 전체 관객을 공연장에서 기차역까지 버스로 수송해야 한다면, 이때 회사에게 필요한 버스는 최소 50대이다.

① ㉠

② ㉡

③ ㉠, ㉡

④ ㉠, ㉢

⑤ ㉡, ㉢

30 다음은 국고보조금의 계상과 관련된 법조문이다. 이를 근거로 제시된 상황을 판단할 때, 2023년 정당에 지급할 국고보조금 총액은?

제00조(국고보조금의 계상)

① 국가는 정당에 대한 보조금으로 최근 실시한 임기만료에 의한 국회의원선거의 선거권자 총수에 보조금 계상단가를 곱한 금액을 매년 예산에 계상하여야 한다.

② 대통령선거, 임기만료에 의한 국회의원선거 또는 동시지방선거가 있는 연도에는 각 선거(동시지방선거는 하나의 선거로 본다)마다 보조금 계상단가를 추가한 금액을 제1항의 기준에 의하여 예산에 계상하여야 한다.

③ 제1항 및 제2항에 따른 보조금 계상단가는 전년도 보조금 계상단가에 전전년도와 대비한 전년도 전국소비자물가 변동률을 적용하여 산정한 금액을 증감한 금액으로 한다.

④ 중앙선거관리위원회는 제1항의 규정에 의한 보조금(경상보조금)은 매년 분기별로 균등분할하여 정당에 지급하고, 제2항의 규정에 의한 보조금(선거보조금)은 당해 선거의 후보자등록마감일 후 2일 이내에 정당에 지급한다.

- 2021년 실시된 임기만료에 의한 국회의원선거의 선거권자 총수는 3천만 명이었고, 국회의원 임기는 4년이다.
- 2022년 정당에 지급된 국고보조금의 보조금 계상단가는 1,000원이었다.
- 전국소비자물가 변동률을 적용하여 산정한 보조금 계상단가는 전년 대비 매년 30원씩 증가한다.
- 2023년에는 5월에 대통령선거가 있고 8월에 임기만료에 의한 동시지방선거가 있다. 각 선거의 한 달 전에 후보자등록을 마감한다.
- 2024년에는 대통령선거, 임기만료에 의한 국회의원선거 또는 동시지방선거가 없다.

---

① 600억 원

② 618억 원

③ 900억 원

④ 927억 원

⑤ 953억 원

31 테일러의 과학적 관리법에 대한 내용으로 옳지 않은 것은?

① 시간연구와 동작연구

② 차별적 성과급제

③ 분업의 원리에 입각한 직능식 조직

④ 고임금 저노무비

⑤ 봉사목적에 입각한 경영철학

32 다음에서 빈 칸에 공통으로 들어갈 회사의 종류는?

- _____은/는 2인 이상의 무한책임사원만으로 구성되는 일원적 조직의 회사로서 전사원이 회사 채무에 대하여 직접·연대·무한의 책임을 지고, 원칙적으로 각 사원이 업무집행권과 대표권을 가지는 회사이다.
- _____은/는 2인 이상의 사원이 공동으로 정관을 작성하고, 설립등기를 함으로써 성립한다. 각 사원은 출자의무를 지지만 그 출자는 재산뿐만 아니라 노무와 신용까지도 할 수 있으며, 그 업무집행권과 대표권은 정관에 다른 규정이 없는 한 각 사원이 모두 가지게 된다.

---

① 유한회사

② 주식회사

③ 합명회사

④ 합자회사

⑤ 상장회사

33 다음 빈 칸에 들어갈 개념으로 적절한 것은?

> 경제적으로 일종의 기업연합이나 법률적으로는 계약적 결합이며 법인격이 인정되지 않는다. 합리화 카르텔과 같이 시장지배나 경제제한을 목적으로 하지 않는 것도 있지만, 본래 어느 정도의 계약이나 협정의 범위 내에서의 경쟁 제한을 목적으로 발생하였다.

① 트러스트
② 콘체른
③ 카르텔
④ 지주회사
⑤ 콤비나트

34 프레드릭 테일러(Frederick W. Taylor)가 주장한 과학적 관리법에 대한 설명으로 옳지 않은 것은?

① 20세기 초 과학기술이 발전하면서 효율적인 생산성을 향상시켰지만 조직의 시스템은 발전하지 못하여 조직의 생산방식을 바꾸려 시도하였다.
② 경제적 보상을 통해 동기부여 하면 생산성을 증가시킬 수 있다.
③ 가장 효율적으로 과업을 수행하는 시간을 계산하고, 표준화시켜 지침서를 만들어 생산할 수 있도록 한다.
④ 자기성취를 추구하는 자주적인 인간을 기본으로 전제한다.
⑤ 테일러의 과업관리의 목표는 '높은 임금, 낮은 노무비의 원리'로 집약된다.

35 매슬로우의 욕구단계론(Hierachy of needs Theory) 중 다음 설명에 해당하는 욕구는 무엇인가?

> • 외부로부터 자신을 보호, 보장받고 싶은 욕구
> • 신체적, 심리적 위험, 사회적 지위에 대한 위험에서 벗어나고 싶은 욕구
> • 동기부여를 위해 고용을 보장한다.

① 자아실현 욕구(self-actualization)
② 자기존중 욕구(esteem)
③ 사회적 욕구(social)
④ 안전욕구(safety)
⑤ 생리적 욕구(physiological)

36 다음 보기에서 근대조직론의 창시자인 바나드(C.I. Barnard)가 주장하는 조직의 3요소는?

> ㉠ 공통의 목적
> ㉡ 모티베이션
> ㉢ 커뮤니케이션 네트워크
> ㉣ 리더십
> ㉤ 공헌의욕

① ㉠㉡㉢
② ㉠㉢㉣
③ ㉠㉢㉤
④ ㉡㉢㉣
⑤ ㉡㉣㉤

37 포드시스템(ford system)에 관한 설명 중 적절하지 않은 것은?

① 기업관리에 있어서 인간관계의 분석과 노사 간의 협조에 중점을 두었다.

② 포드(H. Ford)는 기업의 경영을 사회에 대한 봉사의 수단으로 생각하였다.

③ 포드시스템은 과학적 관리운동이 봉착한 딜레마를 타개하기 위하여 주창된 것이었다.

④ 분업생산공정의 철저한 기계화로 각종 작업의 전체적 동시진행을 실현하고 관리활동을 자동화한 제도이다.

⑤ 포드가 최초로 컨베이어 시스템을 조립 작업에 적용한 것은 1913년 실시한 자기발전기의 조립 작업이다.

38 전반적인 직무가치나 난이도 등과 같은 분류기준에 따라 여러 등급을 설정하고, 여기서 각 직무를 적절히 평가하여 배정하는 직무평가의 방법은 무엇인가?

① 서열법

② 분류법

③ 점수법

④ 요소비교법

⑤ 면접법

39 다음 내용은 제품수명주기 중 어디에 해당하는가?

- 급속히 성장하는 단계
- 경쟁자가 점차적으로 증가하는 단계

① 도입기　　　　　　② 성장기

③ 성숙기　　　　　　④ 쇠퇴기

⑤ 휴면기

40 다음은 사업부 전략 성공의 한 사례이다. 어떠한 전략에 대한 설명인가?

뉴코어 철강회사는 미니밀 기술을 개발하여 전기로 철을 만들기 시작하였다. 작은 방에서 고철 찌꺼기를 재생산해서 철을 만들 수 있는 기술을 개발하여 원가절감에 성공한 사례라 할 수 있다.

① 집중차별화 전략(Focused Differ-entiation)

② 원가우위 전략(Cost Leadership)

③ 차별화 전략(Differentiation)

④ 원가집중 전략(Cost Focus)

⑤ 비차별화 전략(undifferentiated)

41 다음에서 GE 매트릭스의 '산업매력도'를 구성하는 변수를 모두 고르면?

㉠ 시장규모	㉡ 시장점유율
㉢ 성장율	㉣ 제품의 질
㉤ 경쟁정도	㉥ 경험곡선

① ㉠㉡㉢

② ㉠㉡㉣㉤

③ ㉠㉢㉤㉥

④ ㉡㉣㉢

⑤ ㉣㉤㉥

42 다음 중 그린마케팅(Green Marketing)의 개념과 가장 관계가 밀접한 것은?

① 환경보호주의

② 메가 마케팅(Mega Marketing)

③ 소비자보호주의

④ 혁신적 마케팅

⑤ 공리주의

43 다음 카테고리 수명주기에 따른 상품에 관한 설명으로 가장 바르지 않은 것은?

① 지속성 상품은 일시성 상품에 비해 여러 시즌에 걸쳐 판매가 이루어진다.

② 일시성 상품은 시간에 따라 매출유형이 가장 급격하게 변한다.

③ 일시성 상품은 상대적으로 짧은 시간에 많은 상품이 판매된다.

④ 유행성 상품과 계절성 상품은 여러 시즌에 걸쳐 특정 스타일의 판매가 이루어진다.

⑤ 일시성 상품과 지속성 상품은 특정시즌에서 다음 시즌으로의 극적인 판매의 변화가 거의 없다.

44 다음 중 물류의 7R 원칙에 해당하지 않는 것은?

① 적절한 상품
② 적절한 가격
③ 적절한 장소
④ 좋은 인상
⑤ 적절한 상황

45 다음은 가격차별에 대한 대화이다. 〈보기〉 중에서 옳은 진술을 한 사람만으로 짝지어진 것은?

〈보기〉
• 교수 : 가격차별의 예로 어떠한 것을 들 수 있습니까?
• 학생A : 비행기에서는 비즈니스석과 이코노미석의 가격을 차등적으로 받기 때문에 이는 가격차별의 예로 적절하다고 봅니다.
• 학생B : 놀이공원의 입장료와 놀이기구의 이용료를 따로 받는 것도 가격차별의 좋은 예가 될 수 있습니다.
• 교수 : 그렇다면 이러한 가격차별은 구체적으로 어느 경우에 일어납니까?
• 학생C : 반응함수가 나타나는 과점적 시장구조에서 쉽게 발생합니다.
• 학생D : 규모의 경제가 발생하는 경우에 흔하게 발생하지요.

① 학생A, 학생 B
② 학생B, 학생 C
③ 학생B, 학생 D
④ 학생B, 학생 C
⑤ 학생A, 학생 D

46 다음 중 JIT 시스템의 효과로서 바르지 않은 것은?

① 분권화를 통한 관리의 증대
② 각 단계 간 수요변동의 증폭전달 방지
③ 수요의 변화에 대한 신속한 대응
④ 생산 리드타임의 증가
⑤ 불량의 감소

47 다음 중 정량발주 시스템의 특징에 대한 것으로 옳지 않은 것은?

① 저렴한 발주 비용
② 정기적인 재고량의 점검
③ 품목별 관리
④ 사무관리가 용이
⑤ 발주시기는 비정기적

48 다음의 내용이 설명하는 것으로 올바른 것을 고르면?

이것은 기업의 조직에서 관리자가 권력을 지니는 것은 그가 많은 잠재적 보상능력(호의적인 인사고과, 인정, 급여인상, 승진, 호의적인 업무할당 및 책임부여, 격려 등)을 지니고 있기 때문이다. 하지만 호의적인 업무나 또는 조직 내 중요한 책임할당의 경우에, 수임자가 이러한 무거운 책임감을 부담스러워 하든가 불안해한다면 그것은 보상이라고 볼 수 없다.

① 강압적 권력
② 전문적 권력
③ 준거적 권력
④ 보상적 권력
⑤ 합법적 권력

49 다음 중 수요예측에 활용하는 시계열 분석에 대한 내용으로 가장 바르지 않은 것을 고르면?

① 시계열은 어떤 경제 현상이나 또는 자연 현상 등에 대한 시간적인 변화를 나타내는 자료이므로 어느 한 시점에서 관측된 시계열 자료는 그 이전까지의 자료들에 의존하게 되는 특성이 있다.

② 시계열 자료는 주가 지수와는 다르게 매 단위 시간에 따라 측정되어 생성되어지지 않으며 횡단면 자료에 비하여 상대적으로 많은 수의 변수로 구성되어진다.

③ 시간이 경과함에 따라 기술 진보에 의해 경제 현상들은 성장하게 되고, 농·수산 부문과의 연관된 경제 현상 등은 자연의 영향 특히 계절적 변동으로부터 많은 영향을 받게 된다.

④ 통계적인 숫자를 시간 흐름에 의해 일정한 간격으로 기록한 통계계열을 시계열 데이터라고 하며, 이러한 계열의 시간적인 변화에는 갖가지 원인에 기인한 변동이 포함되어 있다.

⑤ 이 방식은 경기변동 등의 연구에 활용되고 있다.

50 다음은 무엇을 설명한 것인가?

(   )은/는 1960년대부터 급속히 세계적인 규모로 보급된 것으로서 수송·보관·통신 네트워크 등이 종합적인 시스템으로 작용해야 하며, 이러한 시스템을 어떻게 확립하느냐에 따라 유통경비가 크게 달라진다. 더불어 하역이나 또는 수송 등에 의해 발생하는 화물 손상의 감소로 인해 수송의 안전성이 향상되고, 고객과의 신뢰가 증진된다.

---

① 소매차륜이론

② ULS(Unit Load System)

③ 적시생산시스템

④ Cross Docking

⑤ 4P전략

51 철도운송의 운영효율을 증대하기 위한 방법으로 가장 옳지 않은 것은?

① 열차의 장대화

② 컨테이너의 대형화

③ 철도운영기법의 과학화

④ 철도경영의 합리화

⑤ 철도운송의 현대화

52 다음 중 아웃소싱 전략에 관한 설명으로 가장 거리가 먼 것은?

① 아웃소싱 전략은 경비절약, 기업의 규모축소, 전문화 등이 목적이다.

② 아웃소싱 전략은 정보통신기술(ICT)의 발달 등과 같은 최근의 환경변화는 아웃소싱을 파트너십에 입각한 전략적 차원으로 전환시키고 있다.

③ 핵심사업 부문에 집중, 채용의 용이성, 수수료 부담의 감소, 이직률의 하락, 고객에 대한 높은 충성도 등의 이점이 있다.

④ 통상적으로 정보기술의 개발능력 부족 등으로 잘 정비된 외부업체의 네트워크를 활용하기 위해 아웃소싱을 하게 된다.

⑤ 근로자들의 고용불안과 근로조건의 악화라는 단점이 있다.

53 다음 중 재고의 기능과 유형에 대한 내용으로 바르지 않은 것은?

① 장래 수요에 대비한 비축재고

② 단거리 수송으로 인한 재고

③ 불확실성에 대비한 안전재고

④ 규모의 경제에 따라 발생하는 재고

⑤ 공정의 독립성을 유지하기 위한 완충재고

54 기업 조직의 상하 구성원들이 서로의 참여 과정을 통해 기업 조직 단위와 구성원의 목표를 명확하게 설정하고, 그로 인한 생산 활동을 수행하도록 한 뒤, 업적을 측정 및 평가함으로써 조직 관리에 있어서의 효율화를 기하려는 일종의 포괄적인 조직관리 체제를 의미한다. 또한 이 방식은 종합적인 조직운영 기법으로 활용될 뿐만 아니라, 근무성적평정 수단으로, 더 나아가 예산 운영 및 재정관리의 수단으로 다양하게 활용되고 있는 방식인데, 이를 무엇이라고 하는가?

① X이론
② 목표에 의한 관리
③ Y이론
④ 자기통제
⑤ Z이론

55 다음은 교육훈련 기법 중 직장 외 교육훈련에 관한 설명이다. 이에 대한 설명으로 바르지 않은 것은?

① 이 방식은 현장의 직속상사를 중심으로 하는 라인 담당자를 중심으로 해서 이루어진다.
② 교육훈련을 담당하는 전문스태프의 책임 하에 집단적으로 교육훈련을 실시하는 방식이다.
③ 기업 내의 특정한 교육훈련시설을 통해서 실시되는 경우도 있고, 기업 외의 전문적인 훈련기관에 위탁하여 수행되는 경우도 있다.
④ 이러한 방식은 현장작업과 관계없이 계획적으로 훈련할 수 있는 방식이다.
⑤ 이러한 방식은 훈련결과를 직무현장에서 곧바로 활용하기 어렵다는 문제점이 있다.

56 다음 중 GE 맥킨지 매트릭스에 대한 내용으로 옳지 않은 것은?

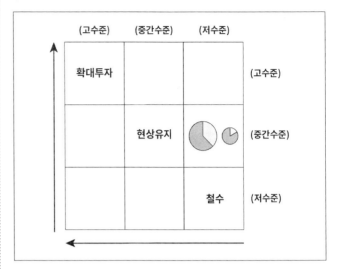

① 위 그림은 BCG 매트릭스보다 세부적으로 분석한 형태이다.
② 원의 크기는 단위사업의 성장률을 나타낸다.
③ 사업단위는 전략적이다.
④ GE 매트릭스의 이익창출영역은 BCG 매트릭스의 캐쉬카우, 물음표 사업부랑 동일하다.
⑤ 위 그림은 BCG 매트릭스와 마찬가지로 각 사업단위를 독립적으로 파악하고 내부적 자원만 고려하는 한계점을 지닌다.

57 다음 중 캐롤(B.A. Carrol)의 피라미드 모형에서 제시된 기업의 사회적 책임의 단계로 옳은 것은?

① 경제적 책임 → 윤리적 책임 → 법적 책임 → 자선적 책임
② 경제적 책임 → 윤리적 책임 → 자선적 책임 → 법적 책임
③ 경제적 책임 → 법적 책임 → 윤리적 책임 → 자선적 책임
④ 경제적 책임 → 법적 책임 → 자선적 책임 → 윤리적 책임
⑤ 경제적 책임 → 자선적 책임 → 윤리적 책임 → 법적 책임

58 칼스텐 솔하임은 '정보의 가치가 기업의 핸디캡을 줄일 수 있는 능력'이라고 한다. 기업이 정보를 이용하여 의사결정을 수행하는 데 있어 핸디캡을 줄이기 위해 정보시스템에 의존하는 경향과 가장 거리가 먼 것은 무엇인가?

① 정보시스템은 기업의 정보를 안전하게 보호하기 위한 보안장치를 제공한다.
② 분석정보보다 거래처리 정보에 의존한 의사결정 문제가 자주 발생하게 된다.
③ 의사결정을 신속하게 내려야 한다.
④ 대용량의 정보를 분석할 필요가 있다.
⑤ 좋은 의사결정을 내리려면 모델링이나 예측 같은 정교한 분석기법을 이용해야 한다.

59 다음 중 BSC 균형성과표에 대한 내용으로 옳지 않은 것을 모두 고른 것은?

> ㉠ 균형성과표는 학습과 성장관점, 재무적 관점, 내부 프로세스 관점, 외부 프로세스 관점의 4가지로 구성된다.
> ㉡ 균형성과표는 외부와 내부의 균형을 맞춰야 한다.
> ㉢ 균형성과표는 과거의 성과, 미래 성과의 균형으로 구분된다.
> ㉣ 균형성과표에서 재무적 관점은 장기적이며, 나머지 관점은 단기적이다.

① ㉠, ㉡
② ㉠, ㉣
③ ㉡, ㉢
④ ㉡, ㉣
⑤ ㉢, ㉣

60 아래 그림은 수익성 계층(profitability tiers)에 대한 고객 피라미드를 나타내고 있다. 이에 대한 내용으로 가장 적절하지 않은 것은?

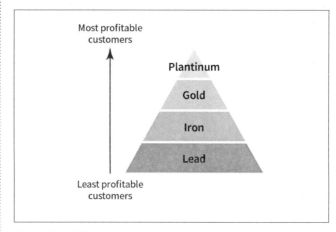

① 그림 하단의 least profitable customers에서 most profitable customers로 가는 것은 가장 수익성이 낮은 고객들에서 가장 수익성이 높은 고객들로 움직이는 것을 의미한다.
② 플래티넘층(platinum tier)은 가격에 민감하지 않은 고객층이다.
③ 골드층(gold tier)은 여러 기업과 관계를 맺음으로써 위험을 최소화하고자 하는 고객층이다.
④ 아이언층(iron tier)은 고객들의 수익은 특별한 대우를 할 만큼 충분하지 않다.
⑤ 리드(납)층(lead tier)은 자신들이 내는 수익성 이상의 배려를 요구하지 않는다.

>>> 철도관련법령

61 철도산업발전기본법상 철도시설에 포함되지 않는 것은?

① 차량정비기지 및 차량유치시설

② 철도여객을 위한 오락시설

③ 철도경영연수 및 철도전문인력의 교육훈련을 위한 시설

④ 철도의 선로에 부대되는 시설

⑤ 철도기술의 개발·시험 및 연구를 위한 시설

62 철도산업발전기본법령상 철도협회의 업무를 모두 고르면?

ㄱ 협회 정관으로 정하는 업무

ㄴ 정책 및 기술개발의 지원

ㄷ 해외철도 진출을 위한 현지조사 및 지원

ㄹ 철도운영의 기술지원에 관한 업무

ㅁ 지방자치단체의 위탁사업

ㅂ 철도산업의 개혁에 관한 정책 업무

---

① ㄱㄴㄷㄹ

② ㄱㄴㄷㅁ

③ ㄱㄴㄹㅁㅂ

④ ㄴㄷㄹㅁㅂ

⑤ ㄱㄴㄷㄹㅁㅂ

63 철도산업발전기본법령상 철도의 관리청은?

① 해당 지방자치단체의 장

② 국토교통부장관

③ 국가철도공단

④ 철도청

⑤ 한국철도공사

64 철도산업발전기본법령상 보상계약에 포함되어야 할 사항이 아닌 것은?

① 원인제공자와 철도운영지가 필요하다고 합의하는 사항

② 계약기간 및 계약기간의 수정·갱신과 계약의 해지에 관한 사항

③ 공익서비스 제공과 관련하여 원인제공자가 부담하여야 하는 보상방법 등에 관한 사항

④ 국토교통부장관이 제안한 보상내용 및 보상방법 등에 관한 사항

⑤ 철도운영자가 제공하는 철도서비스의 기준과 내용에 관한 사항

65 한국철도공사법령상 대리·대행인을 해임한 경우에 해임한 뜻을 등기해야 하는 기간은?

① 7일   ② 14일

③ 15일   ④ 21일

⑤ 30일

66 한국철도공사법령상 국유재산의 전대에 대한 설명으로 옳은 것은?

① 공사는 필요할 경우 대부받은 국유재산을 국유재산관리청장의 승인을 받아 전대할 수 있다.

② 공사의 사업 수행에 필요한 경우일라도 시설물은 절대로 축조할 수 없다.

③ 전대를 받은 자는 전대 받은 재산을 다른 사람에게 대부하거나 사용·수익하게 하지 못한다.

④ 공사는 사용·수익을 허가받은 국유재산 전대를 변경할 경우에는 기획재정부에 신청서를 제출하여야 한다.

⑤ 전대를 받은 자는 해당 재산에 건물이나 그 밖의 영구시설물을 축조할 수 있다.

67 철도사업법상 국토교통부장관이 사업용철도노선을 지정·고시해야 하는 사항에 포함되지 않는 것은?

① 정차역

② 노선번호

③ 철도시설

④ 중요 경과지

⑤ 기점 및 종점

68 다음 중 철도사업법령상 철도사업자가 여객에게 부가운임을 징수할 수 있는 경우는?

① 여객이 승차 구간을 변경한 경우

② 여객이 30명 이상 단체로 열차를 이용한 경우

③ 여객이 열차를 예약하고 이용하지 아니한 경우

④ 여객 유치를 위한 기념행사일의 경우

⑤ 여객이 정당한 운임·요금을 지급하지 않고 열차를 이용한 경우

69 철도사업법상 철도사고로 인하여 면허취소 또는 사업정지 등의 처분대상이 되는 사상자 수는?

① 1회 철도사고로 사망자 3명 이상이 발생하게 된 경우

② 1회 철도사고로 사망자 5명 이상이 발생하게 된 경우

③ 1회 철도사고로 사망자 7명 이상이 발생하게 된 경우

④ 2회 철도사고로 사망자 9명 이상이 발생하게 된 경우

⑤ 2회 철도사고로 사망자 11명 이상이 발생하게 된 경우

70 철도사업법령상 국토교통부장관은 국가가 재정을 지원한 민자철도의 건설 및 유지·관리 현황에 관한 보고서를 작성하여 언제까지 국회 소관 상임위원회에 제출하여야 하는가?

① 매년 3월 31일까지

② 매년 5월 31일까지

③ 매년 6월 30일까지

④ 매년 9월 30일까지

⑤ 매년 12월 31일까지

코레일(한국철도공사) 필기시험

성 명

아래에 문구를 빈칸에 정자로 기재하시오.

햇볕이 쏟아지는 가을날에 선선한 바람을 맞으며 하루를 보낸다.

필적확인란 :

직업기초능력평가

1	① ② ③ ④ ⑤
2	① ② ③ ④ ⑤
3	① ② ③ ④ ⑤
4	① ② ③ ④ ⑤
5	① ② ③ ④ ⑤
6	① ② ③ ④ ⑤
7	① ② ③ ④ ⑤
8	① ② ③ ④ ⑤
9	① ② ③ ④ ⑤
10	① ② ③ ④ ⑤
11	① ② ③ ④ ⑤
12	① ② ③ ④ ⑤
13	① ② ③ ④ ⑤
14	① ② ③ ④ ⑤
15	① ② ③ ④ ⑤
16	① ② ③ ④ ⑤
17	① ② ③ ④ ⑤
18	① ② ③ ④ ⑤
19	① ② ③ ④ ⑤
20	① ② ③ ④ ⑤
21	① ② ③ ④ ⑤
22	① ② ③ ④ ⑤
23	① ② ③ ④ ⑤
24	① ② ③ ④ ⑤
25	① ② ③ ④ ⑤
26	① ② ③ ④ ⑤
27	① ② ③ ④ ⑤
28	① ② ③ ④ ⑤
29	① ② ③ ④ ⑤
30	① ② ③ ④ ⑤

직무수행능력평가

31	① ② ③ ④ ⑤
32	① ② ③ ④ ⑤
33	① ② ③ ④ ⑤
34	① ② ③ ④ ⑤
35	① ② ③ ④ ⑤
36	① ② ③ ④ ⑤
37	① ② ③ ④ ⑤
38	① ② ③ ④ ⑤
39	① ② ③ ④ ⑤
40	① ② ③ ④ ⑤
41	① ② ③ ④ ⑤
42	① ② ③ ④ ⑤
43	① ② ③ ④ ⑤
44	① ② ③ ④ ⑤
45	① ② ③ ④ ⑤
46	① ② ③ ④ ⑤
47	① ② ③ ④ ⑤
48	① ② ③ ④ ⑤
49	① ② ③ ④ ⑤
50	① ② ③ ④ ⑤
51	① ② ③ ④ ⑤
52	① ② ③ ④ ⑤
53	① ② ③ ④ ⑤
54	① ② ③ ④ ⑤
55	① ② ③ ④ ⑤
56	① ② ③ ④ ⑤
57	① ② ③ ④ ⑤
58	① ② ③ ④ ⑤
59	① ② ③ ④ ⑤
60	① ② ③ ④ ⑤

철도관련법령

61	① ② ③ ④ ⑤
62	① ② ③ ④ ⑤
63	① ② ③ ④ ⑤
64	① ② ③ ④ ⑤
65	① ② ③ ④ ⑤
66	① ② ③ ④ ⑤
67	① ② ③ ④ ⑤
68	① ② ③ ④ ⑤
69	① ② ③ ④ ⑤
70	① ② ③ ④ ⑤

생 년 월 일

생	년		월		일	
⓪	⓪	⓪	⓪	⓪	⓪	⓪	⓪
①	①	①	①	①	①	①	①
②	②	②	②	②	②	②	②
③	③	③	③	③	③	③	③
④	④	④	④	④	④	④	④
⑤	⑤	⑤	⑤	⑤	⑤	⑤	⑤
⑥	⑥	⑥	⑥	⑥	⑥	⑥	⑥
⑦	⑦	⑦	⑦	⑦	⑦	⑦	⑦
⑧	⑧	⑧	⑧	⑧	⑧	⑧	⑧
⑨	⑨	⑨	⑨	⑨	⑨	⑨	⑨

코레일
(한국철도공사)

경영학

[사무영업(일반)]

- 제 2 회 -

성명		생년월일	
시험시간	70분	문항수	70문항

〈응시 전 주의사항〉

○ 문제지 해당란과 OMR답안지에 성명과 생년월일을 정확하게 기재하십시오.

○ 기재착오, 누락 등으로 인한 불이익은 응시자 본인의 책임이니 OMR 답안지 작성에 유의하십시오.

○ 필기시험의 만점은 100점으로 합니다.

SEOWONGAK
(주)서원각

1 다음 글을 읽고 알 수 있는 매체와 매체 언어의 특성으로 가장 적절한 것은?

텔레비전 드라마는 텔레비전과 드라마에 대한 각각의 이해를 전제로 하고 보아야 한다. 즉 텔레비전이라는 매체에 대한 이해와 드라마라는 장르적 이해가 필요하다.

텔레비전은 다양한 장르, 양식 등이 교차하고 공존한다. 텔레비전에는 다루고 있는 내용이 매우 무거운 시사토론 프로그램부터 매우 가벼운 오락 프로그램까지 섞어서 나열되어 있다. 또한 시청률에 대한 생산자들의 강박관념까지 텔레비전 프로그램 안에 들어있다. 텔레비전 드라마의 경우도 마찬가지로 이러한 강박이 존재한다. 드라마는 광고와 여러 문화 산업에 부가가치를 창출하며 드라마의 장소는 관광지가 되어서 지방의 부가가치를 만들어 내기도 한다. 이 때문에 시청률을 걱정해야 하는 불안정한 텔레비전 드라마 시장의 구조 속에서 상업적 성공을 거두기 위해 텔레비전 드라마는 이미 높은 시청률을 기록한 드라마를 복제하게 되는 것이다. 이것은 드라마 제작자의 수익성과 시장의 불확실성을 통제하기 위한 것으로 구체적으로는 속편이나 아류작의 제작이나 유사한 장르 복제 등으로 나타난다. 이러한 복제는 텔레비전 내부에서만 일어나는 것이 아니라 문화 자본과 관련되는 모든 매체, 즉 인터넷, 영화, 인쇄매체에서 동시적으로 나타나는 현상이기도 하다.

이들은 서로 역동적으로 자리바꿈을 하면서 환유적 관계를 형성한다. 이 환유에는 수용자들, 즉 시청자나 매체 소비자들의 욕망이 투사되어 있다. 수용자의 욕망이 매체나 텍스트의 환유적 고리와 만나게 되면 각각의 텍스트는 다른 텍스트나 매체와의 관련 속에서 의미화 작용을 거치게 된다.

이렇듯 텔레비전 드라마는 시청자의 욕망과 텔레비전 안팎의 다른 프로그램이나 텍스트와 교차하는 지점에서 생산된다. 상업성이 검증된 것의 반복적 생산으로 말미암아 텔레비전 드라마는 거의 모든 내용이 비슷해지는 동일화의 길을 걷게 된다고 볼 수 있다.

① 텔레비전과 같은 매체는 문자 언어를 읽고 쓰는 능력을 반드시 필요로 한다.
② 디지털 매체 시대에 독자는 정보의 수용자이면서 동시에 생산자가 되기도 한다.
③ 텔레비전 드라마 시청자들의 욕구는 매체의 특성을 변화시키는 경우가 많다.
④ 영상 매체에 있는 자료들이 인터넷, 영화 등과 결합하는 것은 사실상 불가능하다.
⑤ 텔레비전 드라마는 독자들의 니즈를 충족시키기 위해 내용의 차별성에 역점을 두고 있다.

2 다음 글의 빈칸에 들어갈 내용으로 가장 적절한 것은?

동양화의 특징인 여백의 표현도 산점 투시(散點透視)와 관련된 것이다. 동양화에서는 산점 투시를 택하여 구도를 융통성 있게 짜기 때문에 유모취신(遺貌取神)적 관찰 내용을 화면에 그대로 표현할 수 있다. 즉 대상 가운데 주제와 사상을 가장 잘 나타낼 수 있는 본질적인 부분만을 취하고, ＿＿＿＿＿＿＿＿
그 결과 여백이 생기게 된 것이다. 이 여백은 하늘일 수도 있고 땅일 수도 있으며, 혹은 화면에서 제거된 기타 여러 가지일 수도 있다. 그런데 여백은 단순히 비어 있는 공간은 아니다. 그것은 주제를 돋보이게 할 뿐 아니라 동시에 화면의 의경(意境)을 확대시킨다. 당나라 시대 백거이는 '비파행(琵琶行)'이라는 유명한 시에서 악곡이 쉬는 부분을 묘사할 때, "이 때에는 소리를 내지 않는 것이 소리를 내는 것보다 더 낫다."라고 하였다. 여기서 '일시적으로 소리를 쉬는 것'은 악곡 선율의 연속인데, 이는 '뜻은 다다랐으되 붓이 닿지 않은 것'과 같은 뜻이다. 이로 인해 보는 이는 상상력을 발휘할 수 있는 여지를 더 많이 가질 수 있고, 동시에 작품은 예술적 공감대를 확대하게 된다.

① 풍경을 최대한 자세하게 표현한다.

② 주변 인물들의 표정을 과장되게 묘사한다.

③ 주제와 관련 없는 부분을 화면에서 제거한다.

④ 나머지는 추상적으로 표현하여 궁금증을 유발시킨다.

⑤ 화면을 여러 가지 화려한 색으로 채색한다.

3 다음 중 ㉠과 동일한 의미로 쓰인 것은?

화학반응이 일어나기 위해서는 반드시 어느 정도의 에너지 장벽을 넘어서야만 한다. 반응물의 에너지가 생성물의 에너지보다 작은 경우는 당연히 말할 것도 없거니와 반응물의 에너지가 생성물의 에너지보다 큰 경우에도 마찬가지다. 에너지 장벽을 낮추는 것은 화학반응의 속도를 증가시키고 에너지 장벽을 높이는 것은 화학반응의 속도를 감소시킨다. 에너지 장벽의 높이를 조절하는 물질을 화학반응의 촉매라고 한다. 촉매에는 에너지 장벽을 낮추는 정촉매도 있지만 장벽을 높이는 부촉매도 있다.

촉매는 산업 생산에서 요긴하게 활용된다. 특히, 수요가 큰 화학제품을 생산하는 경우 충분히 빠른 화학반응 속도를 얻는 것이 중요하다. 반응 속도가 충분히 빠르지 않으면 생산성이 떨어져 경제성이 악화된다. 생산 공정에서는 반응로의 온도를 높여서 반응 속도를 증가시킨다. 이 때 적절한 촉매를 사용하면, 그런 비용을 획기적으로 절감하면서 생산성을 ㉠<u>높이는</u> 것이 가능하다.

그러나 반응하는 분자들이 복잡한 구조를 지닐 경우에는 반응에 얽힌 상황도 더 복잡해져서 촉매의 투입만으로는 반응 속도를 조절하기 어려워진다. 그런 분자들 간의 반응에서는 분자들이 서로 어떤 방향으로 충돌하는가도 문제가 된다. 즉 에너지 장벽을 넘어설 수 있을 만큼의 에너지가 주어지더라도 반응이 일어날 수 있는 올바른 방향으로 충돌하지 못할 경우에는 화학반응이 일어나지 않는다.

① 우리 회사는 제품의 관심도를 <u>높이는</u> 데 주력하고 있다.

② 회사에서 그의 직급을 과장으로 <u>높여</u> 주었다.

③ 자동차 타이어의 압력을 지나치게 <u>높이면</u> 사고의 가능성이 커진다.

④ 그녀는 우울한 기분을 떨쳐 버리려고 애써 목소리를 <u>높여</u> 말했다.

⑤ 아군의 사기를 <u>높여야</u> 이 싸움에 승산이 있다.

4 다음 중 밑줄 친 단어를 교체하기에 가장 적절한 것은?

프랑스의 과학기술학자인 브루노 라투르는 아파트 단지 등에서 흔히 보이는 과속방지용 둔덕을 통해 기술이 인간에게 어떤 역할을 수행하는지를 흥미롭게 설명한다. 운전자들은 둔덕 앞에서 자연스럽게 속도를 줄인다. 그런데 운전자가 이렇게 하는 이유는 이웃을 생각해서가 아니라, 빠른 속도로 둔덕을 넘었다가는 차에 무리가 가기 때문이다. 즉 둔덕은 "타인을 위해 과속을 하면 안 된다."는 (사람들이 잘 지키지 않는) 도덕적 심성을 "과속을 하면 내 차에 고장이 날 수 있다."는 (사람들이 잘 지키는) 이기적 태도로 바꾸는 역할을 한다. 라투르는 과속방지용 둔덕을 "잠자는 경찰"이라고 부르면서, 이것이 교통경찰의 역할을 대신한다고 보았다. 이렇게 라투르는 인간이 했던 역할을 기술이 대신 수행함으로써 우리 사회의 훌륭한 행위자가 된다고 하였다.

라투르는 총기의 예도 즐겨 사용한다. 총기 사용 규제를 주장하는 사람들은 총이 없으면 일어나지 않을 살인 사건이 총 때문에 발생한다고 주장한다. 반면에 총기 사용 규제에 반대하는 그룹은 살인은 사람이 <u>저지르는</u> 것이며, 총은 중립적인 도구일 뿐이라고 주장한다. 라투르는 전자를 기술결정론, 후자를 사회결정론으로 분류하면서 이 두 가지 입장을 모두 비판한다. 그의 주장은 사람이 총을 가짐으로써 사람도 바뀌고 총도 바뀐다는 것이다. 즉 총과 사람의 합체라는 잡종이 새로운 행위자로 등장하며, 이 잡종 행위자는 이전에 가졌던 목표와는 다른 목표를 가지게 된다. 예를 들어, 원래는 다른 사람에게 겁만 주려 했는데, 총이 손에 쥐어져 있어 살인을 저지르게 되는 식이다.

라투르는 서양의 학문이 자연, 사회, 인간만을 다루어 왔다고 강하게 비판한다. 라투르에 따르면 서양의 학문은 기술과 같은 '비인간'을 학문의 대상에서 제외했다. 과학이 자연을 탐구하려면 기술이 바탕이 되는 실험기기에 의존해야 하지만, 과학은 기술을 학문 대상이 아닌 도구로 취급했다. 사회 구성 요소 중에 가장 중요한 것은 기술이지만, 사회과학자들은 기술에는 관심이 거의 없었다. 철학자들은 인간을 주체/객체로 나누면서, 기술을 저급하고 수동적인 대상으로만 취급했다. 그 결과 기술과 같은 비인간이 제외된 자연과 사회가 근대성의 핵심이 되었다. 결국 라투르는 행위자로서 기술의 능동적 역할에 주목하면서, 이를 통해 서구의 근대적 과학과 철학이 범했던 자연/사회, 주체/객체의 이분법을 극복하고자 하였다.

① 반하는   ② 범하는

③ 전달하는   ④ 중립적인

⑤ 이용하는

5 보기의 문장이 들어갈 위치로 적절한 것은?

백 명의 학생들을 두 집단으로 나누어 그 중 한 집단에게는 실제로 동전을 백 번 던져서 그 결과를 종이에 기록하라고 하고, 다른 집단에게는 동전을 백 번 던진다고 상상하여 그 결과가 최대한 실제로 던진 것처럼 보이도록 기록하라고 지시했다. ㉠ 전자를 '실제 기록', 후자를 '상상 기록'이라고 하자. 기록을 작성한 학생 말고는 누구도 어느 것이 실제 기록이고 어느 것이 상상 기록인지 모른다. ㉡ 우리의 과제는 기록의 내용을 보고 실제 기록 집단과 상상 기록 집단을 구분해내는 것이다. 그런데 다음과 같은 점들을 염두에 둔다면, 우리는 이 과제를 꽤 성공적으로 수행할 수 있다. ㉢

정상적인 동전을 실제로 던졌을 때 앞면이 나올 확률과 뒷면이 나올 확률은 모두 1/2이다. 그 동전을 두 번 던져 모두 앞면이 나올 확률은 1/4이다. 동전 던지기 횟수를 늘렸을 때 확률이 어떻게 변하는지 보려면 그저 계속 곱하기만하면 된다. ㉣ 결과는 1/64, 즉 2%도 되지 않는다. 그렇지만 이런 낮은 확률은 던진 횟수가 여섯 번일 때에만 해당하는 수치이다. 동전을 던지는 횟수를 증가시키면 같은 면이 여섯 번 연속으로 나올 확률이 높아진다. ㉤

〈보기〉

따라서 여섯 번 연속 앞면이 나올 확률은 1/2을 여섯 번 곱하면 된다.

① ㉠

② ㉡

③ ㉢

④ ㉣

⑤ ㉤

6 다음 사례와 어울리는 속담은?

최근 대입은 학생부종합전형이 대세라고 할 정도로 비중이 높아지고 있다. 이 전형에 대비하려면 학생들은 자신만의 스토리를 만들기 위해 필요한 공부를 학교생활에서 찾아가는 자세가 요구된다. 이를 반영하듯, 고등학교에 입학한 우현이는 독서활동, 교과공부에 시간을 투자하는 한편 일주일에 한 번씩 동아리에 모여 토론을 하며 생각의 깊이를 키우는 노력을 하고 있다.

① 무쇠도 갈면 바늘 된다.

② 아니 땐 굴뚝에 연기 날까.

③ 목마른 놈이 우물 판다.

④ 바늘 도둑이 소도둑 된다.

⑤ 떡 본 김에 제사지낸다.

7 다음 글에 대한 이해로 적절하지 않은 것은?

외국 통화에 대한 자국 통화의 교환 비율을 의미하는 환율은 장기적으로 한 국가의 생산성과 물가 등 기초 경제 여건을 반영하는 수준으로 수렴된다. 그러나 단기적으로 환율은 이와 괴리되어 움직이는 경우가 있다. 만약 환율이 예상과는 다른 방향으로 움직이거나 또는 비록 예상과 같은 방향으로 움직이더라도 변동 폭이 예상보다 크게 나타날 경우 경제 주체들은 과도한 위험에 노출될 수 있다. 환율이나 주가 등 경제 변수가 단기에 지나치게 상승 또는 하락하는 현상을 오버슈팅(overshooting)이라고 한다. 이러한 오버슈팅은 물가 경직성 또는 금융 시장 변동에 따른 불안 심리 등에 의해 촉발되는 것으로 알려져 있다. 여기서 물가 경직성은 시장에서 가격이 조정되기 어려운 정도를 의미한다.

물가 경직성에 따른 환율의 오버슈팅을 이해하기 위해 통화를 금융 자산의 일종으로 보고 경제 충격에 대해 장기와 단기에 환율이 어떻게 조정되는지 알아보자. 경제에 충격이 발생할 때 물가나 환율은 충격을 흡수하는 조정 과정을 거치게 된다. 물가는 단기에는 장기 계약 및 공공요금 규제 등으로 인해 경직적이지만 장기에는 신축적으로 조정된다. 반면 환율은 단기에서도 신축적인 조정이 가능하다. 이러한 물가와 환율의 조정 속도 차이가 오버슈팅을 초래한다. 물가와 환율이 모두 신축적으로 조정되는 장기에서의 환율은 구매력 평가설에 의해 설명되는데, 이에 의하면 장기의 환율은 자국 물가 수준을 외국 물가 수준으로 나눈 비율로 나타나며, 이를 균형 환율로 본다. 가령 국내 통화량이 증가하여 유지될 경우 장기에서는 자국 물가도 높아져 장기의 환율은 상승한다. 이때 통화량을 물가로 나눈 실질 통화량은 변하지 않는다.

그런데 단기에는 물가의 경직성으로 인해 구매력 평가설에 기초한 환율과는 다른 움직임이 나타나면서 오버슈팅이 발생할 수 있다. 가령 국내 통화량이 증가하여 유지될 경우, 물가가 경직적이어서 실질 통화량은 증가하고 이에 따라 시장 금리는 하락한다. 국가 간 자본 이동이 자유로운 상황에서, 시장 금리 하락은 투자의 기대 수익률 하락으로 이어져, 단기성 외국인 투자 자금이 해외로 빠져나가거나 신규 해외 투자 자금 유입을 위축시키는 결과를 초래한다. 이 과정에서 자국 통화의 가치는 하락하고 환율은 상승한다. 통화량의 증가로 인한 효과는 물가가 신축적인 경우에 예상되는 환율 상승에, 금리 하락에 따른 자금의 해외 유출이 유발하는 추가적인 환율 상승이 더해진 것으로 나타난다. 이러한 추가적인 상승 현상이 환율의 오버슈팅인데, 오버슈팅의 정도 및 지속성은 물가 경직성이 클수록 더 크게 나타난다. 시간이 경과함에 따라 물가가 상승하여 실질 통화량이 원래 수준으로 돌아오고 해외로 유출되었던 자금이 시장 금리의 반등으로 국내로 복귀하면서, 단기에 과도하게 상승했던 환율은 장기에는 구매력 평가설에 기초한 환율로 수렴된다.

① 환율의 오버슈팅이 발생한 상황에서 물가 경직성이 클수록 구매력 평가설에 기초한 환율로 수렴되는 데 걸리는 기간이 길어질 것이다.
② 환율의 오버슈팅이 발생한 상황에서 외국인 투자 자금이 국내 시장 금리에 민감하게 반응할수록 오버슈팅 정도는 커질 것이다.
③ 물가 경직성에 따른 환율의 오버슈팅은 물가의 조정 속도보다 환율의 조정 속도가 빠르기 때문에 발생하는 것이다.
④ 물가가 신축적인 경우가 경직적인 경우에 비해 국내 통화량 증가에 따른 국내 시장 금리 하락 폭이 작을 것이다.
⑤ 국내 통화량이 증가하여 유지될 경우 장기에는 실질 통화량이 변하지 않으므로 장기의 환율도 변함이 없을 것이다.

8 다음 글을 바탕으로 미루어 볼 때, 포퍼와 콰인이 모두 '아니요'라고 답변할 질문은 무엇인가?

논리실증주의자와 포퍼는 지식을 수학적 지식이나 논리학 지식처럼 경험과 무관한 것과 과학적 지식처럼 경험에 의존하는 것으로 구분한다. 그중 과학적 지식은 과학적 방법에 의해 누적된다고 주장한다. 가설은 과학적 지식의 후보가 되는 것인데, 그들은 가설로부터 논리적으로 도출된 예측을 관찰이나 실험 등의 경험을 통해 맞는지 틀리는지 판단함으로써 그 가설을 시험하는 과학적 방법을 제시한다. 논리실증주의자는 예측이 맞을 경우에, 포퍼는 예측이 틀리지 않는 한, 그 예측을 도출한 가설이 하나씩 새로운 지식으로 추가된다고 주장한다.

하지만 콰인은 가설만 가지고서 예측을 논리적으로 도출할 수 없다고 본다. 예를 들어 새로 발견된 금속 M은 열을 받으면 팽창한다는 가설만 가지고는 열을 받은 M이 팽창할 것이라는 예측을 이끌어낼 수 없다. 먼저 지금까지 관찰한 모든 금속은 열을 받으면 팽창한다는 기존의 지식과 M에 열을 가했다는 조건 등이 필요하다. 이렇게 예측은 가설, 기존의 지식들, 여러 조건 등을 모두 합쳐야만 논리적으로 도출된다는 것이다. 그러므로 예측이 거짓으로 밝혀지면 정확히 무엇 때문에 예측에 실패한 것인지 알 수 없다는 것이다. 이로부터 콰인은 개별적인 가설뿐만 아니라 기존의 지식들과 여러 조건 등을 모두 포함하는 전체 지식이 경험을 통한 시험의 대상이 된다는 총체주의를 제안한다.

논리실증주의자와 포퍼는 수학적 지식이나 논리학 지식처럼 경험과 무관하게 참으로 판별되는 분석 명제와, 과학적 지식처럼 경험을 통해 참으로 판별되는 종합 명제를 서로 다른 종류라고 구분한다. 그러나 콰인은 총체주의를 정당화하기 위해 이 구분을 부정하는 논증을 다음과 같이 제시한다. 논리실증주의자와 포퍼의 구분에 따르면 "총각은 총각이다."와 같은 동어 반복 명제와, "총각은 미혼의 성인 남성이다."처럼 동어 반복 명제로 환원할 수 있는 것은 모두 분석 명제이다. 그런데 후자가 분석 명제인 까닭은 전자로 환원할 수 있기 때문이다. 이러한 환원이 가능한 것은 '총각'과 '미혼의 성인 남성'이 동의적 표현이기 때문인데 그게 왜 동의적 표현인지 물어보면, 이 둘을 서로 대체하더라도 명제의 참 또는 거짓이 바뀌지 않기 때문이라고 할 것이다. 하지만 이것만으로는 두 표현의 의미가 같다는 것을 보장하지 못해서, 동의적 표현은 언제나 반드시 대체 가능해야 한다는 필연성 개념에 다시 의존하게 된다. 이렇게 되면 동의적 표현이 동어 반복 명제로 환원 가능하게 하는 것이 되어, 필연성 개념은 다시 분석 명제 개념에 의존하게 되는 순환론에 빠진다. 따라서 콰인은 종합 명제와 구분되는 분석 명제가 존재한다는 주장은 근거가 없다는 결론에 도달한다.

과인은 분석 명제와 종합 명제로 지식을 엄격히 구분하는 대신, 경험과 직접 충돌하지 않는 중심부 지식과, 경험과 직접 충돌할 수 있는 주변부 지식을 상정한다. 경험과 직접 충돌하여 참과 거짓이 쉽게 바뀌는 주변부 지식과 달리 주변부 지식의 토대가 되는 중심부 지식은 상대적으로 견고하다. 그러나 이 둘의 경계를 명확히 나눌 수 없기 때문에, 과인은 중심부 지식과 주변부 지식을 다른 종류라고 하지 않는다. 수학적 지식이나 논리학 지식은 중심부 지식의 한가운데에 있어 경험에서 가장 멀리 떨어져 있지만 그렇다고 경험과 무관한 것은 아니라는 것이다. 그런데 주변부 지식이 경험과 충돌하여 거짓으로 밝혀지면 전체 지식의 어느 부분을 수정해야 할지 고민하게 된다. 주변부 지식을 수정하면 전체 지식의 변화가 크지 않지만 중심부 지식을 수정하면 관련된 다른 지식이 많기 때문에 전체 지식도 크게 변화하게 된다. 그래서 대부분의 경우에는 주변부 지식을 수정하는 쪽을 선택하겠지만 실용적 필요 때문에 중심부 지식을 수정하는 경우도 있다. 그리하여 과인은 중심부 지식과 주변부 지식이 원칙적으로 모두 수정의 대상이 될 수 있고, 지식의 변화도 더 이상 개별적 지식이 단순히 누적되는 과정이 아니라고 주장한다.

① 수학적 지식과 과학적 지식은 종류가 다른 것인가?
② 예측은 가설로부터 논리적으로 도출될 수 있는가?
③ 경험과 무관하게 참이 되는 지식이 존재하는가?
④ 경험을 통하지 않고 가설을 시험할 수 있는가?
⑤ 과학적 지식은 개별적으로 누적되는가?

9 다음 글의 내용과 일치하는 것을 고르면?

탄수화물은 사람을 비롯한 동물이 생존하는 데 필수적인 에너지원이다. 탄수화물은 섬유소와 비섬유소로 구분된다. 사람은 체내에서 합성한 효소를 이용하여 곡류의 녹말과 같은 비섬유소를 포도당으로 분해하고 이를 소장에서 흡수하여 에너지원으로 이용한다. 반면, 사람은 풀이나 채소의 주성분인 셀룰로스와 같은 섬유소를 포도당으로 분해하는 효소를 합성하지 못하므로, 섬유소를 소장에서 이용하지 못한다. 소, 양, 사슴과 같은 반추 동물도 섬유소를 분해하는 효소를 합성하지 못하는 것은 마찬가지이지만, 비섬유소와 섬유소를 모두 에너지원으로 이용하며 살아간다.

위(胃)가 넷으로 나누어진 반추 동물의 첫째 위인 반추위에는 여러 종류의 미생물이 서식하고 있다. 반추 동물의 반추위에는 산소가 없는데, 이 환경에서 왕성하게 생장하는 반추위 미생물들은 다양한 생리적 특성을 가지고 있다. 그중 피브로박터 숙시노젠(F)은 섬유소를 분해하는 대표적인 미생물이다. 식물체에서 셀룰로스는 그것을 둘러싼 다른 물질과 복잡하게 얽혀있는데, F가 가진 효소 복합체는 이 구조를 끊어 셀룰로스를 노출시킨 후 이를 포도당으로 분해한다. F는 이 포도당을 자신의 세포 내에서 대사 과정을 거쳐 에너지원으로 이용하여 생존을 유지하고 개체 수를 늘림으로써 생장한다. 이런 대사 과정에서 아세트산, 숙신산 등이 대사산물로 발생하고 이를 자신의 세포 외부로 배출한다. 반추위에서 미생물들이 생성한 아세트산은 반추 동물의 세포로 직접 흡수되어 생존에 필요한 에너지를 생성하는 데 주로 이용되고 체지방을 합성하는 데에도 쓰인다. 한편 반추위에서 숙신산은 프로피온산을 대사산물로 생성하는 다른 미생물의 에너지원으로 빠르게 소진된다. 이 과정에서 생성된 프로피온산은 반추 동물이 간(肝)에서 포도당을 합성하는 대사 과정에서 주요 재료로 이용된다.

반추위에는 비섬유소인 녹말을 분해하는 스트렙토코쿠스 보비스(S)도 서식한다. 이 미생물은 반추 동물이 섭취한 녹말을 포도당으로 분해하고, 이 포도당을 자신의 세포 내에서 대사 과정을 통해 자신에게 필요한 에너지원으로 이용한다. 이때 S는 자신의 세포 내의 산성도에 따라 세포 외부로 배출하는 대사산물이 달라진다. 산성도를 알려 주는 수소 이온 농도 지수(pH)가 7.0 정도로 중성이고 생장 속도가 느린 경우에는 아세트산, 에탄올 등이 대사산물로 배출된다. 반면 산성도가 높아져 pH가 6.0 이하로 떨어지거나 녹말의 양이 충분하여 생장 속도가 빠를 때는 젖산이 대사산물로 배출된다. 반추위에서 젖산은 반추 동물의 세포로 직접 흡수되어 반추 동물에게 필요한 에너지를 생성하는 데 이용되거나 아세트산 또는 프로피온산을 대사산물로 배출하는 다른 미생물의 에너지원으로 이용된다.

그런데 S의 과도한 생장이 반추 동물에게 악영향을 끼치는 경우가 있다. 반추 동물이 짧은 시간에 과도한 양의 비섬유소를 섭취하면 S의 개체 수가 급격히 늘고 과도한 양의 젖산이 배출되어 반추위의 산성도가 높아진다. 이에 따라 산성의 환경에서 왕성히 생장하며 항상 젖산을 대사산물로 배출하는 락토바실러스 루미니스(L)와 같은 젖산 생성 미생물들의 생장이 증가하며 다량의 젖산을 배출하기 시작한다. F를 비롯한 섬유소 분해 미생물들은 자신의 세포 내부의 pH를 중성으로 일정하게 유지하려는 특성이 있는데, 젖산 농도의 증가로 자신의 세포 외부의 pH가 낮아지면 자신의 세포 내의 항상성을 유지하기 위해 에너지를 사용하므로 생장이 감소한다. 만일 자신의 세포 외부의 pH가 5.8 이하로 떨어지면 에너지가 소진되어 생장을 멈추고 사멸하는 단계로 접어든다. 이와 달리 S와 L은 상대적으로 산성에 견디는 정도가 강해 자신의 세포 외부의 pH가 5.5 정도까지 떨어지더라도 이에 맞춰 자신의 세포 내부의 pH를 낮출 수 있어 자신의 에너지를 세포 내부의 pH를 유지하는 데 거의 사용하지 않고 생장을 지속하는 데 사용한다. 그러나 S도 자신의 세포 외부의 pH가 그 이하로 더 떨어지면 생장을 멈추고 사멸하는 단계로 접어들고, 산성에 더 강한 L을 비롯한 젖산 생성 미생물들이 반추위 미생물의 많은 부분을 차지하게 된다. 그렇게 되면 반추위의 pH가 5.0 이하가 되는 급성 반추위 산성증이 발병한다.

① 피브로박터 숙시노젠(F)은 자신의 세포 내에서 포도당을 에너지원으로 이용하여 생장한다.

② 반추 동물의 과도한 섬유소 섭취는 급성 반추위 산성증을 유발한다.

③ 반추위 미생물은 산소가 없는 환경에서 생장을 멈추고 사멸한다.

④ 반추 동물의 세포에서 합성한 효소는 셀룰로스를 분해한다.

⑤ 섬유소는 사람의 소장에서 포도당의 공급원으로 사용된다.

10 다음은 컨퍼런스에 참가한 어느 발표자의 발표문이다. 이 발표자가 효과적으로 의사전달을 하기 위해 사용한 전략이 아닌 것은?

여러분, '희토류'에 대해 들어 본 적이 있으신가요? (별로 들어 본 적이 없다는 대답을 듣고) 네. 그러시군요. 희토류는 우리 생활 속에서 쉽게 접할 수 있는 제품들에 널리 사용되고 있습니다. 하지만 희토류에 대해 잘 알지 못하는 분들이 많은 것 같아 이번 시간에는 희토류가 무엇이고 어떻게 쓰이는지 등에 대해 알려 드리고자 합니다.

원소에 대해서는 잘 아시죠? (그렇다는 대답을 듣고) 잘 아시는군요. 희토류는 원소 주기율표에서 원자 번호 57부터 71까지의 원소와 그 외의 2개 원소를 합친 17개의 원소를 가리킵니다. 희토류는 다른 물질과 함께 화합물을 형성하여 다양한 산업 분야에서 주요 소재로 널리 활용되고 있습니다. 이제 희토류에 대해 이해되셨나요? (그렇다는 대답을 듣고) 그럼 다음으로, 희토류의 실제 활용 사례를 살펴보겠습니다. (영상을 보여 주며) 희토류 중 하나인 이트륨이 활용된 사례입니다. 이 희토류를 포함한 화합물은 LED나 TV 스크린 등에 발광 재료로 쓰이는데 이 경우에 발광 효율이 높아 에너지 절약 효과를 가져올 수 있습니다. 다음은 역시 희토류 중의 하나인 네오디뮴이 활용된 사례입니다. 이 희토류를 포함한 화합물 중에서 강한 자성을 갖는 것은 하이브리드 자동차나 전기 자동차의 모터용 자석에 널리 사용됩니다.

최근에는 첨단 산업 분야에서 희토류에 대한 수요가 늘면서 희토류의 생산량이 증가하고 있습니다. (표를 제시하며) 여기를 보시면 2010년의 전 세계 희토류 생산량은 약 13만 톤이었는데요. 1986년부터 2010년까지 25년 동안 희토류 생산량이 꾸준히 증가했다는 것을 알 수 있습니다. 최근 한 전문가의 연구에 따르면, 2050년에는 전 세계 희토류 수요량이 약 80만 톤에 이를 것이라고 합니다. 그런데 희토류는 특정 광석에만 존재하며, 광석에서 분리하여 정제하기가 매우 까다롭다고 합니다. 이러한 이유로 최근 여러 국가에서는 희토류의 생산 확대를 위한 기술을 적극적으로 개발하고 있습니다.

지금까지 희토류에 대한 여러분의 이해를 돕기 위해 희토류의 개념과 산업 분야에서의 활용 사례 등을 중심으로 발표를 하였습니다. 앞서 말씀드린 바와 같이 희토류는 여러 산업 분야에 걸쳐 주요 소재로 활용되고 있어서 '산업의 비타민'이라고 불립니다. 제 발표를 통해 여러분이 희토류에 대해 잘 이해하셨길 바랍니다. 더불어 생활 속에서 희토류가 실제로 얼마나 다양하게 활용되고 있는지 관심을 갖고 찾아보셨으면 합니다. 이상으로 발표를 마치겠습니다. 감사합니다.

① 발표 목적을 청중들에게 환기시키고 있다.
② 산업 분야에서 희토류의 역할을 비유적 표현으로 제시하였다.
③ 희토류와 관련된 우리 삶에 대한 긍정적인 전망을 제시하였다.
④ 도표 및 영상 자료를 효과적으로 활용하고 있다.
⑤ 희토류에 대해 청중이 관심을 갖기를 권하고 있다.

11 다음은 '공공 데이터를 활용한 앱 개발'에 대한 보고서 작성 개요와 이에 따라 작성한 보고서 초안이다. 개요에 따라 작성한 보고서 초안의 결론 부분에 들어갈 내용으로 가장 적절한 것은?

> ■ 보고서 작성 개요
> • 서론
> – 앱을 개발하려는 사람들의 특성 서술
> – 앱 개발 시 부딪히는 난점 언급
> • 본론
> – 공공 데이터의 개념 정의
> – 공공 데이터의 제공 현황 제시
> – 앱 개발 분야에서 공공 데이터가 갖는 장점 진술
> – 공공 데이터를 활용한 앱 개발 사례 제시
> • 결론
> – 공공 데이터 활용의 장점을 요약적으로 진술
> – 공공 데이터가 앱 개발에 미칠 영향 언급
>
> ■ 보고서 초고
> 앱을 개발하려는 사람들은 아이디어가 넘친다. 사람들이 여행 준비를 위해 많은 시간을 허비하는 것을 보면 한 번에 여행 코스를 짜 주는 앱을 만들어 보고 싶어 한다. 도심에서 주차장을 못 찾아 헤매는 사람들을 보면 주차장을 쉽게 찾아 주는 앱을 만들어 보고 싶어 한다. 그러나 막상 앱을 개발하려 할 때 부딪히는 여러 난관이 있다. 여행지나 주차장에 대한 정보를 모으는 것도 문제이고, 정보를 지속적으로 갱신하는 것도 문제이다. 이런 문제 때문에 결국 아이디어를 포기하는 경우가 많다. 그러나 이제는 아이디어를 포기하지 않아도 된다. 바로 공공 데이터가 있기 때문이다. 공공 데이터는 공공 기관에서 생성, 취득하여 관리하고 있는 정보 중, 전자적 방식으로 처리되어

누구나 이용할 수 있도록 국민들에게 제공된 것을 말한다. 현재 정부에서는 공공 데이터 포털 사이트를 개설하여 국민들이 쉽게 이용할 수 있도록 하고 있다. 공공 데이터 포털 사이트에서는 800여 개 공공 기관에서 생성한 15,000여 건의 공공 데이터를 제공하고 있으며, 제공하는 공공 데이터의 양을 꾸준히 늘리고 있다.
공공 데이터가 가진 앱 개발 분야에서의 장점은 크게 두 가지를 들 수 있다. 먼저 공공 데이터는 공공 기관이 국민들에게 편의를 제공하기 위해 시행한 정책의 산출물이기 때문에 실생활과 밀접하게 관련된 정보가 많다는 점이다. 앱 개발자들의 아이디어는 대개 앞에서 언급한 것처럼 사람들의 실생활에 편의를 제공하기 위한 것들이다. 그래서 만약 여행 앱을 만들고자 한다면 한국관광공사의 여행 정보에서, 주차장 앱을 만들고자 한다면 지방 자치 단체의 주차장 정보에서 필요한 정보를 얻을 수 있다. 두 번째로 공공 데이터를 이용하는 데에는 비용이 거의 들지 않기 때문에, 정보를 수집하고 갱신할 때 소요되는 비용을 줄일 수 있다는 점이다. 그래서 개인들도 비용에 대한 부담 없이 쉽게 앱을 만들 수 있다.

> 〈결론〉

① 공공 데이터는 앱 개발을 할 때 부딪히는 자료 수집의 문제와 시간 부족 문제를 해결하여 쉽게 앱을 만들 수 있게 해 준다. 이런 장점에도 불구하고 국민들의 공공 데이터 이용에 대한 인식이 낮은 것은 문제라고 할 수 있다.
② 공공 데이터는 앱 개발에 필요한 실생활 관련 정보를 담고 있으며 앱 개발 비용의 부담을 줄여 준다. 그러므로 앱 개발 시 공공 데이터 이용이 활성화되면 실생활에 편의를 제공하는 다양한 앱이 개발될 것이다.
③ 공공 데이터를 이용하여 앱 개발을 하는 사람들은 시간과 비용의 문제를 극복하고 경제적 가치를 창출하는 사람들이다. 앞으로 공공 데이터의 양이 증가하면 그들이 만들어 내는 앱도 더 다양해질 것이다.
④ 공공 데이터는 자본과 아이디어가 부족해 앱을 개발하지 못 하는 사람들이 유용하게 이용할 수 있다. 앱 개발을 통한 창업이 활성화되면 우리 경제에도 큰 도움이 될 것이다.
⑤ 공공 데이터는 국민 생활에 편의를 제공하고 국민들의 생활을 개선하기 위해 만든 자료이다. 앞으로 공공 데이터의 이용이 활성화되면 국민들의 삶의 질이 향상될 것이다.

12 다음은 신재생 에너지 및 절약 분야 사업 현황이다. '신재생 에너지' 분야의 사업별 평균 지원액이 '절약 분야의 사업별 평균 지원액의 5배 이상이 되기 위한 사업 수의 최대 격차는? (단, '신재생 에너지' 분야의 사업 수는 '절약' 분야의 사업 수보다 큼)

(단위 : 억 원, %, 개)

구분	신재생 에너지	절약	합
지원금(비율)	3,500(85.4)	600(14.6)	4,100(100.0)
사업 수	( )	( )	600

① 44개

② 46개

③ 48개

④ 54개

⑤ 56개

│13~14│ 다음의 상품설명서를 읽고 물음에 답하시오.

〈거래 조건〉

구분		금리
적용금리	모집기간 중	큰 만족 실세예금 1년 고시금리
	계약기간 중 중도해지	없음
	만기 후	원금의 연 0.10%
중도해지 수수료율 (원금기준)	예치기간 3개월 미만	개인 원금의 0.38% 법인 원금의 0.38%
	예치기간 3개월 이상~6개월 미만	개인 원금의 0.29% 법인 원금의 0.30%
	예치기간 6개월 이상~9개월 미만	개인 원금의 0.12% 법인 원금의 0.16%
	예치기간 9개월 이상~12개월 미만	원금의 0.10%
이자지급 방식		만기일시지급식
계약의 해지		영업점에서 해지 가능

〈유의사항〉

• 예금의 원금보장은 만기 해지 시에만 적용된다.

• 이 예금은 분할해지 할 수 없으며 중도해지 시 중도해지수수료 적용으로 원금손실이 발생할 수 있다. (중도해지수수료는 '가입금액×중도해지수수료율'에 의해 결정)

• 이 예금은 예금기간 중 지수가 목표지수변동률을 넘어서 지급 금리가 확정되더라도 이자는 만기에만 지급한다.

• 지수상승에 따른 수익률(세전)은 실제 지수상승률에도 불구하고 연 4.67%를 최대로 한다.

13 석준이는 개인이름으로 최초 500만 원의 원금을 가지고 이 상품에 가입했다가 불가피한 사정으로 5개월 만에 중도해지를 했다. 이때 석준이의 중도해지 수수료는 얼마인가?

① 6,000원

② 8,000원

③ 14,500원

④ 15,000원

⑤ 19,000원

14 상원이가 이 예금에 가입한 후 증시 호재로 인해 지수가 약 29% 상승하였다. 이 경우 상원이의 최대 수익률은 연 몇 %인가? (단, 수익률은 세전으로 한다)

① 연 1.35%

② 연 4.67%

③ 연 14.5%

④ 연 21%

⑤ 연 29%

15 다음은 코레일의 2024년도 철도서비스 모니터링에 대한 시행결과를 나타낸 그래프이다. 아래의 그래프를 분석한 내용으로 가장 적절하지 않은 것을 고르면?

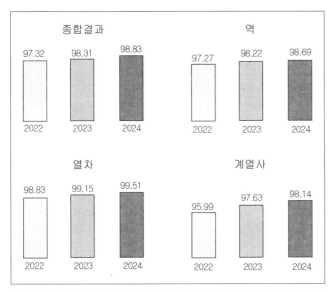

구분	'20	'21	'22	'23	'24
종합결과	97.69	96.87	97.32	98.31	98.83
역	97.19	97.06	97.27	98.22	98.69
열차	98.36	97.33	98.83	99.15	99.51
계열사	97.11	96.23	95.99	97.63	98.14

① 철도서비스 모니터링 결과에서 역 부문의 경우 2024년은 2022년에 비해 1.42 정도 상승함을 알 수 있다.

② 철도서비스 모니터링 결과, 2024년도 열차 부문은 2024년도 계열사 부문에 비해 무려 5.57 정도 높음을 알 수 있다.

③ 2024년에 열차서비스 모니터링 3개 부문에서 열차부문이 시행결과 중 가장 높음을 알 수 있다.

④ 표를 참조하였을 시에 2020년~2024년까지 철도서비스 모니터링 3개 부문(역, 열차, 계열사) 중 열차부문이 가장 높으며, 그 다음으로는 역 부문, 마지막으로 계열사 부문의 순서임을 알 수 있다.

⑤ 종합결과의 막대그래프에서 보면 철도서비스 모니터링에서 2024년은 2022년에 비해 1.51 상승함을 알 수 있다.

16 甲과 乙은 양국의 우정을 돈독히 하기 위해 함께 서울에 방문하여 용산역에서 목포역까지 열차를 활용한 우정 휴가를 계획하고 있다. 아래의 표는 인터넷 사용법에 능숙한 甲과 乙이 서울-목포 간 열차종류 및 이에 해당하는 요소들을 배치해 알아보기 쉽게 도표화한 것이다. 아래의 표를 참조하여 이 둘이 선택할 수 있는 대안(열차종류)을 보완적 방식을 통해 고르면 어떠한 열차를 선택하게 되겠는가? (단, 각 대안에 대한 최종결과 값 수치에 대한 반올림은 없는 것으로 한다.)

평가 기준	중요도	열차 종류				
		KTX 산천	ITX 새마을	무궁화호	ITX 청춘	누리로
경제성	60	3	5	4	6	6
디자인	40	9	7	2	4	5
서비스	20	8	4	3	4	4

① ITX 새마을   ② ITX 청춘

③ 무궁화호   ④ 누리로

⑤ KTX 산천

17 바른 항공사는 서울-상해 직항 노선에 50명이 초과로 예약 승객이 발생하였다. 승객 모두는 비록 다른 도시를 경유해서라도 상해에 오늘 도착하기를 바라고 있다. 아래의 그림이 경유 항공편의 여유 좌석 수를 표시한 항공로일 때, 타 도시를 경유하여 상해로 갈 수 있는 최대의 승객 수는 구하면?

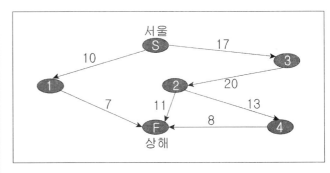

① 26   ② 29

③ 30   ④ 33

⑤ 37

18 다음은 코레일에서 제공하는 통계자료 중 철도통계연보(2018~2023년)의 일부를 발췌한 것이다. 아래의 자료를 참조하여 바르게 설명하지 않은 항목을 고르면?

수송량(Traffic)
가. 수송총괄추이(Growth of Traffic Total)
   단위 : 수송량 - 천   Unit : Traffic - Thousand
   수송밀도 - 인·톤키로/철도키로   Traffic Density - Passenger & Ton-km

연도	철도키로	역수	여객수송		화물수송		수송밀도
	Railway		인원	인키로	톤수	톤키로	Traffic
Year	-km	Stations	Passenger	Passenger -km	Tons	Ton -km	Density
2018	3,101.2	610	729,003	28,858,887	57,866	14,070,366	13,842,788
2019	3,101.2	611	790,380	29,292,053	57,469	13,837,969	13,907,527
2020	3,120.4	624	819,542	29,579,653	53,527	12,946,839	13,628,539
2021	3,118.3	626	832,999	30,072,758	53,828	12,710,083	13,719,925
2022	3,124.7	630	829,050	32,976,466	43,345	10,372,301	13,872,937
2023	3,118.6	632	825,563	28,605,926	42,081	10,071,972	12,402,327

① 2019년부터 2023년까지 철도키로(Railway-km)는 증감을 반복하고 있다.
② 2018년부터 2023년까지 여객수송 인원(Passenger)은 감소하고 있는 반면에 화물수송의 톤수(Tons)는 매우 증가하고 있다.
③ 2018년부터 2023년 화물수송에 있어서의 톤 키로(Ton-km)는 3,998,394 정도 감소하고 있음을 알 수 있다.
④ 2018년부터 2023년 사이의 수송밀도는 1,440,461 정도 감소되는 결과를 나타내고 있다.
⑤ 2018년부터 2023년까지 역의 수는 점차적으로 증가추세에 있다.

19 X 기업은 자사 컨테이너 트럭과 외주를 이용하여 Y 지점에서 Z 지점까지 월 평균 1,600TEU의 물량을 수송하는 서비스를 제공하고 있다. 아래의 운송조건에서 40feet용 트럭의 1일 평균 필요 외주 대수를 구하면 얼마인가?

- 1일 차량가동횟수 : 1일 2회
- 보유차량 대수 : 40feet 컨테이너 트럭 11대
- 차량 월 평균 가동일 수 : 25일

① 5대
② 7대
③ 8대
④ 10대
⑤ 12대

20 차고 및 A, B, C 간의 거리는 아래의 표와 같다. 차고에서 출발하여 A, B, C 3개의 수요지를 각각 1대의 차량이 방문하는 경우에 비해, 1대의 차량으로 3개의 수요지를 모두 방문하고 차고지로 되돌아오는 경우, 수송 거리가 최대 몇 km 감소되는가?

구분	A	B	C
차고	10	13	12
A	–	5	10
B	–	–	7

① 24
② 30
③ 36
④ 46
⑤ 58

21 다음은 A 공사의 연도별 임직원 현황에 관한 자료이다. 이에 대한 설명 중 옳은 것을 모두 고르면?

구분 \ 연도		2022	2023	2024
국적	한국	9,566	10,197	9,070
	중국	2,636	3,748	4,853
	일본	1,615	2,353	2,749
	대만	1,333	1,585	2,032
	기타	97	115	153
	계	15,247	17,998	18,857
고용형태	정규직	14,173	16,007	17,341
	비정규직	1,074	1,991	1,516
	계	15,247	17,998	18,857
연령	20대 이하	8,914	8,933	10,947
	30대	5,181	7,113	6,210
	40대 이상	1,152	1,952	1,700
	계	15,247	17,998	18,857
직급	사원	12,365	14,800	15,504
	간부	2,801	3,109	3,255
	임원	81	89	98
	계	15,247	17,998	18,857

㉠ 매년 일본, 대만 및 기타 국적 임직원 수의 합은 중국 국적 임직원 수보다 많다.
㉡ 매년 전체 임직원 중 20대 이하 임직원이 차지하는 비중은 50% 이상이다.
㉢ 2023년과 2024년에 전년대비 임직원수가 가장 많이 증가한 국정은 모두 중국이다.
㉣ 2023년에 국적이 한국이면서 고용형태가 정규직이고 직급이 사원인 임직원은 5,000명 이상이다.

① ㉠, ㉡
② ㉠, ㉢
③ ㉡, ㉣
④ ㉠, ㉢, ㉣
⑤ ㉠, ㉡, ㉢, ㉣

22 R사는 공작기계를 생산하는 업체이다. 이번 주 R사에서 월요일~토요일까지 생산한 공작기계가 다음과 같을 때, 월요일에 생산한 공작기계의 수량이 될 수 있는 수를 모두 더하면 얼마인가? (단, 1대도 생산하지 않은 날은 없었다.)

- 화요일에 생산된 공작기계는 금요일에 생산된 수량의 절반이다.
- 이 공장의 최대 하루 생산 대수는 9대이고, 이번 주에는 요일별로 생산한 공작기계의 대수가 모두 달랐다.
- 목요일부터 토요일까지 생산한 공작기계는 모두 15대이다.
- 수요일에는 9대의 공작기계가 생산되었고, 목요일에는 이보다 1대가 적은 공작기계가 생산되었다.
- 월요일과 토요일에 생산된 공작기계를 합하면 10대가 넘는다.

① 10
② 11
③ 12
④ 13
⑤ 14

23 다음의 내용을 토대로 발생할 수 있는 상황을 바르게 예측한 것은?

인기가수 A는 자신의 사생활을 폭로한 한 신문사 기자 B를 상대로 기사 정정 및 사과를 요구하였다. 그러나 B는 자신은 시민의 알 권리를 보장하기 위해 할 일을 한 것뿐이라며 기사를 정정할 수 없다고 주장하였다. A는 자신을 원고로, B를 피고로 하여 사생활 침해에 대한 위자료 1,000만 원을 구하는 소를 제기하였다. 민사 1심 법원은 기사 내용에 대한 진위 여부를 바탕으로 B의 주장이 옳다고 인정하여, A의 청구를 기각하는 판결을 선고하였다. 이에 대해 A는 항소를 제기하였다.
- 소 또는 상소 제기 시 납부해야 할 송달료
 -민사 제1심 소액사건(소가 2,000만 원 이하의 사건) : 당사자 수 × 송달료 10회분
 -민사 제1심 소액사건 이외의 사건 : 당사자 수 × 송달료 15회분
 -민사 항소사건 : 당사자 수 × 송달료 12회분
 -민사 상고사건 : 당사자 수 × 송달료 8회분
- 당사자 : 원고, 피고

① A가 제기한 소는 민사 제1심 소액사건 이외의 사건에 해당한다.

② 1회 송달료가 3,200원일 경우 A가 소를 제기하기 위해 내야 할 송달료는 48,000원이다.

③ A가 법원의 판결에 불복하고 항소를 제기하는데 드는 송달료는 원래의 소를 제기할 때 들어간 송달료보다 적다.

④ 1회 송달료가 2,500원일 경우 A가 납부한 송달료의 합계는 총 110,000원이다.

⑤ 민사 항소사건의 경우 송달료는 10회분을 납부해야 한다.

┃24~25┃ 다음은 TV 매뉴얼의 일부이다. 물음에 답하시오.

〈문제해결〉

본 제품이 켜지지 않거나 화면이 나오지 않을 경우, 아래 기술된 항목을 먼저 확인하세요. 또한 본 제품이 작동이 제대로 되지 않을 경우에는 'e-설명서의 문제 진단 및 확인'을 참고하세요. 문제가 해결되지 않는다면, 가까운 서비스센터나 홈페이지로 문의하세요.

문제점	해결 방법
전원이 갑자기 꺼져요.	• 취침 예약이 설정되어 있는지 확인하세요. • 자동 전원 끄기 예약이 설정되어 있는지 확인하세요. • 자동 꺼짐 시간 예약이 설정되어 있는지 확인하세요.
전원이 켜지지 않아요.	• 안테나 케이블의 연결을 확인하세요. • 케이블 방송 수신기의 전원을 켜세요. • 위성 리시버의 전원을 켜세요.
제품에서 똑똑 소리가 나요.	TV 외관의 기구적 수축이나 팽창 때문에 나타날 수 있는 현상입니다. 제품의 고장이 아니므로 안심하고 사용하세요.
제품이 뜨거워요.	• 패널의 열이 제품 상부의 통풍구로 방출되므로, 장시간 사용 시 제품 상단을 만졌을 때 뜨겁게 느낄 수 있으므로 주의하세요. • 특히, 아이와 함께 시청할 때는 제품 상단을 만지지 않도록, 보호자의 주의가 필요합니다. • 열이 발생하는 것은 제품의 결함이나 동작 사용상의 문제가 되는 것이 아니므로 안심하고 사용하세요.

리모컨 동작이 안돼요.	• 새 건전지로 교체해 보세요. • TV와 스마트 리모컨을 재 연결해보세요.

※ 본 제품의 패널은 제조 공정상의 기술적인 한계로 인하여 1PPM 정도의 픽셀이 밝게 보이거나 어둡게 보일 수 있으나, 이것은 제품의 성능에 영향을 주지 않습니다.

※ 소프트웨어 업데이트를 자주 하여 최적의 상태로 유지하세요. 업데이트에 관한 자세한 사항은 'e-설명서 내 일반설정→소프트웨어 업데이트하기'를 참고하세요.

24 다음 글에 나타난 문제점을 해결하기 위한 영준이의 행동으로 옳은 것은?

영준이는 퇴근 후 월드컵 예선전을 시청하기 위해 TV를 켜서 채널을 돌리던 도중 갑자기 화면이 꺼지는 현상을 경험했다. 대수롭지 않게 다시 TV 전원을 켜서 축구 경기를 한 시간 가량 보고 있는데, 다시 TV가 꺼지고 말았다.

① 케이블 방송 수신기의 전원을 킨다.

② TV와 스마트 리모컨을 재 연결한다.

③ 취침 예약이 되어있는지 확인한다.

④ 안테나 케이블의 연결을 확인한다.

⑤ 리모컨을 새 건전지로 교체한다.

25 위 매뉴얼을 참고하여 해결할 수 없는 문제점은?

① LED 램프에 불이 들어오지 않는 경우

② 전원이 켜지지 않는 경우

③ 전원이 갑자기 꺼지는 경우

④ 제품에서 똑똑 소리가 나는 경우

⑤ 리모컨 작동이 안되는 경우

26 다음 글을 근거로 판단할 때, 김 과장이 단식을 시작한 첫 주 월요일부터 일요일까지 한 끼만 먹은 요일(끼니때)은?

김 과장은 건강상의 이유로 간헐적 단식을 시작하기로 했다. 김 과장이 선택한 간헐적 단식 방법은 월요일부터 일요일까지 일주일 중에 2일을 선택하여 아침 혹은 저녁 한 끼 식사만 하는 것이다. 단, 단식을 하는 날 전후로 각각 최소 2일간은 정상적으로 세 끼 식사를 하고, 업무상의 식사 약속을 고려하여 단식일과 방법을 유동적으로 결정하기로 했다. 또한 단식을 하는 날 이외에는 항상 세 끼 식사를 한다.

간헐적 단식 2주째인 김 과장은 그동안 단식을 했던 날짜를 기록해두기 위해 아래와 같이 최근 식사와 관련된 기억을 떠올렸다.

- 2주차 월요일에는 단식을 했다.
- 지난주에 먹은 아침식사 횟수와 저녁식사 횟수가 같다.
- 지난주 월요일, 수요일, 금요일에는 조찬회의에 참석하여 아침식사를 했다.
- 지난주 목요일에는 업무약속이 있어서 점심식사를 했다.

① 월요일(저녁), 목요일(저녁)

② 화요일(아침), 금요일(아침)

③ 화요일(아침), 금요일(저녁)

④ 화요일(저녁), 금요일(아침)

⑤ 수요일(점심), 목요일(저녁)

27 김 대리는 지난 여름 휴가 때 선박을 이용하여 '포항→울릉도→독도→울릉도→포항' 순으로 여행을 다녀왔다. 다음에 제시된 내용을 바탕으로 김 대리가 휴가를 냈던 기간을 추론하면?

- '포항→울릉도' 선박은 매일 오전 10시, '울릉도→포항' 선박은 매일 오후 3시에 출발하며, 편도 운항에 3시간이 소요된다.
- 울릉도에서 출발해 독도를 돌아보는 선박은 매주 화요일과 목요일 오전 8시에 출발하여 당일 오전 11시에 돌아온다.
- 최대 파고가 3m 이상인 날은 모든 노선의 선박이 운항되지 않는다.
- 김 대리는 매주 금요일에 술을 마시는데, 술을 마신 다음날은 멀미가 심해서 선박을 탈 수 없다.
- 이번 여행 중 김 대리는 울릉도에서 호박엿 만들기 체험을 했는데, 호박엿 만들기 체험은 매주 월·금요일 오후 6시에만 할 수 있다.

〈20XX년 7월 최대 파고〉

파 : 최대 파고(단위 : m)

일	월	화	수	목	금	토
16 파 1.0	17 파 1.4	18 파 3.2	19 파 2.7	20 파 2.8	21 파 3.7	22 파 2.0
23 파 0.7	24 파 3.8	25 파 2.8	26 파 2.7	27 파 0.5	28 파 3.7	29 파 3.3

① 7월 16일(일)~19일(수)

② 7월 19일(수)~22일(토)

③ 7월 20일(목)~23일(일)

④ 7월 21일(금)~24일(월)

⑤ 7월 23일(일)~26일(수)

28 다음은 A그룹 근처의 〈맛집 정보〉이다. 주어진 평가 기준에 따라 가장 높은 평가를 받은 곳으로 신년회를 예약하라는 지시를 받았다. A그룹의 신년회 장소는?

〈맛집 정보〉

평가항목 / 음식점	음식종류	이동거리	가격 (1인 기준)	맛 평점 (★ 5개 만점)	방 예약 가능 여부
자금성	중식	150m	7,500원	★★☆	○
샹젤리제	양식	170m	8,000원	★★★	○
경복궁	한식	80m	10,000원	★★★★	○
도쿄타워	일식	350m	9,000원	★★★★☆	×
에밀리아	양식	300m	9,500원	★★★☆	○

※ ☆은 ★의 반 개이다.

〈평가 기준〉
• 평가항목 중 이동거리, 가격, 맛 평점에 대하여 각 항목별로 5, 4, 3, 2, 1점을 각각의 음식점에 하나씩 부여한다.
 −이동거리가 짧은 음식점일수록 높은 점수를 준다.
 −가격이 낮은 음식점일수록 높은 점수를 준다.
 −맛 평점이 높은 음식점일수록 높은 점수를 준다.
• 평가항목 중 음식종류에 대하여 일식 5점, 한식 4점, 양식 3점, 중식 2점을 부여한다.
• 방 예약이 가능한 경우 가점 1점을 부여한다.
• 총점은 음식종류, 이동거리, 가격, 맛 평점의 4가지 평가항목에서 부여 받은 점수와 가점을 합산하여 산출한다.

① 자금성
② 샹젤리제
③ 경복궁
④ 도쿄타워
⑤ 에밀리아

29 다음은 이야기 내용과 그에 관한 설명이다. 이야기에 관한 설명 중 이야기 내용과 일치하는 것은 모두 몇 개인가?

[이야기 내용] A국의 역사를 보면 갑, 을, 병, 정의 네 나라가 시대 순으로 연이어 존재했다. 네 나라의 수도는 각각 달랐는데 관주, 금주, 평주 한주 중 하나였다. 한주가 수도인 나라는 평주가 수도인 나라의 바로 전 시기에 있었고, 금주가 수도인 나라는 관주가 수도인 나라의 바로 다음 시기에 있었으나, 정보다는 이전 시기에 있었다. 병은 가장 먼저 있었던 나라는 아니지만, 갑보다 이전 시기에 있었다. 병과 정은 시대 순으로 볼 때 연이어 존재하지 않았다.

[이야기에 관한 설명]
1. 금주는 갑의 수도이다.
2. 관주는 병의 수도이다.
3. 평주는 정의 수도이다.
4. 을은 갑의 다음 시기에 존재하였다.
5. 평주는 가장 마지막에 존재한 나라의 수도이다.
6. 을과 병은 연이어 존재했다.

① 0개
② 1개
③ 2개
④ 3개
⑤ 4개

30 다음의 기사는 EOQ에 관한 내용을 다루고 있다. 아래의 내용을 참조하여 괄호 안에 들어갈 EOQ의 값을 구하면?

① 1,000

② 10,000

③ 5,000

④ 50,000

⑤ 100,000

이디야의 이 같은 이익률은 국내 편의점 프랜차이즈 기업인 GS 리테일의 지난해 영업이익률 3.6%, ROE 9.5%보다 양호하다. 같은 기간 국내 상장 기업(금융사 제외)의 평균 영업이익률과 ROE는 각각 5.8%, 6.1%였다.

이디야는 매장 증가에 따른 수익성 개선 못지않게 비용 절감에도 주력하고 있다. 이디야측은 "경기 기흥의 물류 창고에서 전국 가맹점에 주3회 원재료를 배송한다"며 "수요 예측에서 발주까지 재고를 최소화하는 경제적 주문량(EOQ, Economic Order Quantity)을 개발한 상태"라고 밝혔다. 지난해 이디야가 지출한 광고비는 38억 7000만원으로 판매비와 관리비(판관비)의 10.1%였다. 이는 업계 평균 16.5%보다 낮다.

다음으로, 낮은 원가율은 가맹점의 수익성을 높여준다. 프랜차이즈 가맹점의 매출액에서 재료비가 차지하는 비중을 원가율이라고 하는데, 통상적으로 이는 40~50%로 최대 항목을 차지한다. 재료비를 얼마나 낮추느냐는 프랜차이즈 가맹 점주에게는 사활이 걸린 문제임을 알 수 있다. 이디야 가맹점의 원가율은 35% 안팎으로 가장 낮은 수준으로 추정된다.

위의 사례에서 보듯이 EOQ(economic order quantity ; 경제적 주문량)는 쉽게 말하면 주문비용과 재고유지비가 최소가 되게 하는 1회 주문량을 의미한다. 주로 재고관리 비용이 가장 경제적으로 투입되는 재고수준을 유지하기 위한 목적으로 활용되며, 재고관리 의사결정에 필요한 측정값을 빠르고 쉽게 얻을 수 있고, 상황에 맞게 조정·응용할 수 있으므로, 재고분석을 위한 계량적인 모형으로 널리 이용되는 모델이다.

이러한 경제적 주문량의 공식은 $EOQ = \sqrt{\dfrac{2C_oD}{C_h}}$ 으로 나타내며, C_h : 재고유지비용, C_o : 주문비용, D : 연간수요량을 각각 나타낸다.

예제) 아래의 자료를 활용하여 경제적 주문량을 구하면 (　　) 이 된다.

- 연간 사용량 = 5,000kg (연중사용량은 안정적이고 평준화되어 있음)
- 구입단가 = 1,000원/kg
- 주문비용 = 20,000원/회
- 재고유지비용 = 200원/kg/년

31 다음 중 조직문화에 대한 설명으로 가장 적절하지 않은 것은?

① 한 조직의 구성원들이 공유하는 가치관, 신념, 이념, 지식 등을 포함하는 종합적인 개념이다.

② 특정 조직 구성원들의 사고판단과 행동의 기본 전제로 작용하는 비가시적인 지식적, 정서적, 가치적 요소이다.

③ 조직구성원들이 공통적으로 생각하는 방법, 느끼는 방향, 공통의 행동 패턴의 체계이다.

④ 조직 외부 자극에 대한 조직 전체의 반응과 임직원의 가치의식 및 행동을 결정하는 요인을 포함한다.

⑤ 다른 기업의 제도나 시스템을 벤치마킹하는 경우 그 조직문화적가치도 쉽게 이전된다.

32 영양과 의료기술이 향상되면서 평균수명은 증가하였으나 정년은 점점 짧아지고 있다. 이는 경제위기가 심화되면서 더 앞당겨질 수 있어 서민과 중산층의 가장 큰 불안거리로 자리매김하고 있다. 다음 중 이러한 사회적 상황을 배경으로 하여 모색되고 있는 정책으로 가장 적절한 것은?

① 고용의 유연성 확대

② 임금피크제의 확대

③ 비정규직의 정규직화

④ 정규직의 비정규직 전환 유도

⑤ 파업의 확대

33 수 개의 기업들이 카르텔처럼 독립성을 유지하면서 주식의 보유나 금융적 방법에 의해 결합한 기업형태를 무엇이라 하는가?

① 콤비나트(combinat)

② 트러스트(trust)

③ 콘체른(concern)

④ 벤처 캐피탈(venture capital)

⑤ 카르텔(cartel)

34 다음 중 리더십 유형에 대한 설명으로 옳은 것은?

① 거래적 리더십(transactional leadership)은 부하들에게 비전을 제시하여 그 비전 달성을 위해 함께 협력할 것을 호소한다.

② 비전적 리더십(visionary leadership)은 하위자들이 자기 자신을 스스로 관리하고 통제할 수 있는 힘과 기술을 갖도록 개입하고 지도하는 것이다.

③ 서번트 리더십(servant leadership)은 섬기는 자세를 가진 봉사자로서의 역할을 먼저 생각하는 리더십이다.

④ 카리스마 리더십(charismatic leadership)에서 리더가 원하는 것과 하위자들이 원하는 보상이 교환되고, 하위자들의 과업수행 시 예외적인 사항에 대해서만 리더가 개입함으로써 영향력을 발휘하는 것이다.

⑤ 변혁적리더십(transformational leadership)은 카리스마, 비전의 2가지 차원에서 중요한 변화를 주도 및 관리하는 리더십 행위이다.

35 디지털 마케팅이 기존 마케팅과 차별화하는 요인이 아닌 것은?

① 데이터 중심

② 높은 가격

③ 관객의 도달 및 세분화

④ 단방향에서 쌍방향으로의 대화 진행

⑤ 기존보다 높은 ROI

36 무점포 소매업에 관한 설명 중 가장 올바르지 않은 것은?

① 모바일 커머스 거래는 이용자의 이동성과 위치정보를 정확히 알 수 있으므로 이용자의 원투원 마케팅과 타겟 마케팅이 가능하다.

② 아웃바운드 텔레마케팅은 불평 고객의 문제해결, 제품소개, 서비스의 예약이나 접수 등을 통해 고객에게 가치를 제공하는 기법이다.

③ 인터넷 쇼핑몰은 정보제공에 의한 판매가 이루어지는 형태로 유통경로가 짧고 단순하며 쌍방향 마케팅이 가능하다.

④ 카탈로그 판매는 지속적인 고객 데이터베이스 관리를 통해 통신판매를 선호하는 계층과 그들이 선호하는 제품들을 대상으로 하는 카탈로그 개발이 중요하다.

⑤ TV 홈쇼핑은 매체를 활용하여 가상점포를 운영하는 것으로, 점포소매상을 이용하기 어려운 중소 제조업체가 비교적 저렴한 비용으로 접근할 수 있는 유통경로이다.

37 다음 중 델파이법 (Delphi Method)에 대한 설명으로 바르지 않은 것은?

① 주로 집단의 의견들을 조정 및 통합하거나 개선시키기 위해 활용한다.

② 델파이법은 생산예측의 방법 중에서 인과적 방법에 해당하는 방식이다.

③ 델파이법은 가능성 있는 미래기술개발 방향과 시기 등에 대한 정보를 취득하기 위한 방식이다.

④ 델파이법은 회답자들에 따른 가중치를 부여하기 어렵다는 단점이 있다.

⑤ 델파이법은 회합 시에 발생하기 쉬운 심리적 편기의 배제가 가능하다.

38 직무분석의 절차로 바른 것을 고르면?

① 배경정보의 수집 → 직무정보의 획득 → 직무기술서의 작성 → 대표직위의 선정 → 직무명세서의 작성

② 배경정보의 수집 → 대표직위의 선정 → 직무기술서의 작성 → 직무정보의 획득 → 직무명세서의 작성

③ 배경정보의 수집 → 직무정보의 획득 → 대표직위의 선정 → 직무기술서의 작성 → 직무명세서의 작성

④ 배경정보의 수집 → 대표직위의 선정 → 직무정보의 획득 → 직무기술서의 작성 → 직무명세서의 작성

⑤ 배경정보의 수집→직무기술서의 작성→직무정보의 획득→직무명세서의 작성→대표직위의 선정

39 다음 중 마이클 포터의 5요인 분석에 속하지 않는 것은?

① 진입위협   ② 동맹위협

③ 공급자위협   ④ 구매자위협

⑤ 경쟁위협

40 친환경 녹색물류에 관한 설명으로 옳지 않은 것은?

① 녹색물류 활동을 통한 비용 절감이 가능하며, 기업의 사회적 이미지가 제고된다.

② 물류 활동을 통하여 발생되는 제품 및 포장재의 감량과 폐기물의 발생을 최소화하는 방법 등을 말한다.

③ 우리나라에서는 폐기물을 다량 발생시키고 있는 생산자에게 폐기물을 감량 및 회수하고, 재활용을 할 의무를 부여하는 생산자책임 재활용 제도를 운영하고 있다.

④ 기업에서는 비용과 서비스에 상관없이 환경을 고려한 물류시스템을 도입해야 한다.

⑤ 조달·생산 → 판매 → 반품·회수·폐기(reverse) 상의 과정에서 발생하는 환경오염을 감소시키기 위한 제반 물류 활동을 의미한다.

41 주변에서 뛰어나다고 생각되는 상품이나 기술을 선정하여 자사의 생산방식에 합법적으로 근접시키는 방법의 경영전략은?

① 벤치마킹(bench marking)

② 리컨스트럭션(reconstruction)

③ 리엔지니어링(reengineering)

④ 리포지셔닝(repositioning)

⑤ 목표에 의한 관리(MBO)

42 다음은 매슬로우의 욕구 5단계의 내용이다. 욕구의 단계가 낮은 것부터 차례로 연결된 것은?

① 자아실현의 욕구 → 존경의 욕구 → 사회적 욕구 → 안전의 욕구 → 생리적 욕구

② 안전의 욕구 → 생리적 욕구 → 사회적 욕구 → 자아실현의 욕구 → 존경의 욕구

③ 생리적 욕구 → 안전의 욕구 → 사회적 욕구 → 존경의 욕구 → 자아실현의 욕구

④ 안전의 욕구 → 생리적 욕구 → 존경의 욕구 → 사회적 욕구 → 자아실현의 욕구

⑤ 사회적 욕구 → 생리적 욕구 → 존경의 욕구 → 안전의 욕구 → 자아실현의 욕구

43 지식근로자가 기업에서 활동할 때 가장 지양해야 할 자세에 해당되는 것은?

① 개인이 창출한 지식이 조직의 지식으로 승화될 수 있도록 해야 한다.

② 자신의 업무를 확대하고 새로운 업무에 도전한다.

③ 세부적인 업무에 치중하는 것보다는 더 넓은 시각을 갖고 근본 목적을 달성할 수 있어야 한다.

④ 프로세스 위주의 사고방식을 가져야 한다.

⑤ 모든 관련 정보를 취득하여 표면상의 문제점을 위주로 해결하여야 한다.

44 다음 중 사업포트폴리오 설계 툴(Tool)에 대한 설명으로 가장 옳지 않은 것은?

① BCG매트릭스의 단순성과 약점을 보완하기 위해 개발된 것이 GE매트릭스이다.

② BCG매트릭스가 제품수명주기이론을 개념적 토대로 한다면 GE매트릭스는 경쟁우위론을 개념적 토대로 한다.

③ GE매트릭스는 산업매력도와 사업 강점의 2부문으로 구성된다.

④ GE매트릭스에서 왼쪽 상단의 사업부문은 매력적인 산업에서 강한 포지션을 가지므로 매력도가 높은 특징을 지니며 BCG 매트릭스의 DOG 단계와 구사하는 전략이 유사하다고 볼 수 있다.

⑤ GE/ 맥킨지 매트릭스(GE/McKinsey Matrix)는 산업의 장기매력도와 사업단위의 경쟁력이라는 두 가지 차원에서 전략산업 단위를 평가한다.

45 다음 제품수명주기 내용에서 ㉠과 ㉡에 들어갈 적절한 개념이 순서대로 바르게 연결된 것은?

사람에도 수명이 있듯이 제품도 인간과 비슷하게 일정한 수명주기를 지닌다. 제품 수명은 새로운 제품이 등장할 때마다 반복적인 형태로 나타나며 일반적으로 하나의 제품이 시장에 출시되면 도입기 → 성장기 → (㉠) → 쇠퇴기의 4단계를 겪게 된다.

제품의 출시와 함께 시작되는 도입기는 조기수용자(Early Adopter) 또는 혁신자가 구입하는 단계이고, 이를지나 성장기에는 조기다수자(Early Majority)가 구입하게 된다. 한편 도입기와 성장단계의 사이에 (㉡)(가)이 존재하는 경우도 있으며, 이를 넘어서지 못하고 많은 기술과 상품들이 도태되기도 한다. 하지만 이 지점을 넘어서면 수요층이 다수로 확장될 수 있다.

	㉠	㉡
①	성숙기	기술포화
②	포화기	확신거점
③	성숙기	확산거점
④	성숙기	캐즘(Chasm)
⑤	도입기	판매정점

46 다음 (   ) 안에 들어갈 말을 순서대로 고르면?

> 다단계 생산공정의 생산시스템은 푸시(push)와 풀(pull)의 두 가
> 지 형태가 있다. 이 때 푸시(push)는 (   )(을)를 뜻하고 풀(pull)은
> (   )(을)를 뜻한다.

① 전통적 서구의 생산시스템, 일본의 JIT시스템

② 일본의 JIT시스템, 전통적 서구의 생산시스템

③ 유연생산시스템(FMS), 셀제조시스템(CMS)

④ 셀제조시스템(CMS), 유연생산시스템(FMS)

⑤ 유럽의 판매시스템, 독일의 순차시스템

47 물건을 하나 사면 하나를 덤으로 준다는 의미로 소비자의
구매 욕구를 촉진시키면서 동시에 저렴한 비용으로 제품홍보도
하는 1석 2조의 마케팅전략인 것은?

① 데이터베이스마케팅 (database marketing)

② 노이즈 마케팅 (noise marketing)

③ 세그먼트 마케팅 (segment marketing)

④ 보고(BOGO)마케팅

⑤ 데카르트 마케팅 (techart marketing)

48 다음 중 제4자 물류에 관한 설명으로 바르지 않은 것은?

① 앤더슨 컨설팅에 따르면 4PL은 "하주기업에게 포괄적인
공급사슬 솔루션을 제공하기 위해, 물류서비스 제공기업
이 자사의 부족한 부문을 보완할 수 있는 타사의 경영자
원, 능력 및 기술과 연계하여 보다 완전한 공급사슬 솔루
션을 제공하는 공급사슬 통합자"라고 정의한다.

② 4PL은 공급사슬의 모든 활동과 계획 및 관리를 전담한다
는 의미를 지니고 있다.

③ 4PL 성공의 핵심은 고객에게 제공되는 서비스를 극대화
하는 것이라 할 수 있다.

④ 4PL은 3PL보다 범위가 좁은 공급사슬 역할을 담당한다.

⑤ 4PL은 전체 공급망에 대한 인사이트를 제공하여 정보에
입각한 의사결정을 내릴 수 있도록 지원한다.

49 다음 중 소매차륜이론에 관한 설명으로 가장 옳지 않은 것은?

① 이 이론은 소매시장에서 변화하는 소비자들의 구매 욕구
에 맞추기 위한 소매업자의 노력이 증가됨에 따라 또 다
른 소매업자에 의해 원래 형태의 소매업이 출현하게 되는
일종의 순환 과정이론이다.

② 소매업 수레바퀴 이론에 따르면 새로운 형태의 소매점은
주로 혁신자로 시장 진입 초기에는 저가격, 저서비스, 제
한적인 제품의 구색으로 해당 시장에 진입하게 된다.

③ 이전 소매점들은 새 유형의 소매점에 맞추기 위해 가격을
낮추고, 제한된 서비스, 낮은 마진의 형태로 운영하게 된다.

④ 새로운 형태의 소매상이 처음에는 낮은 수준의 서비스와
저마진으로 저가격을 실현함으로써 시장에 등장하지만,
높은 수준의 서비스를 제공하는 기존 형태의 소매상과의
경쟁으로 인해 소비자들에게 추가적인 만족을 제공하기
위해 어쩔 수 없이 설비를 개선하고 서비스를 확대해 가
는 과정에서 가격경쟁력을 더욱 더 얻게 된다.

⑤ 미국의 맥네어 교수가 주장한 이론으로 소매기관의 발달
을 설명하는데 가장 보편적으로 받아들여지고 있다.

50 아래의 그림은 EOQ 모형을 나타낸 것이다. 이를 참조하여 그림의 가로축 점선이 표기된 부분인 경제적 주문량(EOQ)의 기본가정으로 보기 어려운 것을 고르면?

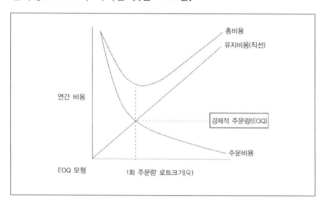

① 재고부족이 허용된다.

② 계획기간 중 해당품목의 수요량은 항상 일정하며 알려져 있다.

③ 연간 단위재고 유지비용은 수량에 관계없이 일정하다.

④ 주문량이 일시에 입고된다.

⑤ 조달기간이 없거나 또는 일정하다.

51 특정 기업이 모든 구매자를 대상으로 하나의 제품을 대량 생산하여 대량유통하고 대량 촉진하고자 하는 형태, 즉 최소의 원가가격으로 최대의 잠재시장을 현실시장으로 창출해 낼 수 있다고 판단될 경우 취할 수 있는 최적의 마케팅 기법은?

① Ambush Marketing

② Mass Marketing

③ Massclusivity Marketing

④ Loop Marketing

⑤ Counter Marketing

52 다음 중 철도운송에 관한 설명으로 가장 옳지 않은 것은?

① 중장거리 수송 시에 적합하다.

② 중량에 제한이 없다.

③ 기후에 대해서는 전천후 운송수단이다.

④ 안전도가 높다.

⑤ 철도역에서의 화물수취는 상당히 편리하다.

53 다음의 설명들 중 바르지 않은 것은?

① 지식은 앎을 바탕으로 무엇인가를 새롭게 창출하고 조직해 체계화함으로써 다시 새로운 것을 창출할 수 있는 기술과 정보까지도 포괄하는 개념이다.

② 지식경영은 기업을 둘러싼 환경이 급변함에 따라 이에 적극 대응하기 위한 지속적인 혁신과 함께 이를 가능하게 하는 지식의 중요성이 커짐에 따라 필립 코틀러에 의해 제창된 개념이다.

③ 지식과 정보의 생산, 유통, 사용, 축적은 컴퓨터와 인터넷 등 정보통신 기술의 발달이라는 물리적 기반에 기초해서 이루어진다.

④ 지식경영은 조직 전체의 문제해결 능력을 비약적으로 향상시키는 경영방식이다.

⑤ 형식지는 언어나 숫자로 표현할 수 있고 쉽게 공유할 수 있는 객관적 지식을 말한다.

54 다음 중 POS 시스템에 관한 설명으로 바르지 않은 것은?

① POS 터미널의 도입에 의해 판매원 교육 및 훈련시간이 짧아지고 이로 인해 입력 오류를 방지할 수 없다.

② 전자주문 시스템과 연계하여 신속하고 적절한 구매를 할 수 있다.

③ 단품관리에 의해 잘 팔리는 상품과 잘 팔리지 않는 상품을 즉각적으로 찾아낼 수 있다.

④ 재고의 적정화, 물류관리의 합리화, 판촉 전략의 과학화 등을 가져올 수 있다.

⑤ 일반적으로 POS 시스템은 다양한 기능, 손쉬운 조작 실시간 데이터 업데이트, 사용자 정의, 높은 보안 및 모바일 사용의 특성을 지니고 있다.

55 다음 물류관리의 원칙에 관한 설명으로 옳은 것을 모두 고르면?

㉠ 필요한 시기와 장소 등에 공급이 보장되어야 한다.
㉡ 수요·공급 및 조달·분배 등에 있어 균형성을 유지해야 한다.
㉢ 수송운반 시 화물 및 저장시설 등이 보호되어야 한다.
㉣ 최대의 자원으로 최소의 물자공급 효과를 얻어야 한다.
㉤ 필요하지 않더라도 중간과정의 유통과정을 포함시켜야 한다.

---

① ㉠, ㉡, ㉢

② ㉠, ㉣, ㉤

③ ㉡, ㉣, ㉤

④ ㉡, ㉢, ㉤

⑤ ㉢, ㉣, ㉤

56 명령 및 권한의 체계가 명확한 공식적인 조직에서 활용되는 커뮤니케이션 네트워크 형태로 가장 적절한 것은?

① 바퀴형(wheel)

② 완전연결형(all channel)

③ 원형(circle)

④ Y형

⑤ 사슬형(chain)

57 아래 그림과 같은 형태의 조직구조에 관한 설명으로 가장 적절하지 않은 것은?

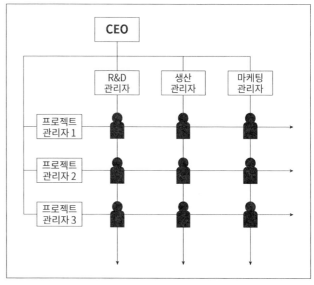

① 각 프로젝트별로 필요 인력을 기능별 조직으로부터 배정하는 형태로 구성원들은 최소 두 개의 부서에 해당된다.

② 소수의 제품라인을 지니고 있는 중규모의 조직에 가장 적절하다.

③ 인적자원을 효과적으로 활용할 수 있으며, 새로운 시장 변화에 융통성 있게 대처할 수 있다.

④ 명령일원화의 원칙에 위배되지 않는다.

⑤ 다양한 인간관계 기술에 대한 교육훈련이 필요하다.

58 다음 중 인적자원관리에 관련된 능력주의와 연공주의를 비교한 설명으로 옳지 않은 것은?

분류	능력주의	연공주의
① 승진기준	직무중심 (직무능력기준)	사람중심(신분중심)
② 승진요소	업적, 성과, 직무수행 능력 등	경력, 연령, 학력, 근속년수 등
③ 승진제도	직계승진제도	연공승진제도
④ 경영 내적요인	통상적으로 전문직종의 보편화(절대적은 아님)	통상적으로 일반직종의 보편화(절대적은 아님)
⑤ 특성	승진관리의 안정성/객관적인 기준의 확보 가능	승진관리의 불안정/능력평가의 객관성 확보가 어려움

59 다음 사례를 표현한 것으로 가장 적절한 것은?

> • 아시아인들은 운전을 잘하지 못한다.
> • 강남에 살면 돈이 많다.

① 주관의 객관화(projection)
② 선택적 지각(selective perception)
③ 대비효과(contrast effect)
④ 스테레오타이핑(stereo typing)
⑤ 후광효과(halo effect)

60 다음 중 판매개념에 대한 설명으로 바르지 않은 것을 고르면?

① 기업 요구를 강조하고 있다.
② 대내적이면서 기업지향성의 특성을 띠고 있다.
③ 판매 및 촉진이라는 수단을 활용한다.
④ 기존의 제품에 초점이 맞추어져 있다.
⑤ 목표는 고객의 만족을 통한 이윤의 창출에 있다.

>>> 철도관련법령

61 철도산업발전기본법령상 철도운영에 해당하지 않는 것은?

① 화물 운송
② 철도시설 및 철도부지 등을 활용한 부대사업개발 및 서비스
③ 열차의 운행관리 및 철도차량의 정비
④ 객차 및 특수차
⑤ 철도 여객

62 철도산업발전기본법령상 철도안전에 관한 설명으로 옳지 않은 것은?

① 국가는 철도안전에 필요한 법적·제도적 장치를 마련하고 재원을 확보하도록 노력하여야 한다.
② 철도시설관리자는 해당 시설과 이를 이용하려는 철도차량 간의 성능검증 및 안전상태 점검 등 안전확보에 필요한 조치를 하여야 한다.
③ 철도운영자는 철도차량 및 장비 등의 안전성을 확보하고 이를 향상시키기 위해 노력하여야 한다.
④ 지방자치단체의 장은 철도사고조사를 위한 전담기구와 전문 인력은 확보하여야 한다.
⑤ 철도차량 및 장비 등의 제조업자는 법령에서 정하는 바에 따라 제조하는 철도차량 및 장비 등의 구조·설비 및 장치의 안전성을 확보하여야 한다.

63 철도산업발전기본법령상 국토교통부장관이 철도청장으로부터 이관 받은 철도청의 시설자산을 위탁할 수 없는 기관은?

① 철도공사
② 국가철도공단
③ 민법에 의해 설립된 영리법인
④ 상법에 의해 설립된 주식회사
⑤ 관련 기관 및 단체

64 철도산업발전기본법령상 국토교통부장관의 승인을 얻어 철도서비스의 제한 또는 중지를 취할 수 있는 경우로 옳지 않은 것은?

① 철도사고의 발생빈도가 높고 공익성이 부족한 경우
② 수지균형의 확보가 극히 곤란하여 경영상 어려움이 발생한 경우
③ 공익서비스비용에 대한 적정한 보상이 이루어지지 아니한 경우
④ 원인제공자가 위원회의 조정에 따르지 아니한 경우
⑤ 공익서비스비용을 원인제공자가 부담하지 아니한 경우

65 한국철도공사법령상 역 시설 개발 및 운영사업으로서 대통령령으로 정하는 사업이 아닌 것은?

① 철도시설의 유지·보수 등 국가로부터 위탁 받은 사업
② 환승시설
③ 철도이용객의 편의를 증진하기 위한 시설
④ 철도운영이나 철도와 다른 교통수단과의 연계운송을 위한 시설
⑤ 역사와 같은 건물 안에 있는 시설로서 문화 및 집회시설

66 한국철도공사법령상 국토교통부장관의 지도·감독을 받아야 할 업무로 옳지 않은 것은?

① 철도서비스 품질 개선에 관한 사항
② 연도별 사업계획 및 예산에 관한 사항
③ 철도사업계획의 이행에 관한 사항
④ 철도의 안전을 확보하기 위한 사항
⑤ 철도공사 임직원에 채용에 관한 사항

67 철도사업법령상 철도차량의 유형을 분류할 때 기준이 되는 것은?

① 운행속도
② 운행종류
③ 운행거리
④ 운행기간
⑤ 운행시간

68 철도사업법령상 열차를 이용하는 여객이 정당한 요금을 지급하지 않고 열차를 이용한 경우 승차구간에 해당하는 운임 외에 징수할 수 있는 부가운임의 범위는?

① 5배의 범위
② 10배의 범위
③ 15배의 범위
④ 20배의 범위
⑤ 30배의 범위

69 철도사업법령상 철도사업자에게 사업정지처분을 해야 할 경우 그 사업정지처분을 갈음하여 부과·징수할 수 있는 과징금의 최대금액은?

① 1천만 원
② 5천만 원
③ 7천만 원
④ 1억 원
⑤ 2억 원

70 철도사업법령상 국토교통부장관이 철도서비스의 품질평가를 실시한 후 그 결과를 공표할 때 포함해야 할 사항으로 옳지 않은 것은?

① 철도사업자의 재무상태

② 철도사업자별 평가순위

③ 평가지표별 평가결과

④ 철도서비스의 품질 향상도

⑤ 철도서비스에 대한 품질평가결과 국토교통부장관이 공표가 필요하다고 인정하는 사항

코레일(한국철도공사) 필기시험

성 명	

아래에 문구를 빈칸에 정자로 기재하시오.

햇볕이 쏟아지는 가을날에 선선한 바람을 맞으며 하루를 보낸다.

필적확인란 :

직업기초능력평가

1	① ② ③ ④ ⑤
2	① ② ③ ④ ⑤
3	① ② ③ ④ ⑤
4	① ② ③ ④ ⑤
5	① ② ③ ④ ⑤
6	① ② ③ ④ ⑤
7	① ② ③ ④ ⑤
8	① ② ③ ④ ⑤
9	① ② ③ ④ ⑤
10	① ② ③ ④ ⑤
11	① ② ③ ④ ⑤
12	① ② ③ ④ ⑤
13	① ② ③ ④ ⑤
14	① ② ③ ④ ⑤
15	① ② ③ ④ ⑤
16	① ② ③ ④ ⑤
17	① ② ③ ④ ⑤
18	① ② ③ ④ ⑤
19	① ② ③ ④ ⑤
20	① ② ③ ④ ⑤
21	① ② ③ ④ ⑤
22	① ② ③ ④ ⑤
23	① ② ③ ④ ⑤
24	① ② ③ ④ ⑤
25	① ② ③ ④ ⑤
26	① ② ③ ④ ⑤
27	① ② ③ ④ ⑤
28	① ② ③ ④ ⑤
29	① ② ③ ④ ⑤
30	① ② ③ ④ ⑤

직무수행능력평가

31	① ② ③ ④ ⑤
32	① ② ③ ④ ⑤
33	① ② ③ ④ ⑤
34	① ② ③ ④ ⑤
35	① ② ③ ④ ⑤
36	① ② ③ ④ ⑤
37	① ② ③ ④ ⑤
38	① ② ③ ④ ⑤
39	① ② ③ ④ ⑤
40	① ② ③ ④ ⑤
41	① ② ③ ④ ⑤
42	① ② ③ ④ ⑤
43	① ② ③ ④ ⑤
44	① ② ③ ④ ⑤
45	① ② ③ ④ ⑤
46	① ② ③ ④ ⑤
47	① ② ③ ④ ⑤
48	① ② ③ ④ ⑤
49	① ② ③ ④ ⑤
50	① ② ③ ④ ⑤
51	① ② ③ ④ ⑤
52	① ② ③ ④ ⑤
53	① ② ③ ④ ⑤
54	① ② ③ ④ ⑤
55	① ② ③ ④ ⑤
56	① ② ③ ④ ⑤
57	① ② ③ ④ ⑤
58	① ② ③ ④ ⑤
59	① ② ③ ④ ⑤
60	① ② ③ ④ ⑤

철도관련법령

61	① ② ③ ④ ⑤
62	① ② ③ ④ ⑤
63	① ② ③ ④ ⑤
64	① ② ③ ④ ⑤
65	① ② ③ ④ ⑤
66	① ② ③ ④ ⑤
67	① ② ③ ④ ⑤
68	① ② ③ ④ ⑤
69	① ② ③ ④ ⑤
70	① ② ③ ④ ⑤

생년월일

생 년				월		일	
⓪	⓪	⓪	⓪	⓪	⓪	⓪	⓪
①	①	①	①	①	①	①	①
②	②	②	②	②	②	②	②
③	③	③	③	③	③	③	③
④	④	④	④	④	④	④	④
⑤	⑤	⑤	⑤	⑤	⑤	⑤	⑤
⑥	⑥	⑥	⑥	⑥	⑥	⑥	⑥
⑦	⑦	⑦	⑦	⑦	⑦	⑦	⑦
⑧	⑧	⑧	⑧	⑧	⑧	⑧	⑧
⑨	⑨	⑨	⑨	⑨	⑨	⑨	⑨

코레일
(한국철도공사)

경영학

[사무영업(일반)]

- 제 3 회 -

성명		생년월일	
시험시간	70분	문항수	70문항

<응시 전 주의사항>

○ 문제지 해당란과 OMR답안지에 성명과 생년월일을 정확하게 기재하십시오.

○ 기재착오, 누락 등으로 인한 불이익은 응시자 본인의 책임이니 OMR 답안지 작성에 유의하십시오.

○ 필기시험의 만점은 100점으로 합니다.

SEOWONGAK

(주)서원각

1 다음 글의 빈칸에 들어갈 내용으로 가장 적절한 것은?

자본주의 경제체제는 이익을 추구하는 인간의 욕구를 최대한 보장해 주고 있다. 기업 또한 이익 추구라는 목적에서 탄생하여, 생산의 주체로서 자본주의 체제의 핵심적 역할을 수행하고 있다. 곧, 이익은 기업가로 하여금 사업을 시작하게 된 동기가 된다. 이익에는 단기적으로 실현되는 이익과 장기간에 걸쳐 지속적으로 실현되는 이익이 있다. 기업이 장기적으로 존속, 성장하기 위해서는 _____ 실제로 기업은 단기 이익의 극대화가 장기 이익의 극대화와 상충될 때에는 단기 이익을 과감하게 포기하기도 한다.

① 두 마리의 토끼를 다 잡으려는 생각으로 운영해야 한다.
② 당장의 이익보다 기업의 이미지를 생각해야 한다.
③ 단기 이익보다 장기 이익을 추구하는 것이 더 중요하다.
④ 장기 이익보다 단기 이익을 추구하는 것이 더 중요하다.
⑤ 아무도 개척하지 않은 길을 개척할 수 있는 도전정신이 필요하다.

2 다음 글 이후에 이어질 만한 내용으로 가장 거리가 먼 것은?

철도교통의 핵심 기능인 정거장의 위치 및 역간거리는 노선, 열차평균속도, 수요, 운송수입 등에 가장 큰 영향을 미치는 요소로 고속화, 기존선 개량 및 신선 건설시 주요 논의의 대상이 되고 있으며, 과다한 정차역은 사업비를 증가시켜 철도 투자를 저해하는 주요 요인으로 작용하고 있다.

한편, 우리나라의 평균 역간거리는 고속철도 46km, 일반철도 6.7km, 광역철도 2.1km로 이는 외국에 비해 59~84% 짧은 수준이다. 경부고속철도의 경우 천안·아산역~오송역이 28.7km, 신경주역~울산역이 29.6km 떨어져 있는 등 1990년 기본계획 수립 이후 오송, 김천·구미, 신경주, 울산역 등 다수의 역 신설로 인해 운행 속도가 저하되어 표정속도가 선진국의 78% 수준이며, 경부선을 제외한 일반철도의 경우에도 표정속도가 45~60km/h 수준으로 운행함에 따라 타 교통수단 대비 속도경쟁력이 저하된 실정이다. 또한, 추가역 신설에 따른 역간거리 단축으로 인해 건설비 및 운영비의 대폭 증가도 불가피한 바, 경부고속철도의 경우 오송역 등 4개 역 신설로 인한 추가 건설비는 약 5,000억 원에 달한다. 운행시간도 당초 서울~부산 간 1시간 56분에서 2시간 18분으로 22분 지연되었으며, 역 추가 신설에 따른 선로분기기, 전환기, 신호기 등 시설물이 추가로 설치됨에 따라 유지보수비 증가 등 과잉 시설의 한 요인으로 작용했다. 이러한 역간 거리와 관련하여 도시철도의 경우 도시철도건설규칙에서 정거장 간 거리를 1km 이상으로 규정함으로써 표준 역간거리를 제시하고 있으나, 고속철도, 일반철도 및 광역철도의 정거장 위치와 역간 거리는 교통수요, 정거장 접근거리, 운행속도, 여객 및 화물열차 운행방법, 정거장 건설 및 운영비용, 선로용량 등 단일 차량과 단일 정차패턴이 기본인 도시철도에 비해 복잡한 변수를 내포함으로써 표준안을 제시하기가 용이하지 않았으며 관련 연구가 매우 부족한 상황이다.

① 외국인 노선별 역간 거리 비교

② 역간 거리가 철도 운행 사업자에게 미치는 영향 분석

③ 역간 거리 연장을 어렵게 하는 사회적인 요인 파악

④ 신설 노선 적정 역간 거리 유지 시 기대효과 및 사회적 비용 절감 요소 분석

⑤ 역세권 개발과 부동산 시장과의 상호 보완요인 파악

3 다음은 '작업 중 스마트폰 사용으로 인한 산업현장 사고'와 관련된 사내 안내문을 작성하기 위한 개요이다. 〈자료〉의 활용 방안으로 적절하지 않은 것은?

주제 : 작업 중 스마트폰 사용으로 인한 산업현장 사고를 방지하기 위해 전사적 차원의 대책을 마련해야 한다.

Ⅰ. 서론 : 현황 ·· ㉠
Ⅱ. 본론
  1. 문제 원인
    가. 의식적 요인 ·································· ㉡
    나. 제도적 요인 ·································· ㉢
  2. 문제 해결 방안
    가. 의식 개선 방안 ···························· ㉣
    나. 제도 개선 방안 ···························· ㉤
Ⅲ. 결론

〈자료〉

㉮ 신문 기사
  작업 중 스마트폰 사용으로 인한 산업현장 사고가 최근 4년간 1.94배 증가했다. 이는 작업 중 산업현장 사고 증가율 1.1배보다 2배 가까이 높다.

㉯ 관련 담당자 인터뷰
  조사 대상의 84%가 작업 중 스마트폰 사용이 위험하다는 사실을 알고 있지만, 96%는 1일 1회 이상 작업 중 스마트폰을 사용한다고 답했습니다. 그런데 우리 회사에는 아직 이와 관련한 대책이 없습니다.

㉰ 연구 보고서
  안전 의식을 높이기 위한 교육 프로그램 개발, 안전 시설물 설치, 또는 패널티 부과 등 작업 중 스마트폰 사용으로 인한 산업현장 사고 방지를 위해 노력하는 세계 각국의 모습을 참고할 필요가 있다.

① ㉠에 ㉮를 활용하여 작업 중 스마트폰 사용으로 인한 산업현장 사고의 발생률이 증가하고 있음을 언급한다.

② ㉡에 ㉯를 활용하여 작업 중 스마트폰 사용이 위험하다는 사실을 알지 못하는 것이 산업현장 사고 발생 원인의 하나임을 제시한다.

③ ㉢에 ㉰를 활용하여 관련 대책의 부재가 작업 중 스마트폰 사용으로 인한 산업현장 사고를 방지하지 못하는 원인 중 하나임을 언급한다.

④ ㉣에 ㉯를 활용하여 작업 중 스마트폰을 사용하지 않게 하는 전사적 차원의 교육 프로그램을 개발할 것을 제안한다.

⑤ ㉤에 ㉰를 활용하여 패널티 부과 등 작업 중 스마트폰 사용으로 인한 산업현장 사고를 방지할 수 있는 대책을 마련해야 함을 주장한다.

4 다음 밑줄 친 단어의 의미와 동일하게 쓰인 것을 고르시오.

김동연 경제부총리 겸 기획재정부 장관은 26일 최근 노동이슈 관련 "다음 주부터 시행되는 노동시간 단축 관련 올해 말까지 계도기간을 설정해 단속보다는 제도 정착에 초점을 두고 추진할 것"이라고 밝혔다.
김동연 부총리는 이날 정부서울청사에서 노동현안 관련 경제현안간담회를 주재하고 "7월부터 노동시간 단축제도가 시행되는 모든 기업에 대해 시정조치 기간을 최장 6개월로 늘리고, 고소·고발 등 법적인 문제의 처리 과정에서도 사업주의 단축 노력이 충분히 참작될 수 있도록 하겠다."라며 이같이 말했다.
김 부총리는 "노동시간 단축 시행 실태를 면밀히 조사해 탄력 근로단위기간 확대 등 제도개선 방안도 조속히 마련하겠다."라며 "불가피한 경우 특별 연장근로를 인가받아 활용할 수 있도록 구체적인 방안을 강구할 것"이라고 밝혔다.

① 우리는 10년 만에 넓은 평수로 늘려 이사했다.

② 그 집은 알뜰한 며느리가 들어오더니 금세 재산을 늘려 부자가 되었다.

③ 적군은 세력을 늘린 후 다시 침범하였다.

④ 실력을 늘려서 다음에 다시 도전해 보아라.

⑤ 대학은 학생들의 건의를 받아들여 쉬는 시간을 늘리는 방안을 추진 중이다.

5 다음의 내용을 읽고 문맥상 괄호 안에 들어갈 말로 가장 적절한 것을 고르면?

'특정 종교의 행사'라는 이유로 전주역 광장에 기원 탑 설치를 불허했던 코레일 전북본부가 입장을 철회했다. 부처님 오신 날 봉축기간에 맞춰 기원 탑을 설치하려던 지역 불교계의 거센 반발에 부딪히자 긍정적 입장에서의 재검토를 약속한 것이다.

코레일 전북본부는 4월 18일 전라북도 부처님 오신 날 봉축위원회(이하 전북 봉축위)에 보낸 공문을 통해 '기원 탑 설치를 위한 전주역 광장 사용 요청에 관해 긍정적으로 승인을 재검토하겠다'고 회신했다. 코레일 전북본부는 "전주역과 귀 위원회 간 '남북평화통일 기원 탑' 설치와 관련 발생된 이견은 전주역과의 구두협의 과정에서 상호이해가 부족했던 사항으로 판단된다"며 "다시 요청을 해주시면 긍정적으로 승인을 재검토 할 수 있다"고 전해왔다. 이어 "귀 위원회에서 추진 중인 '연등회'행사는 국가무형문화재로서 전통문화와 민족정서를 계승하고 있다는 점에 공감하며 성공적으로 마칠 수 있기를 기원한다"고 전해왔다.

코레일 전북본부 관계자는 법보신문과의 통화에서 "전북 봉축위에서 보낸 공식 공문을 17일에야 접수했다. 전주역에서 코레일 전북본부 쪽으로 온 문의는 시설물 설치 안전에 관한 문의였고 '연등회' 행사라는 이야기도 없었다. 안전 등을 생각해 전주역에서 판단할 사항으로 결정했다"며 "공문 접수 후 전주역 광장 사용 허가를 긍정적으로 검토해 전북봉축위에 전달했으나 현재 시일이 촉박하여 이미 다른 장소에 기원 탑을 설치하고 있는 만큼 안전에 문제가 없는 상황에서 내년부터는 전주역 광장을 사용하는 것으로 일단락 지었다"고 말했다. 이와 관련 전북 봉축위 이원일 사무국장은 "행사 일정상 올해에는 전주역에 기원 탑을 설치하는 것이 힘들어 내년부터 전주역 광장을 사용하도록 할 계획"이라며 "하지만 연등회 행사를 특정종교 행사로 인식하고 있는 관계기관의 인식을 바로잡고 잘못된 전례를 남기지 않기 위해서라도 코레일 전북본부의 명확한 답변을 받아냈다"고 말했다.

전북 불교연합대책위 등 지역불교 단체들은 코레일 전북본부의 (   )을/를 긍정적으로 평가하며 "이러한 사태에 엄중히 대응함으로써 후대에 오점을 남기는 일이 없도록 해야 한다"며 "이번 일을 계기로 연등회 준비를 더 빠르게 계획하고 추진해 더욱 내실 있는 행사로 발전시켜 나가겠다"고 입을 모았다.

① 배송(配送) 　　② 면담(面談)

③ 발송(發送) 　　④ 발전(發展)

⑤ 회신(回信)

6 아래의 내용은 코레일의 광명역 도심공항버스(KTX 리무진) 운송약관 제정(안)의 일부를 발췌한 것이다. 아래의 내용을 읽고 잘못 설명된 것을 고르면?

제1장 총칙

제2조(용어의 정의) 이 약관에 사용하는 용어의 정의는 다음과 같다.

① "승차권"이란 운송을 위하여 철도공사가 발행하는 증표(KTX 리무진 승차권)로서, 승차권 발행방법 및 형태 등에 따라 다음과 같이 구분한다.
1. 종이승차권 : 운행정보 등 운송에 필요한 사항을 KTX 리무진 승차권용 전용 용지에 인쇄한 승차권
2. 모바일승차권(Mobile-Ticket) : 인터넷 통신과 컴퓨터 지원기능을 갖춘 스마트폰, 태블릿 PC 등으로 철도공사에서 제공 또는 승인한 전용 프로그램(Application)에 운행정보 등 운송에 필요한 사항을 전송받은 승차권
② "운임"이란 철도공사에서 법 제8조의 규정의 의하여 관할관청에 신고 수리된 금액을 말한다.
③ "수하물"이란 여객이 여행 시 휴대하거나 탁송을 의뢰한 소지품 및 물품을 말한다.
④ "Check-in 수하물"이란 여객이 여행 시 탁송을 의뢰하여 백택(Bag Tag)을 부착한 수하물을 말한다.
⑤ "휴대수하물"이란 여객이 소지하는 물품 중 제20조 및 제22조에서 규정한 중량과 용적을 초과하지 않으며, 운송이 금지되지 않은 물품으로, 여객이 휴대할 수 있는 물품을 말한다.
⑥ "초과수하물"이란 무료운송 수하물 허용량을 초과한 수하물을 말한다.
⑦ "수하물표"란 Check-in 수하물이 아닌 수하물의 운송을 위해 철도공사에서 발행하는 증표를 말한다.
⑧ "총중량"이란 실 중량에 포장된 용기의 무게를 포함한 중량을 말한다.

① 승차권은 운송을 위해 철도공사가 발행하는 증표이다.

② 수하물은 고객이 여행 시 휴대하거나 탁송을 의뢰한 소지품 및 물품이다.

③ "종이승차권"은 태블릿 PC 등으로 철도공사에서 제공 또는 승인한 전용 프로그램에 운행정보 등 운송에 필요한 사항을 전송받은 승차권이다.

④ 수하물표는 수하물의 운송을 위해 철도공사에서 발행하는 증표이다.

⑤ 총중량은 실 중량에 포장된 용기의 무게를 포함한 중량이다.

| 5~6 | 다음 글을 읽고 물음에 답하시오.

저금리가 유지되고 있는 사회에서는 저축에 대한 사람들의 인식이 상당히 회의적이다. 저축은 미래의 소비를 위해 현재의 소비를 억제하는 것을 의미하는데, 이때 그 대가로 주어지는 것이 이자이다. 하지만 저금리 상황에서는 현재의 소비를 포기하는 대가로 보상받는 비용인 이자가 적기 때문에 사람들은 저축을 신뢰하지 못하게 되는 것이다.

화폐의 효용성과 합리적인 손익을 따져 본다면 저금리 시대의 저축률은 줄어드는 것이 당연하다. 물가 상승에 비해 금리가 낮을 때에는 시간이 경과할수록 화폐의 가치가 떨어지게 되어 저축으로부터 얻을 수 있는 실질적인 수익이 낮아지거나 오히려 손해를 입을 수 있기 때문이다.

그런데 한국은행이 발표한 최근 자료를 보면, 금리가 낮은 수준에 머물고 있을 때에도 저축률이 상승하였음을 알 수 있다. 2012년에 3.4%였던 가계 저축률이 2014년에는 6.1%로 상승한 것이다. 왜 그럴까? 사람들이 저축을 하는 데에는 단기적인 금전상의 이익 이외에 또 다른 요인이 작용하기 때문이다. 살아가다 보면 예기치 않은 소득 감소나 질병 등으로 인해 갑자기 돈이 필요한 상황이 생길 수 있다. 이자율이 낮다고 해서 돈이 필요한 상황에 대비할 필요가 없어지는 것은 아니다. 이런 점에서 볼 때 금리가 낮음에도 불구하고 사람들이 저축을 하는 것은 장래에 닥칠 위험을 대비하기 위한 적극적인 의지의 반영인 것이다.

저금리 상황 속에서 저축을 하지 않는 것이 당장은 경제적인 이득을 얻는 것처럼 보일 수 있다. 하지만 이는 미래에 쓸 수 있는 경제 자원을 줄어들게 만들고 개인의 경제적 상황을 오히려 악화시킬 수도 있다. 또한 고령화가 급격하게 진행되는 추세 속에서 노후 생활을 위한 소득 보장의 안전성을 저해하는 등 사회 전반의 불안감을 높일 수도 있다. 따라서 눈앞에 보이는 이익에만 치우쳐서 저축이 가지는 효용 가치를 단기적인 측면으로 한정해서 바라보아서는 안 된다.

우리의 의사 결정은 대개 미래가 불확실한 상황에서 이루어지며 우리가 직면하는 불확실성은 확률적으로도 파악하기 힘든 것이 대부분이다. 따라서 저축의 효용성은 단기적 이익보다 미래의 불확실성에 대비하기 위한 거시적 관점에서 그 중요성을 생각해야 한다.

7 윗글에 대한 평가로 가장 적절한 것은?

① 핵심 개념을 소개한 후 관련 이론을 제시하고 있다.

② 주장을 여러 항목으로 나누어 순차적으로 제시하고 있다.

③ 전문 기관의 자료를 활용하여 논의의 근거로 삼고 있다.

④ 다양한 계층의 시각으로 균형 있는 정보를 제공하고 있다.

⑤ 유사한 사례를 비교하여 공통점과 차이점을 부각하고 있다.

8 윗글의 글쓴이가 다음에 대해 보일 수 있는 반응으로 적절하지 않은 것은?

요즘 저축 이자율은 떨어지고 물가 상승률은 증가하고 있다. 그래서 A는 저축을 하지 않고 있다. 하지만 B는 A에게 저축을 하는 것이 좋겠다고 조언한다.

① A가 저축을 하지 않는 이유는 화폐 가치의 하락을 우려하고 있기 때문이군.

② A가 저축을 하지 않는 이유는 당장의 경제적인 이익을 중요하게 생각하기 때문이군.

③ B가 저축을 해야 한다고 조언하는 이유는 단기적인 금전상의 이익이 아닌 또 다른 요인을 고려하기 때문이군.

④ B가 저축을 해야 한다고 조언하는 이유는 저축을 미래의 불확실성에 대비하기 위한 방안이라고 보기 때문이군.

⑤ B가 저축을 해야 한다고 조언하는 이유는 현재 소비를 포기한 대가로 받는 이자를 더 중요하게 생각하기 때문이군.

9 20XX년 8월 1일 축구로 인해 세계적으로 친해진 지단, 메시, 클로제, 호날두, 앙리는 한국여행을 하기 위해 비행기를 타고 열차를 갈아타서 서울역에 도착하였다. 역에 입성한 이들을 위해 아래의 약관은 역 직원들이 코레일의 광명역 도심공항버스(KTX 리무진) 운송약관 제정(안)의 일부를 발췌하여 제공한 것이다. 다음 중 이를 읽고 내용을 잘못 이해하고 있는 사람을 고르면?

제2장 승차권과 운임

제10조(KTX 리무진 승차권의 발행)
① 철도공사는 출발 1개월 전 07:00부터 승차권을 발권하며 제9조에 의하거나 원활한 여객 수송을 위해 필요한 경우 발권방법 · 범위 · 시각 · 순서 · 장소 · 매수 · 횟수 등을 제한 또는 조정할 수 있다.
② 승차권은 예약과 함께 결제 및 발권을 해야 하며, 결제 또는 발권하지 않는 경우 예약사항은 자동 취소된다.
③ 승차권을 발권 받은 사람은 승차일시 · 승차구간 등의 운송조건을 확인하여야 한다.
④ 여객이 휴대폰으로 전송받을 수 있는 승차권 매수는 1인 1회에 9매까지 가능하다.
⑤ 승차권의 취소, 변경은 다음 각 호에 의한다.
　1. 날짜 지정 출발 일까지 한하여 역 매표창구, 모바일 매체 등을 통하여 미사용 승차권을 취소할 수 있다.
　2. KTX 무진 승차권 변경 시에는 기 발행된 KTX 리무진 승차권을 취소 후, 다시 승차권 발매 서비스를 통하여 발행하여야 한다.

제12조(승차권의 사용)
① 승차권은 기재사항을 준수하여 사용해야 하며, 기재사항을 임의로 말소 개조 또는 승차권을 분실한 경우 철도공사는 해당 승차권을 무효로 한다.
③ 모바일승차권은 지정한 모바일 앱을 통하여 모바일로 전송받은 승차권만 유효하다.
④ 승차권의 임의변경, 복사, 위변조 및 효력이 상실된 승차권을 사용하여, 적발된 경우 형법 제214조(유가증권의 위조 등), 제231조(사문서등의 위조 · 변조), 제236조(사문서의 부정행사)등 관련법에 따라 고발 조치할 수 있다.
⑤ 승차권의 유효기간은 적용일 당회에 한하여 유효함을 기본 원칙으로 한다. 단, 승차권의 기재사항 대로 사용하지 못한 경우 제15조 규정에 의하여 반환 받을 수 있다.

제13조(무임운송과 할인)
① 여객이 동반하는 6세 미만의 소아 1인은 무임으로 운송한다. 다만, 여객이 동반하는 소아가 1인을 초과하거나 좌석을 점유하고자 하는 경우 할인 운임을 적용할 수 있다.
② 제24조의 수하물은 무임으로 운송한다.
③ 13세 미만의 어린이(초등학생)는 할인할 수 있다.
④ 10인 이상의 단체는 할인할 수 있다.
⑤ 제③항 및 제④항에 따라 운임을 할인하는 경우 회사에서 제공하는 다른 할인과는 중복 할인하지 않는다.

---

① 지단 : 약관을 보면 오늘부터 9월 1일 강릉행 열차 티켓을 발권 받을 수 있어.
② 메시 : 승차권 예약과 더불어 결제나 발권을 하지 못하면 자동적으로 취소한다는군.
③ 클로제 : 내 조카는 13세이니까 할인혜택을 받을 수 있어.
④ 호날두 : 한국에 내 친구들이 17명 정도 있으니 이 친구들과 함께하면 할인혜택을 받을 수 있어.
⑤ 앙리 : 내 조카는 현재 4살인데 열차 이용 시 무임으로 운송이 가능하다고 하네.

10 다음 글을 읽고 이에 관련한 내용으로 보기 가장 어려운 것을 고르면?

현대는 소비의 시대다. 소비가 하나의 이데올로기가 된 세상이다. 소비자들은 쏟아져 나오는 여러 상품들을 선택하는 행위를 통해 욕구 충족을 할 뿐 아니라 개인의 개성과 정체성을 형성한다. 소비가 인간을 만드는 것이다. 그뿐 아니다. 다른 사람의 소비를 보면서 그를 평가하기도 한다. 그 사람이 무엇을 소비하느냐에 따라 그 사람의 값을 매긴다.

거기서 자연스럽게 배태되는 게 바로 유행이다. 온통 소비에 신경을 쓰다 보니 유명인이나 트렌드 세터들이 만들어내는 소비패턴에 민감하다. 옷이든 장신구든 아니면 먹거리든 간에 이런 유행을 타지 않은 게 드물 정도다. 유행을 따르지 않으면 어딘지 시대에 뒤지고 소외되는 것 같은 강박관념이 사람들을 짓누르고 있다.

문제는 유행이 무척 짧은 수명을 갖는다는 것이다. 옷 같은 경우는 일 년이 멀다하고 새로운 패션이 밀려온다. 소비시장이 그만큼 다양화, 개성화, 전문화됐다는 뜻이다. 제대로 유행의 첨단에 서자면 정신이 달아날 지경일 것이다.

원래 제품 수명주기이론에서는 제품이 태어나 사라질 때까지를 보통 3~5년 정도로 본다. 즉 도입기와 성장기-성숙기-쇠퇴기를 거치는 데 몇 년 정도는 걸린다는 설명이다. 상품의 생명력이 이 정도 유지되는 게 정상이다. 그래야 생산자들도 어느 정도 이 속도에 맞춰 신상품을 개발하는 등 마케팅 전략을 세울 수 있다.

그런데 최근 풍조는 상품 수명이 1년을 넘기지 못하는 경우가 잦다고 한다. 소득이 늘면서 유행에 목을 매다보니 남보다 한 발짝이라도 빨리 가고 싶은 욕망이 생기고 그것이 유행의 주기를 앞당기는 것이다. 한 때 온 나라를 떠들썩하게 했던 아웃도어 열풍이 급격히 식어가고 있다는 보도다. 업계에 따르면 국내 아웃도어 시장 규모는 2014년 7조 4000억 원을 정점으로 급격한 내림세에 접어들었다. 작년 백화점 등 유통업체들은 아웃도어에서 6~9% 마이너스 성장을 했다. 업체들은 일부 브랜드를 접고 감원에 들어가는가 하면 백화점에서도 퇴점하는 사례가 증가하고 있다.

과거에도 하얀국물 라면 등 음식이나 패션 등 일부 상품에서 빠른 트렌드 변화가 읽혔다. 소비자 요구는 갈수록 복잡다단해지고 기업이 이에 적응하는 데는 한계가 있는 것이다. 피곤한 것은 기업 쪽이다. 한편으로는 갈수록 부박해지는 소비문화가 걱정스럽기도 하다. 환경보호 등 여러 측면에서 소비가 미덕인 시대는 아닌 것 같기 때문이다.

① 사람들은 제품구매를 통해 니즈를 충족하고 그들의 개성을 형성하게 된다.
② 현대에 들어 분야를 막론하고 유행을 좇지 않는 게 거의 없다.
③ 제품수명주기는 도입기 - 성장기 - 성숙기 - 쇠퇴기의 4단계를 겪게 된다.
④ 소득이 증가하면서 제품의 유행주기가 점차적으로 느리게 된다.
⑤ 빠른 트렌드의 변화로 인해 소비자들의 욕구충족이 되는 반면에 기업의 경우에는 이에 맞추기 위해 상당히 피곤해진다.

11 다음은 '철도안전법'의 일부 내용이다. 제시된 글의 내용과 일치하는 것은 어느 것인가?

제47조(여객열차에서의 금지행위) 여객은 여객열차에서 다음 각 호의 어느 하나에 해당하는 행위를 하여서는 아니 된다.
1. 정당한 사유 없이 국토교통부령으로 정하는 여객출입 금지 장소에 출입하는 행위
2. 정당한 사유 없이 운행 중에 비상정지버튼을 누르거나 철도차량의 옆면에 있는 승강용 출입문을 여는 등 철도차량의 장치 또는 기구 등을 조작하는 행위
3. 여객열차 밖에 있는 사람을 위험하게 할 우려가 있는 물건을 여객열차 밖으로 던지는 행위
4. 흡연하는 행위
5. 철도종사자와 여객 등에게 성적(性的) 수치심을 일으키는 행위
6. 술을 마시거나 약물을 복용하고 다른 사람에게 위해를 주는 행위
7. 그 밖에 공중이나 여객에게 위해를 끼치는 행위로서 국토교통부령으로 정하는 행위
제48조(철도 보호 및 질서유지를 위한 금지행위) 누구든지 정당한 사유 없이 철도 보호 및 질서유지를 해치는 다음 각 호의 어느 하나에 해당하는 행위를 하여서는 아니 된다.
1. 철도시설 또는 철도차량을 파손하여 철도차량 운행에 위험을 발생하게 하는 행위

2. 철도차량을 향하여 돌이나 그 밖의 위험한 물건을 던져 철도차량 운행에 위험을 발생하게 하는 행위

3. 궤도의 중심으로부터 양측으로 폭 3미터 이내의 장소에 철도차량의 안전 운행에 지장을 주는 물건을 방치하는 행위

4. 철도교량 등 국토교통부령으로 정하는 시설 또는 구역에 국토교통부령으로 정하는 폭발물 또는 인화성이 높은 물건 등을 쌓아 놓는 행위

5. 선로[철도와 교차된 도로(건널목)는 제외한다] 또는 국토교통부령으로 정하는 철도시설에 철도운영자등의 승낙 없이 출입하거나 통행하는 행위

6. 역 시설 등 공중이 이용하는 철도시설 또는 철도차량에서 폭언 또는 고성방가 등 소란을 피우는 행위

7. 철도시설에 국토교통부령으로 정하는 유해물 또는 열차운행에 지장을 줄 수 있는 오물을 버리는 행위

8. 역 시설 또는 철도차량에서 노숙(露宿)하는 행위

9. 열차운행 중에 타고 내리거나 정당한 사유 없이 승강용 출입문의 개폐를 방해하여 열차운행에 지장을 주는 행위

10. 정당한 사유 없이 열차 승강장의 비상정지버튼을 작동시켜 열차운행에 지장을 주는 행위

11. 그 밖에 철도시설 또는 철도차량에서 공중의 안전을 위하여 질서유지가 필요하다고 인정되어 국토교통부령으로 정하는 금지행위

① 열차 밖에 있는 사람을 위험하게 할 의도가 없었다면, 물건을 밖으로 던지는 행위가 금지되어 있지는 않다.

② 열차가 아닌 역사에서 노숙을 하거나 열차 내 승무원이 아닌 승객에게 성희롱을 하는 것은 '철도안전법'에 의한 금지 행위가 아니다.

③ 여객출입 금지 장소인 기관실을 제외하면 어느 구역이든 접근 및 출입은 가능하다.

④ 열차 내에서는 다른 탑승객들이 그 피해를 피할 수 없는 흡연은 금지되어 있으나, 혼자 조용히 술을 마시는 행위는 금지되어 있지 않다.

⑤ 철도 건널목 위를 차량에 탑승하지 아니한 채 도보로 통행하는 것은 금지되어 있지 않지만, 건널목을 조금이라도 벗어나 선로로 진입하는 것은 금지되어 있다.

12 다음 자료는 A회사의 버스 종류별 1대당 1일 총운송비용을 나타낸 자료이다. 이에 대한 설명으로 옳지 않은 것은?

(단위 : 원)

부문	항목	일반버스	굴절버스	저상버스
가동비	운전직 인건비	331,400	331,400	331,400
	연료비	104,649	160,709	133,133
	타이어비	3,313	8,282	4,306
	소계	439,362	500,391	468,839
보유비	관리직 인건비	42,638	42,638	42,638
	차량보험료	16,066	21,641	16,066
	차량 감가상각비	23,944	104,106	24,057
	차고지비	3,029	4,544	3,029
	기타관리비	40,941	40,941	40,941
	정비비	9,097	45,484	13,645
	소계	135,715	259,354	140,376
총운송비용		575,077	759,745	609,215

① 버스의 종류와 상관없이 기타관리비와 인건비는 동일하다.

② 일반버스와 굴절버스 간의 운송항목 비용 중 비용 차이가 가장 큰 항목은 연료비이다.

③ 굴절버스는 다른 버스 종류에 비해 총운송비용에서 보유비가 차지하는 비중이 크다.

④ 굴절버스 정비비는 일반버스 정비비의 약 5배이다.

⑤ 일반버스와 저상버스의 차고지비는 동일하다.

13 다음은 세 골프 선수 갑, 을, 병의 9개 홀에 대한 경기결과를 나타낸 표다. 이에 대한 설명으로 옳은 것을 모두 고른 것은?

홀 번호	1	2	3	4	5	6	7	8	9	타수 합계
기준 타수	3	4	5	3	4	4	4	5	4	36
甲	0	x	0	0	0	0	x	0	0	34
乙	x	0	0	0	y	0	0	y	0	( )
丙	0	0	0	x	0	0	0	y	0	36

※ 기준 타수 : 홀마다 정해져 있는 타수를 말함

※ x, y는 개인 타수 – 기준 타수의 값

※ 0은 기준 타수와 개인 타수가 동일함을 의미

ㄱ x는 기준 타수보다 1타를 적게 친 것을 의미한다.
ㄴ 9개 홀의 타수의 합은 갑과 을이 동일하다.
ㄷ 세 선수 중에서 타수의 합이 가장 적은 선수는 갑이다.

---

① ㄱ
② ㄱ, ㄴ
③ ㄱ, ㄷ
④ ㄴ, ㄷ
⑤ ㄱ, ㄴ, ㄷ

14 다음은 A 회사의 2010년과 2020년의 출신 지역 및 직급별 임직원 수에 대한 자료이다. 이에 대한 설명으로 옳지 않은 것은?

〈표1〉 2010년의 출신 지역 및 직급별 임직원 수

(단위 : 명)

지역＼직급	서울·경기	강원	충북	충남	경북	경남	전북	전남	합계
이사	0	0	1	1	0	0	1	1	4
부장	0	0	1	0	0	1	1	1	4
차장	4	4	3	3	2	1	0	3	20
과장	7	0	7	4	4	5	11	6	44
대리	7	12	14	12	7	7	5	18	82
사원	19	38	41	37	11	12	4	13	175
합계	37	54	67	57	24	26	22	42	329

〈표2〉 2020년의 출신 지역 및 직급별 임직원 수

(단위 : 명)

지역＼직급	서울·경기	강원	충북	충남	경북	경남	전북	전남	합계
이사	3	0	1	1	0	0	1	2	8
부장	0	0	2	0	0	1	1	0	4
차장	3	4	3	4	2	1	1	2	20
과장	8	1	14	7	6	7	18	14	75
대리	10	14	13	13	7	6	2	12	77
사원	12	35	38	31	8	11	2	11	148
합계	36	54	71	56	23	26	25	41	332

① 출신 지역을 고려하지 않을 때, 2010년 대비 2020년에 직급별 인원의 증가율은 이사 직급에서 가장 크다.
② 출신 지역별로 비교할 때, 2020년의 경우 해당 지역 출신 임직원 중 과장의 비율은 전라북도가 가장 높다.
③ 2010년에 비해 2020년에 과장의 수는 증가하였다.
④ 2010년에 비해 2020년에 대리의 수가 늘어난 출신 지역은 대리의 수가 줄어든 출신 지역에 비해 많다.
⑤ 2010년에 비해 2020년의 전라북도의 전체 임직원 수의 합계는 증가하였다.

15 다음은 서울 및 수도권 지역의 가구를 대상으로 난방방식 현황 및 난방연료 사용현황에 대해 조사한 자료이다. 이에 대한 설명 중 옳은 것을 모두 고르면?

〈표1〉 난방방식 현황

(단위 : %)

종류	서울	인천	경기 남부	경기 북부	전국 평균
중앙난방	22.3	13.5	6.3	11.8	14.4
개별난방	64.3	78.7	26.2	60.8	58.2
지역난방	13.4	7.8	67.5	27.4	27.4

〈표2〉 난방연료 사용현황

(단위 : %)

종류	서울	인천	경기 남부	경기 북부	전국 평균
도시가스	84.5	91.8	33.5	66.1	69.5
LPG	0.1	0.1	0.4	3.2	1.4
등유	2.4	0.4	0.8	3.0	2.2
열병합	12.6	7.4	64.3	27.1	26.6
기타	0.4	0.3	1.0	0.6	0.3

> ㉠ 경기 북부지역의 경우, 도시가스를 사용하는 가구 수가 등유를 사용하는 가구 수의 20배 이상이다.
> ㉡ 서울과 인천지역에서는 다른 난방연료보다 도시가스를 사용하는 비율이 높다.
> ㉢ 지역난방을 사용하는 가구 수의 비율은 서울이 인천의 2배 이상이다.
> ㉣ 경기지역은 남부가 북부보다 지역난방을 사용하는 비율이 낮다.

① ㉠㉡ ② ㉠㉢
③ ㉠㉣ ④ ㉡㉣
⑤ ㉡㉢

16 다음은 어느 나라의 성별 흡연율과 금연계획률에 관한 자료이다. 이에 대한 설명으로 옳은 것은?

〈표1〉 성별 흡연율

(단위 : %)

성별 \ 연도	2017	2018	2019	2020	2021	2022	2023
남성	45.0	47.7	46.9	48.3	47.3	43.7	42.1
여성	5.3	7.4	7.1	6.3	6.8	7.9	6.1
전체	20.6	23.5	23.7	24.6	25.2	24.9	24.1

〈표2〉 금연계획률

(단위 : %)

구분 \ 연도	2017	2018	2019	2020	2021	2022	2023
금연계획률	59.8	( )	57.4	53.5	(㉠)	55.2	56.5
단기 금연계획률	19.4	17.7	18.2	20.8	20.2	19.6	19.3
장기 금연계획률	40.4	39.2	( )	32.7	36.1	35.6	37.2

※ 흡연율(%) = $\dfrac{흡연자 수}{인구 수} \times 100$

※ 금연계획률(%) = $\dfrac{금연계획자 수}{흡연자 수} \times 100$

= 단기 금연계획률 + 장기 금연계획률

① 매년 전체 흡연율은 증가하고 있다.
② 매년 남성 흡연율은 여성 흡연율의 7배 이상이다.
③ 금연계획률은 매년 50% 이상이다.
④ ㉠에 들어갈 수치는 55.3이다.
⑤ 매년 단기 금연계획률은 장기 금연계획률보다 높다.

17 다음은 ○○기관의 연도말 부채잔액 및 연간 차입 규모에 대한 자료이다. 자료 분석 결과로 옳지 않은 것은?

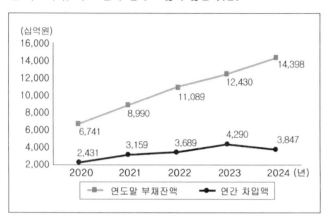

① ○○기관의 연도말 부채잔액은 점점 늘어나고 있다.

② 2021~2024년 중 전년대비 연도말 부채잔액이 가장 크게 늘어난 해는 2021년이다.

③ 전체 기간 중 연간 차입액 변화 추이로 볼 때, 2024년은 주목할 만한 변화이다.

④ 2024년 전년대비 늘어난 연도말 부채잔액은 전년대비 줄어든 연간 차입액의 5배가 넘는다.

⑤ 연도말 부채잔액과 연간 차입액의 변화 추이는 서로 다르다.

▌18~19▐ 기술보증기금 ○○지점에서 근무하는 박 차장은 보증서를 발급하면서 고객의 보증료를 산출하고 있다. 보증료 산출에 관한 주요 규정이 다음과 같을 때, 물음에 답하시오.

- 보증료 계산 : 보증금액 × 보증료율 × 보증기간/365
  - 계산은 십원단위로 하고 10원 미만 단수는 버림

- 기준보증료율 기술사업평가등급에 따라 다음과 같이 적용한다.

등급	적용요율	등급	적용요율	등급	적용요율
AAA	0.8%	BBB	1.4%	CCC	1.7%
AA	1.0%	BB	1.5%	CC	1.8%
A	1.2%	B	1.6%	C	2.2%

- 아래에 해당되는 경우 기준보증료율에서 해당 감면율을 감면할 수 있다.

가산사유	가산요율
1. 벤처·이노비즈기업	-0.2%p
2. 장애인기업	-0.3%p
3. 국가유공자기업	-0.3%p
4. 지방기술유망기업	-0.3%p
5. 지역주력산업 영위기업	-0.1%p

※ 감면은 항목은 중복해서 적용할 수 없으며, 감면율이 가장 큰 항목을 우선 적용한다.

※ 사고기업(사고유보기업 포함)에 대해서는 보증료율의 감면을 적용하지 아니한다.

- 아래에 해당되는 경우 산출된 보증료율에 해당 가산율을 가산한다.

가산사유	가산요율
1. 고액보증기업	
가. 보증금액이 15억 원 초과 30억 원 이하 기업	+0.1%p
나. 보증금액이 30억 원 초과 기업	+0.2%p
2. 장기이용기업	
가. 보증이용기간이 5년 초과 10년 이하 기업	+0.1%p
나. 보증이용기간이 10년 초과 15년 이하 기업	+0.2%p
다. 보증이용기간이 15년 초과 기업	+0.3%p

※ 가산사유가 중복되는 경우에는 사유별 가산율을 모두 적용한다.

※ 경영개선지원기업으로 확정된 기업에 대해서는 가산요율을 적용하지 않는다.

■ 감면사유와 가산사유에 모두 해당되는 경우 감면사유를 먼저 적용한 후 가산사유를 적용한다.

18 ㈜서원의 회계과장인 이 과장은 보증서 발급에 앞서 보증료가 얼마나 산출되었는지 박 차장에게 다음과 같이 이메일로 문의하였다. 문의에 따라 보증료를 계산한다면 ㈜서원의 보증료는 얼마인가?

안녕하세요, 박 차장님.

㈜서원의 회계과장인 이□□입니다. 대표님께서 오늘 보증서(보증금액 5억 원, 보증기간 365일)를 발급받으러 가시는데, 보증료가 얼마나 산출되었는지 궁금하여 문의드립니다.

저희 회사의 기술사업평가등급은 BBB등급이고, 지방기술사업을 영위하고 있으며 작년에 벤처기업 인증을 받았습니다. 다른 특이사항은 없습니다.

① 4,000천 원
② 4,500천 원
③ 5,000천 원
④ 5,500천 원
⑤ 6,000천 원

19 박 차장은 아래 자료들을 토대로 갑, 을, 병 3개 회사의 보증료를 산출하였다. 보증료가 높은 순서대로 정렬한 것은?

구분	기술사업 평가등급	특이사항	보증금액 (신규)	보증 기간
갑	BBB	• 국가유공자기업 • 지역주력산업영위기업 • 신규보증금액 포함한 총 　보증금액 100억 원 • 보증이용기간 7년	10억 원	365일
을	BB	• 벤처기업 • 이노비즈기업 • 보증이용기간 20년 • 경영개선지원기업	10억 원	365일
병	BB	• 장애인기업 • 이노비즈기업 • 보증이용기간 1년	10억 원	365일

① 갑 - 을 - 병
② 갑 - 병 - 을
③ 을 - 갑 - 병
④ 을 - 병 - 갑
⑤ 병 - 갑 - 을

20 다음 글과 〈법조문〉을 근거로 판단할 때, 甲이 乙에게 2,000만 원을 1년간 빌려주면서 선이자로 800만 원을 공제하고 1,200만 원만을 준 경우, 乙이 갚기로 한 날짜에 甲에게 전부 변제하여야 할 금액은?

돈이나 물품 등을 빌려 쓴 사람이 돈이나 같은 종류의 물품을 같은 양만큼 갚기로 하는 계약을 소비대차라 한다. 소비대차는 이자를 지불하기로 약정할 수 있고, 그 이자는 일정한 이율에 의하여 계산한다. 이런 이자는 돈을 빌려주면서 먼저 공제할 수도 있는데, 이를 선이자라 한다. 한편 약정 이자의 상한에는 법률상의 제한이 있다.

〈법조문〉

제72조
① 금전소비대차에 관한 계약상의 최고이자율은 연 30%로 한다.
② 계약상의 이자로서 제1항에서 정한 최고이자율을 초과하는 부분은 무효로 한다.
③ 약정금액(당초 빌려주기로 한 금액)에서 선이자를 사전공제한 경우, 그 공제액이 '채무자가 실제 수령한 금액을 기준으로 하여 제1항에서 정한 최고이자율에 따라 계산한 금액을 초과하면 그 초과부분은 약정금액의 일부를 변제한 것으로 본다.

---

① 760만 원
② 1,000만 원
③ 1,560만 원
④ 1,640만 원
⑤ 1,800만 원

21 갑, 을, 병, 정, 무 5명은 얼마 전 영어시험에서 A~E에 해당하는 점수를 받았다. 아래의 조건을 참고할 때, 같은 점수를 받은 두 사람을 올바르게 짝지은 것은? (단, 최고점인 A는 한명만 받을 수 있다.)

• 갑은 C, D, E를 받지 않았다.
• 을은 B, C, D를 받지 않았다
• 병은 B, D, E를 받지 않았다.
• 정은 B, C, E를 받지 않았다.
• 무는 A, C, E를 받지 않았다.
• 아무도 받지 않은 점수는 C이다.

---

① 갑, 병
② 을, 무
③ 갑, 정
④ 병, 정
⑤ 정, 무

22 다음은 K공사의 직원 채용 절차와 모집 결과이다. 다음과 같은 조건을 참고할 때, L공사 채용의 총 응시자 수는 모두 몇 명인가?

• 채용절차 : 1차 서류전형 → 2차 필기시험 → 3차 인적성 테스트 → 4차 최종 면접 → 최종 500명 선발
• 각 전형의 선발 인원은 다음 전형 통과 인원의 3배수, 3차 인적성 테스트는 최종 합격자의 1.5배 수
• 1차 서류전형 통과 인원은 총 응시자의 45%
• 최종 선발 인원의 3%는 사회적 약자 집단으로 배분하여 별도 모집
• 인원수는 소수 첫 자리에서 반올림하여 정수로 기산한다.

---

① 13,950명
② 14,020명
③ 14,320명
④ 14,560명
⑤ 14,800명

23 〈보기〉에 제시된 네 개의 명제가 모두 참일 때, 다음 중 거짓인 것은?

〈보기〉
㉠ 甲 지역이 1급 상수원이면 乙 지역은 1급 상수원이 아니다.
㉡ 丙 지역이 1급 상수원이면 乙 지역도 1급 상수원이다.
㉢ 丁 지역이 1급 상수원이면 甲 지역도 1급 상수원이다.
㉣ 丙 지역이 1급 상수원이 아니면 戊 지역도 1급 상수원이 아니다.

① 甲 지역이 1급 상수원이면 丙 지역도 1급 상수원이다.
② 丁 지역이 1급 상수원이면 丙 지역은 1급 상수원이 아니다.
③ 丙 지역이 1급 상수원이면 甲 지역은 1급 상수원이 아니다.
④ 戊 지역이 1급 상수원이면 丁 지역은 1급 상수원이 아니다.
⑤ 戊 지역이 1급 상수원이면 丁 지역은 1급 상수원이 아니다.

24 고 대리, 윤 대리, 염 사원, 서 사원 중 1명은 갑작스런 회사의 사정으로 인해 오늘 당직을 서야 한다. 이들은 논의를 통해 당직자를 결정하였으나, 동료인 최 대리에게 다음 〈보기〉와 같이 말하였고, 이 중 1명만이 진실을 말하고, 3명은 거짓말을 하였다. 당직을 서게 될 사람과 진실을 말한 사람을 순서대로 알맞게 나열한 것은 어느 것인가?

〈보기〉
고 대리 : "윤 대리가 당직을 서겠다고 했어."
윤 대리 : "고 대리는 지금 거짓말을 하고 있어."
염 사원 : "저는 오늘 당직을 서지 않습니다, 최 대리님."
서 사원 : "당직을 서는 사람은 윤 대리님입니다."

① 고 대리, 서 사원
② 염 사원, 고 대리
③ 서 사원, 윤 대리
④ 염 사원, 윤 대리
⑤ 윤 대리, 염 사원

25 M사의 총무팀에서는 A 부장, B 차장, C 과장, D 대리, E 대리, F 사원이 각각 매 주말마다 한 명씩 사회봉사활동에 참여하기로 하였다. 이들이 다음 〈보기〉에 따라 사회봉사활동에 참여할 경우, 두 번째 주말에 참여할 수 있는 사람으로 짝지어진 것은 어느 것인가?

〈보기〉
1. B 차장은 A 부장보다 먼저 봉사활동에 참여한다.
2. C 과장은 D 대리보다 먼저 봉사활동에 참여한다.
3. B 차장은 첫 번째 주 또는 세 번째 주에 봉사활동에 참여한다.
4. E 대리는 C 과장보다 먼저 봉사활동에 참여하며, E 대리와 C 과장이 참여하는 주말 사이에는 두 번의 주말이 있다.

① A 부장, B 차장
② D 대리, E 대리
③ E 대리, F 사원
④ B 차장, C 과장, D 대리
⑤ E 대리

|26~27| 덕현과 희선이는 가위바위보를 15번 실시하여 각자가 낸 것을 다음과 같이 표로 정리하였다. 이를 보고 이어지는 물음에 답하시오.

구분	가위	바위	보
덕현	2번	9번	4번
희선	5번	6번	4번

26 위의 표를 참고할 때, 가위바위보의 결과를 올바르게 설명한 것은 어느 것인가? (단, 무승부는 없다고 가정함)

① 덕현의 6승 9패
② 희선의 7승 8패
③ 덕현의 8승 7패
④ 희선의 6승 9패
⑤ 덕현의 10승 5패

27 다음 중 덕현과 희선의 가위바위보 승리 횟수에 따른 최종 승자와 패자가 반드시 뒤바뀔 수 있는 경우는 어느 것인가?

① 덕현의 바위와 보가 각각 1번씩 보와 바위로 바뀐다.

② 덕현과 희선의 바위가 각각 1번씩 가위로 바뀐다.

③ 희선의 가위 2번이 보로 바뀐다.

④ 희선의 바위 2번이 가위로 바뀐다.

⑤ 덕현의 가위 2번이 보로 바뀐다.

28 H공사에 다니는 乙 대리는 우리나라 근로자의 근로 시간에 관한 다음의 보고서를 작성하였는데 이 보고서를 검토한 甲 국장이 〈보기〉와 같은 추가사항을 요청하였다. 乙 대리가 추가로 작성해야 할 자료로 적절한 것은?

우리나라의 법정근로시간은 1953년 제정된 근로기준법에서는 주당 48시간이었지만, 이후 1989년 44시간으로, 그리고 2003년에는 40시간으로 단축되었다. 주당 40시간의 법정근로시간은 산업 및 근로자 규모별로 경과규정을 두어 연차적으로 실시하였지만, 2011년 7월 1일 이후는 모든 산업의 5인 이상 근로자에게로 확대되었다. 실제 근로시간은 법정근로시간에 주당 12시간까지 가능한 초과근로시간을 더한 시간을 의미한다.

2000년 이후 우리나라 근로자의 근로시간은 지속적으로 감소되어 2016년 5인 이상 임금근로자의 주당 근로시간이 40.6시간으로 감소했다. 이 기간 동안 2004년, 2009년, 2015년 비교적 큰 폭으로 증가했으나 전체적으로는 뚜렷한 감소세를 보인다. 사업체규모별·근로시간별로 살펴보면, 정규직인 경우 5~29인, 300인 이상 사업장의 근로시간이 42.0시간으로 가장 짧고, 비정규직의 경우 시간제 근로자의 비중의 영향으로 5인 미만 사업장의 근로시간이 24.8시간으로 가장 짧다. 산업별로는 광업, 제조업, 부동산업 및 임대업의 순으로 근로시간이 길고, 건설업과 교육서비스업의 근로시간이 가장 짧다.

국제비교에 따르면 널리 알려진 바와 같이 한국의 연간 근로시간은 2,113시간으로 멕시코의 2,246시간 다음으로 길다. 이는 OECD 평균의 1.2배, 근로시간이 가장 짧은 독일의 1.54배에 달한다.

〈보기〉

"乙 대리, 보고서가 너무 개괄적이군. 이번 안내 자료 작성을 위해서는 2016년 사업장 규모에 따른 정규직과 비정규직 근로자의 주당 근로시간을 비교할 수 있는 자료가 필요한데, 쉽게 알아볼 수 있는 별도 자료를 도표로 좀 작성해 주겠나?"

①

(단위 : 시간)

구분	근로형태(2016년)			
	정규직	비정규직	재택	파견
주당 근로시간	42.5	29.8	26.5	42.7

②

(단위 : 시간)

구분	2012	2013	2014	2015	2016
주당 근로시간	42.0	40.6	40.5	42.4	40.6

③

(단위 : 시간)

구분	산업별 근로시간(2016년)			
	광업	제조업	부동산업	운수업
주당 근로시간	43.8	43.6	43.4	41.8

④

(단위 : 시간)

구분	국가별 근로시간(2016년)				
	멕시코	한국	그리스	칠레	OECD
연간 근로시간	2,246	2,113	2,032	1,950	1,761

⑤

(단위 : 시간)

구분		사업장 규모(2016년)			
		5인 미만	5~29인	30~299인	300인 이상
주당 근로시간	정규직	42.8	42.0	43.2	42.0
	비정규직	24.8	30.2	34.7	35.8

29 100명의 근로자를 고용하고 있는 ○○기관 인사팀에 근무하는 S는 고용노동법에 따라 기간제 근로자를 채용하였다. 제시된 법령의 내용을 참고할 때, 기간제 근로자로 볼 수 없는 경우는?

제10조

① 이 법은 상시 5인 이상의 근로자를 사용하는 모든 사업 또는 사업장에 적용한다. 다만 동거의 친족만을 사용하는 사업 또는 사업장과 가사사용인에 대하여는 적용하지 아니한다.

② 국가 및 지방자치단체의 기관에 대하여는 상시 사용하는 근로자의 수에 관계없이 이 법을 적용한다.

제11조

① 사용자는 2년을 초과하지 아니하는 범위 안에서(기간제 근로계약의 반복갱신 등의 경우에는 계속 근로한 총 기간이 2년을 초과하지 아니하는 범위 안에서) 기간제 근로자※를 사용할 수 있다. 다만 다음 각 호의 어느 하나에 해당하는 경우에는 2년을 초과하여 기간제 근로자로 사용할 수 있다.

  1. 사업의 완료 또는 특정한 업무의 완성에 필요한 기간을 정한 경우

  2. 휴직·파견 등으로 결원이 발생하여 당해 근로자가 복귀할 때까지 그 업무를 대신할 필요가 있는 경우

  3. 전문적 지식·기술의 활용이 필요한 경우와 박사 학위를 소지하고 해당 분야에 종사하는 경우

② 사용자가 제1항 단서의 사유가 없거나 소멸되었음에도 불구하고 2년을 초과하여 기간제 근로자로 사용하는 경우에는 그 기간제 근로자는 기간의 정함이 없는 근로계약을 체결한 근로자로 본다.

※ 기간제 근로자라 함은 기간의 정함이 있는 근로계약을 체결한 근로자를 말한다.

---

① 수습기간 3개월을 포함하여 1년 6개월간 A를 고용하기로 근로계약을 체결한 경우

② 근로자 E의 휴직으로 결원이 발생하여 2년간 B를 계약직으로 고용하였는데, E의 복직 후에도 B가 계속해서 현재 3년 이상 근무하고 있는 경우

③ 사업 관련 분야 박사학위를 취득한 C를 계약직(기간제) 연구원으로 고용하여 C가 현재 3년간 근무하고 있는 경우

④ 국가로부터 도급받은 3년간의 건설공사를 완성하기 위해 D를 그 기간 동안 고용하기로 근로계약을 체결한 경우

⑤ 근로자 F가 해외 파견으로 결원이 발생하여 돌아오기 전까지 3년간 G를 고용하기로 근로계약을 체결한 경우

---

30 ◇◇자동차그룹 기술개발팀은 수소연료전지 개발과 관련하여 다음의 자료를 바탕으로 회의를 진행하고 있다. 잘못된 분석을 하고 있는 사람은?

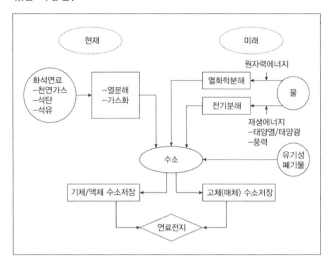

① 甲 : 현재는 석유와 천연가스 등 화석연료에서 수소를 얻고 있지만, 미래에는 재생에너지나 원자력을 활용한 수소 제조법이 사용될 것이다.

② 乙 : 수소는 기체, 액체, 고체 등 저장 상태에 관계없이 연료전지에 활용할 수 있다는 장점을 갖고 있다.

③ 丙 : 수소저장기술은 기체나 액체 상태로 저장하는 방식과 고체(매체)로 저장하는 방식으로 나눌 수 있다.

④ 丁 : 수소를 제조하는 기술에는 화석연료를 전기분해하는 방법과 재생에너지를 이용하여 물을 열분해하는 두 가지 방법이 있다.

⑤ 戊 : 수소는 물, 석유, 천연가스 및 유기성 폐기물 등에 함유되어 있으므로, 다양한 원료로부터 생산할 수 있다는 장점을 갖고 있다.

31 다음 중 합자회사에 관한 설명으로 옳은 것은?

① 합자회사의 설립절차는 합명회사와 다르다.

② 유한책임사원은 감시권이 없고 대표권만 가진다.

③ 지분의 양도는 무한책임사원의 동의 없이도 가능하다.

④ 무한책임사원과 직접·연대·유한책임사원(금전 기타 재산만 출자가능)으로 구성된다.

⑤ 유한책임사원의 경우, 회사채무자에게 정관에 정한 출자액의 한도 외에서도 책임을 부담한다.

32 다음은 지각적 오류에 대한 설명이다. 지각적 오류를 가져올 수 있는 원인과 그 설명이 맞지 않는 것은?

① 선택적 지각(selective perception)이란 지각과정에서 자신의 배경, 경험 등 자신의 준거 체계에 유리하고 일관성 있는 자극만 선택적으로 받아들이는 것이다.

② 투사(projection)에 의해 면접 시 능력 없는 사람들을 면접 후에 봤다면 상대적으로 능력있는 사람으로 평가받을 수 있다.

③ 후광효과(halo effect)는 동료의 선한 행동 한 가지를 보고 성실한 사람으로 평가하는 것을 말한다.

④ 스테레오타입(stereotype)은 개인의 특성이 아니라 그 개인이 속한 사회적 집단의 특성에 대한 자신의 고정관념에 비춰 개인을 판단하는 것을 말한다.

⑤ 싫어하는 사람보다 좋아하는 사람을 더 호의적으로 평가하기 때문에 지각이 조직 상황에서 또 다른 지각 오류의 원천을 제공하는 것인데, 이를 유사효과(similar-to-me effect)라고 한다.

33 의사결정에 필요한 모든 정보자료의 흐름을 과학적이고 합리적으로 체계화한 것은?

① MIS
② 포드시스템
③ 테일러시스템
④ 파일링시스템
⑤ 적시생산시스템

34 다음 중 기업의 사회적 책임 이행에 관련한 설명으로 가장 적절하지 않은 것은?

① 사회활동을 통해 사회적 책임을 다하는 기업에 대해서는 고객 평판이 좋아지는 장점이 있다.

② 환경오염 배출을 억제하는 것은 기업의 사회적 목적 실현에 도움이 안 된다.

③ 때로는 단기적인 경제적 목적 실현과 사회적 목적 실현이 상충되는 때도 있다.

④ 기업은 이익을 주주, 소비자, 사원, 공공단체 등과 적절히 나누어 가질 책임이 있다.

⑤ 기업의 사회적 책임은 기업이 사회 공동의 이익 창출을 위해 자발적으로 움직여야 하는 것이다.

35 비교적 종업원의 관찰이 곤란한 직무에 적용이 가능하고, 그에 따른 신뢰성도 높은 반면에 직무분석에 필요한 정보를 충분히 취득할 수 없다는 문제점이 있는 직무분석 방법은?

① 질문지법
② 중요사건서술법
③ 작업기록법
④ 면접법
⑤ 추천법

36 다음 중 성격이 다른 하나는?

① 기업 규모
② 생계비
③ 경영전략
④ 노동조합 조직여부
⑤ 기업의 지급능력

37 다음 중 대상인물이 바라는 중요한 자원과 보상을 행위자가 통제하고 있다는 대상인물의 지각을 무엇이라고 하는가?

① 준거적 권력　　　② 합법적 권력

③ 전문적 권력　　　④ 보상적 권력

⑤ 강압적 권력

① 각 구성원의 습득 및 능력에 맞춰 훈련할 수 있다

② 교육훈련의 내용 및 수준에 있어서 통일시키기 어렵다.

③ 실행 면에서도 OFF JT보다 훨씬 용이하다.

④ 많은 수의 구성원들 교육이 가능하다.

⑤ 교육내용이 실무와 연결돼 체험적이고 실제적이다.

38 다음의 기사를 읽고 밑줄 친 부분에 관련한 설명으로 가장 거리가 먼 것을 고르면?

국토교통부는 21일 올해 해외건설 현장훈련(OJT : On the Job Training) 지원 사업을 통해 선발한 중소·중건건설업체 신규 채용인력 300명을 해외건설현장에 파견한다고 밝혔다. 이러한 지원 사업은 우수인력 확보가 어려운 중소·중건 건설사의 해외진출 지원 및 국내 실업난 해소를 위해 신규 채용인력의 해외현장 훈련비 일부를 지원하는 사업이다. 심의를 통해 선정된 업체는 왕복항공료를 포함한 파견비와 월 훈련비 80만 원 등 1인당 최대 연 1140만 원 내외의 금액을 지원받게 된다. 특히 올해부터는 업체 당 지원인원 한도를 10명에서 15명으로 늘리고 파견비에서 여행자보험료만 지원하던 것을 해외근로자 재해보상보험 등 파견과 관련된 모든 보험료로 확대했다. 신청을 희망하는 업체는 해외건설협회 인력센터에 방문 또는 우편으로 신청서를 접수하면 되고, 모집기간은 21일부터 모집 완료시까지다. 앞서 2012년부터 실시된 이 사업을 통해 중소·중건기업 101개 사에서 총 641여명을 신규 채용하여 63개국 171개 해외건설 현장으로 파견됐다. 이를 통해 중건·중소기업의 원활한 해외공사 수행 지원, 현장맞춤형 신규인력 양성 및 국내 고용률 증대 등 다양한 측면에서 효과를 거둔 바 있다. 국토부 해외건설정책과 관계자는 "앞으로 연 3,700명의 해외건설 전문 인력 추가 수요가 예상된다"며 "해외 전문 인력양성 규모를 확대하고 2015년 개교 예정인 해외건설·플랜트 마이스터고를 통해 우수인재를 발굴·육성하는 등 중소·중건 건설업체에 다각적인 인력 지원을 추진할 계획"이라고 밝혔다.

39 다음 설명은 4P's 전략 중 어디에 해당하는가?

• 제품은 마케팅 믹스의 첫 번째로 가장 중요한 요소이다.
• 제품전략은 제품믹스, 브랜드, 포장 등에 대한 종합적 의사결정을 말한다.
• 제품이란 고객의 욕구를 충족시키기 위해 시장에 제공되는 것으로 유형·무형의 것을 말한다.

① 제품관리

② 가격관리

③ 경로관리

④ 촉진관리

⑤ 폐기관리

40 '선택과 집중' 전략의 예로 설명할 수 있으며 작은 고객군들과의 거래를 제한하고 우량고객에게 차별화된 서비스를 제공함으로 비용절감 및 수익의 극대화를 꾀하는 것으로 공급보다 수요가 많아 수요를 감소시키기 위한 전략으로도 사용되는 마케팅 방법은?

① 카운터마케팅(Counter Marketing)

② 디마케팅(Demarketing)

③ 자극적 마케팅(Stimulation Marketing)

④ 전환마케팅(Conversional Marketing)

⑤ 동시화마케팅(synchro Marketing)

41 시장세분화의 기준으로 자주 사용되기도 하는 '사용률', '구매동기' 또는 '최종용도'와 같은 변수는 다음 중 어디에 속하는가?

① 지리적 변수

② 구매자 행동변수

③ 심리묘사적 변수

④ 사회경제적 변수

⑤ 인구통계학적 변수

42 경영혁신의 방법 중 생산제품의 효율성을 높이기 위하여 작업 방법, 장비, 작업흐름에 새로운 변화를 도입하여 실용화한 것을 의미하는 것은?

① 관리 혁신

② 공정 혁신

③ 제품 혁신

④ 인적자원 혁신

⑤ 모듈화 혁신

43 다음 중 서비스 시스템의 특징이 아닌 것은?

① 생산과 소비의 동시성

② 고객의 높은 참여도

③ 저장성

④ 표준품질 측정의 어려움

⑤ 고객의 짧은 반응시간

44 다음 중 적시생산시스템의 구성 요소로 옳지 않은 것은?

① 긴 셋업 타임

② 균일한 작업부하

③ 그룹 테크놀로지

④ 다기능 작업자

⑤ 칸반 시스템

45 다음의 기사와 가장 관련이 깊은 용어는?

> 백화점과 할인점의 마케팅 대행업체 '메일러스 클럽'은 최근 고객에게 발송하는 DM 시스템을 전면 개선하였다. 기존에 획일적으로 제공하던 DM을 고객의 구매 이력을 분석하여 가장 많이 구입한 상품과 추천 상품의 할인 쿠폰을 개인별 맞춤 형태로 다르게 발송한 것이다. 그 후 일반적인 DM 회수율이 2% 미만이었던 반면 맞춤형 DM의 경우 회수율이 48%에 달하는 기대 이상의 성과를 올렸다. 이렇게 맞춤형 DM의 제작이 가능하게 된 것은 기존의 '옵셋(Off-Set)'에 비해 20~30% 가량 출력 비용이 저렴하고 빠른 출력 속도로 생산성이 높은 디지털 인쇄기를 활용한 덕분이다.

① STP전략

② 트랜스코더

③ 트랜스프로모

④ SWOT 분석

⑤ 4p 전략

46 인사고과 방법 중 하나로 피고과자 스스로 자신을 평가하는 것으로 능력개발을 목적으로 시행하며, 개인이 가진 스스로의 결함의 파악과 개선에 효과가 있어서 상위자에 의한 고과의 보충적 기법으로 사용되는 것은?

① 자기고과

② 타인고과

③ 동료고과

④ 전문고과

⑤ 다면고과

47 다음 중 생산시스템의 관리과정을 순서대로 바르게 나열한 것은?

① 수요예측 → 대일정계획 → 절차계획 → 일정계획 → 작업배정 → 총괄생산계획 → 진도관리

② 수요예측 → 총괄생산계획 → 대일정계획 → 절차계획 → 일정계획 → 작업배정 → 진도관리

③ 수요예측 → 총괄생산계획 → 절차계획 → 대일정계획 → 작업배정 → 일정계획 → 진도관리

④ 수요예측 → 절차계획 → 총괄생산계획 → 대일정계획 → 일정계획 → 작업배정 → 진도관리

⑤ 수요예측 → 작업배정 → 대일정계획 → 절차계획 → 총괄생산계획 → 일정계획 → 진도관리

48 최근 많은 기업들은 자사의 성과를 향상시키기 위한 방법으로 소비자심리를 파악하여 구매동기나 구매욕구를 자극하고 있다. 이와 관련된 이론적 설명으로 가장 올바르지 않은 것은?

① Freud에 의하면 소비자는 특별한 상표를 검토할 때 이미 기업이 주장한 그 상표의 능력뿐만 아니라 기타 무의식적인 단서에 반응하므로 형태, 크기, 무게, 자재, 색상 및 상표명 등으로 동기를 부여하여야 한다.

② Maslow는 소비자들이 특정한 시기에 특정한 욕구에 의해 움직인다는 것을 욕구단계설(또는 욕구계층설)로 주장하였다.

③ Maslow는 욕구단계설에서 예를 들어 배고픈 사람은 예술 세계의 최근 동향, 다른 사람들에게 어떻게 보일까하는 문제, 자기가 깨끗한 공기를 마시고 있는지에 관해서는 관심이 없다는 것을 주장하였다.

④ Herzberg는 동기부여 이론에서 불만족 요인과 만족 요인을 개발하였는데, 불만족 요인이 없다는 것으로도 충분히 구매동기를 부여할 수 있다고 판단함으로써 기업들은 불만족 요인의 제거를 통해 구매동기를 부여할 수 있다고 주장하였다.

⑤ 이러한 동기부여이론들은 욕구가 강렬하고 충분한 수준으로 일어나면 구매동기가 된다고 주장한다는 점에서 공통점이 있다.

49 SERVQUAL에 대한 설명 중 가장 거리가 먼 것은?

① 초기에 10가지 차원에서 서비스 품질 평가를 하도록 제시되었으나, 실증적 연구를 통해 유형성, 신뢰성, 반응성, 확신성, 공감성 등 5개 영역차원으로 압축시켜 평가되고 있다.

② 측정 시 고객의 기대와 성과에 대한 차이가 크면 고객의 품질지각은 기대와 멀어지게 되고, 반대로 차이가 작으면 서비스 품질에 대한 평가가 낮아지게 된다.

③ 고객의 기대와 지각간의 차이점수를 이용하여 서비스 품질을 측정하는 것으로 이는 측정도구로서 신뢰성과 타당성에 한계를 가져올 수 있다.

④ 측정방식은 소비자의 구매 의지를 정확하게 예측할 수 있는 예측능력이 결여되어 있다.

⑤ 서비스 접촉의 결과보다는 과정에 초점을 맞추고 있어 기술적 품질부분의 측정이 결여되어 있다.

50 의사결정지원시스템(DSS)의 일반적 특성에 대한 설명으로 가장 옳지 않은 것은?

① 경영계층에 속하는 의사결정자를 지원하는 시스템으로 주로 구조적, 반구조적 상황에서 인간의 판단과 객관적인 정보를 통합하여 이루어진다.

② 다수의 상호의존적인 의사결정 또는 순차적인 의사결정을 지원한다.

③ 다양한 의사결정 과정의 스타일뿐만 아니라 탐색, 설계, 선택, 구현 등의 단계를 지원한다.

④ 복잡한 문제에 관한 효율적·효과적 해결안을 제공하는 지식관리 구성요소를 갖추고 있다.

⑤ 학습을 촉진함으로써 응용에 대한 신규 수요를 창출하고 정교화를 도출한다.

51 판매촉진 기간 중 판매증대를 유발하는 요인에 대한 설명 중 가장 거리가 먼 것을 고르면?

① 상표 전환은 상표 표준화의 증가에 따라 특정 상표에 대한 고객 충성도가 증가하면서 발생하는 현상을 의미한다.

② 재구매는 소비자의 학습 과정에 의해 특정 상표를 반복 구매하거나 특정 점포를 반복 선택하게 되는 습관을 통해 형성된다.

③ 구매 가속화는 재고가 있음에도 불구하고 판매촉진 기간 중 선호하는 제품을 미리 구매하는 구매시점 앞당김 현상을 말한다.

④ 제품군 확장은 새로운 구매상황의 창출이나 특정 제품의 사용량 자체를 증대시키는 현상을 통해 달성된다.

⑤ 상표 전환은 경쟁 상표 간에 전환 행동을 보이는 소비자의 수가 동일하지 않다는 점에서 비대칭성을 갖는다.

52 다음 중 "개방적 유통전략"에 해당하는 것만 모아놓은 것은 무엇인가?

> ㉠ 경로구성원과의 긴밀한 관계를 더욱 강화할 수 있는 전략
> ㉡ 특정 점포에 특정 제품을 제공하는 전략
> ㉢ 제품이 가능한 한 많은 소매점에서 취급되는 전략
> ㉣ 제품의 독특함, 희소성, 선택성 등의 이미지를 부여하고자 할 때 구사하는 전략

① ㉠, ㉡

② ㉡

③ ㉢

④ ㉢, ㉣

⑤ ㉣

53 다음 물류의 역할에 관한 내용 중 국민경제적 관점에서 서술된 것이 아닌 것은?

① 정확하고 규칙적인 배송 등의 물류관리를 통한 재고량의 감축

② 물류비용을 절감해 기업의 체질을 개선하고 소비자 및 도매 물가의 상승을 억제

③ 사회간접자본 및 물류시설에 대한 투자의 증대로 인하여 경제성장 촉진

④ 물류합리화는 자재 및 자원 등의 낭비를 방지해 자원의 효율적인 이용을 촉진

⑤ 효율적인 물류체계가 구축되면 지역 경제가 발전하여 지역 간 균형 있는 발전 촉진 및 인구의 편중을 방지

54 6시그마 프로젝트의 직접적인 수행자로서 과학적인 기법을 활용하여 문제를 해결하는 전문가를 의미하는 것은?

① White Belt

② Green Belt

③ Black Belt

④ Master Black Belt

⑤ Champion

55 아래의 내용을 읽고 문맥 상 괄호 안에 들어갈 말로 가장 적절한 것을 고르면?

( )에서 중점을 두어야 할 것으로는 사내 파레트 풀 결성 등 물류 단위화, 포장의 모듈화·간이화·기계화, 하역의 기계화·자동화 등이 있으며, 합리화 과제로는 물류센터의 입지와 규모의 결정, 적정 서비스 수준과 적정재고의 유지, 수배송 정책의 결정 등이 있다.

① 폐기물류   ② 조달물류

③ 역물류   ④ 판매물류

⑤ 사후물류

56 임금관리에 있어, 임금 수준, 임금 체계, 임금 형태의 3가지를 결정하여야 한다. 그리고 임금관리를 위해서는 공정성, 적정성, 합리성 등의 원칙이 지켜져야 한다. 다음 중 공정성 원칙이 지켜져야 하는 것과 가장 관련이 높은 것은?

① 임금 관리

② 임금 수준

③ 임금 체계

④ 임금 형태

⑤ 임금 시기

57 다음 인사고과의 방법 중 그 의미가 나머지 넷과 다른 하나는?

① 서열법

② 강제할당법

③ 대조법

④ 기록법

⑤ 행위기준고과법

58 다음 중 노동조합에 관한 설명으로 옳지 않은 것은?

① 통상적으로 노동조합에서의 참모 기능은 기본기능 및 집행기능 등을 보조 또는 참모하는 역할을 수행한다.

② 노동조합은 노동자가 주체가 되어 자주적으로 단결하여 근로조건의 유지 및 개선, 기타 노동자의 경제적 또는 사회적인 지위의 향상을 도모하기 위한 목적으로 조직하는 단체이다.

③ 노동조합의 집행기능에는 경제활동 기능, 단체교섭 기능, 정치활동 기능 등이 있다.

④ 노동조합은 사용자와 노동자 간의 지배관계를 대등 관계가 아닌 종속관계로 변화시키는 역할을 한다.

⑤ 노동조합은 국가, 역사적 시기 및 이념 등에 따라 여러 가지의 형태로 구분된다.

59 다음은 가치사슬 전반에 걸쳐 있는 정보의 흐름을 관리하는 정보시스템을 도입하여 성공한 사례를 발췌한 내용이다. 해당 기업이 경쟁력을 확보하기 위해 선택한 정보시스템으로 가장 옳은 것은?

> 월마트와 P&G는 경쟁우위를 달성하기 위해 전략적 제휴와 동시에 정보기술을 도입하여 성공적인 결과를 낳고 있다. 월마트 고객이 P&G 제품을 구매하면, 이 시스템은 P&G 공장으로 정보를 보내고, P&G는 제품 재고를 조정한다. 이 시스템은 또한 월마트 유통센터에서 P&G의 재고가 일정 수준 이하가 되면 자동으로 발주를 하도록 되어 있다. P&G는 이러한 실시간 정보를 이용하여 창고의 재고를 낮추면서 월마트의 요구사항을 효과적으로 충족시켜, 시스템을 통해 시간을 절약하고 재고를 줄이며 주문처리 비용의 부담을 줄일 수 있었고, 월마트도 제품을 할인된 가격으로 납품받을 수 있게 되었다.

① 고객관계관리(Customer Relationship Management)
② 의사결정지원시스템(Decision Support System)
③ 비즈니스 인텔리전스(Business Intelligence)
④ 공급사슬관리(Supply Chain Management)
⑤ 전사적 자원계획(Enterprise Resource Planning)

60 다음 중 제품 개발단계의 순서로 옳은 것은?

① 아이디어 생성 → 타당성 분석 → 제품 사양 결정 → 프로세스 사양 결정 → 원형(prototype)개발 → 설계 검토 → 시장 시험 → 제품 도입 → 후속 평가

② 아이디어 생성 → 타당성 분석 → 제품 사양 결정 → 원형(prototype)개발 → 프로세스 사양 결정 → 설계 검토 → 시장 시험 → 제품 도입 → 후속 평가

③ 아이디어 생성 → 제품 사양 결정 → 타당성 분석 → 프로세스 사양 결정 → 원형(prototype)개발 → 설계 검토 → 시장 시험 → 제품 도입 → 후속 평가

④ 아이디어 생성 → 타당성 분석 → 제품 사양 결정 → 설계 검토 → 프로세스 사양 결정 → 원형(prototype)개발 → 시장 시험 → 제품 도입 → 후속 평가

⑤ 아이디어 생성 → 타당성 분석 → 제품 사양 결정 → 시장 시험 → 프로세스 사양 결정 → 원형(prototype)개발 → 설계 검토 → 제품 도입 → 후속 평가

>>> 철도관련법령

61 다음 중 철도산업발전기본법령상 철도산업위원회에 대한 설명으로 옳은 것은?

① 위원회는 위원장을 포함한 15인 이내의 위원으로 구성한다.
② 철도산업에 관하여 위원장이 회의에 부치는 사항도 위원회의 심의·조정 사항에 포함된다.
③ 위원장은 국가철도공단의 이사장이 된다.
④ 공정거래위원회부위원장은 위원회의 위원이 될 수 없다.
⑤ 위원의 임기는 3년으로 한다.

62 철도산업발전기본법령상 철도이용자의 권익보호를 위해 강구해야 할 시책으로 옳지 않은 것은?

① 철도이용자의 생명·신체 및 재산상의 위해 방지
② 철도이용자의 불만 및 피해에 대한 신속·공정한 구제조치
③ 철도이용자의 요구에 따른 철도운영체계의 개선에 관한 연구
④ 철도이용자의 권익보호를 위한 홍보·교육 및 연구
⑤ 철도이용자 보호와 관련된 사항

63 철도산업발전기본법령상 철도자산처리계획에 포함되어야 할 내용으로 옳지 않은 것은?

① 철도자산의 처리방향에 관한 사항
② 철도자산처리의 추진일정에 관한 사항
③ 철도자산의 수탁기관 선정절차에 관한 사항
④ 철도자산의 개요 및 현황에 관한 사항
⑤ 철도자산의 구분기준에 관한 사항

64 철도산업발전기본법령상 2년 이하의 징역 또는 3천만 원 이하의 벌금에 해당하지 않는 것은?

① 허가를 받지 아니하고 철도시설을 사용한 자
② 임시열차의 편성 및 운행의 비상사태 시 처분에 따른 조정·명령 등의 조치를 위반한 자
③ 거짓이나 그 밖의 부정한 방법으로 철도시설을 사용하고자 하는 허가를 받은 자
④ 국토교통부장관의 승인을 얻지 아니하고 특정 노선 및 역을 폐지한 자
⑤ 지역별·노선별·수송대상별 수송 우선순위 부여 등 수송통제를 위반한 자

65 한국철도공사법령상 사업연도 결산 결과 이익금이 생기면 자본금의 2분의 1이 될 때까지 이익금의 얼마 이상을 이익준비금으로 적립하여야 하는가?

① 5분의 1 이상
② 5분의 2 이상
③ 10분의 1 이상
④ 10분의 2 이상
⑤ 10분의 3 이상

66 한국철도공사법상 공사가 아닌 자가 한국철도공사 또는 이와 유사한 명칭을 사용한 경우에 과태료를 부과할 수 있는 금액은?

① 100만 원 이하
② 200만 원 이하
③ 300만 원 이하
④ 500만 원 이하
⑤ 700만 원 이하

67 다음은 철도사업법상 철도사업면허에 대한 결격사유 중 하나이다. 밑줄 친 ㉮에 속하지 않는 법령은?

철도사업법 또는 ㉮대통령령으로 정하는 철도 관계 법령을 위반하여 금고 이상의 형의 집행유예를 선고받고 그 유예 기간 중에 있는 임원이 있는 법인은 철도사업의 면허를 받을 수 없다〈철도사업법 제7조 제1호 라목〉.

① 국가철도공단법
② 철도산업발전 기본법
③ 한국고속철도건설공단법
④ 도시철도법
⑤ 철도안전법

68 철도사업법상 철도사업자 또는 철도사업자로부터 승차권 판매위탁을 받지 않은 자가 해서는 안 되는 행위는?

① 자신이 구입한 가격으로 승차권을 다른 사람에게 판매하는 행위
② 철도사업자로부터 자신이 직접 구입한 가격으로 승차권을 알선하는 행위
③ 할인권·교환권 등을 무료로 다른 사람에게 주는 행위
④ 자신이 구입한 가격을 초과한 금액으로 승차권을 다른 사람에게 판매하는 행위
⑤ 여객 유치를 위한 기념행사 시 여객 운임·요금을 감면하는 행위

69 철도사업법상 고의 또는 중대한 과실에 의하여 발생한 철도사고의 과징금액이 잘못 연결된 것은?

① 1회의 철도사고로 인한 사망자가 6명 발생한 경우 : 500만 원
② 1회의 철도사고로 인한 사망자가 9명 발생한 경우 : 700만 원
③ 1회의 철도사고로 인한 사망자가 15명 발생한 경우 : 1,000만 원
④ 1회의 철도사고로 인한 사망자가 30명 발생한 경우 : 2,000만 원
⑤ 1회의 철도사고로 인한 사망자가 50명 발생한 경우 : 5,000만 원

70 철도사업법령상 전용철도 운영자가 사망한 후 상속인이 전용철도의 운영을 계속하려는 경우 사망신고를 해야 하는 기간은?

① 피상속인이 사망한 날부터 1개월 이내
② 피상속인이 사망한 날부터 3개월 이내
③ 피상속인이 사망신고 한 날부터 5개월 이내
④ 피상속인이 사망신고 한 날부터 6개월 이내
⑤ 피상속인이 사망신고 한 날부터 10개월 이내

코레일(한국철도공사) 필기시험

성 명

아래에 문구를 빈칸에 정자로 기재하시오.

햇볕이 쏟아지는 가을날에 선선한 바람을 맞으며 하루를 보낸다.

필적확인란 :

직업기초능력평가

	①	②	③	④	⑤
1	①	②	③	④	⑤
2	①	②	③	④	⑤
3	①	②	③	④	⑤
4	①	②	③	④	⑤
5	①	②	③	④	⑤
6	①	②	③	④	⑤
7	①	②	③	④	⑤
8	①	②	③	④	⑤
9	①	②	③	④	⑤
10	①	②	③	④	⑤
11	①	②	③	④	⑤
12	①	②	③	④	⑤
13	①	②	③	④	⑤
14	①	②	③	④	⑤
15	①	②	③	④	⑤

	①	②	③	④	⑤
16	①	②	③	④	⑤
17	①	②	③	④	⑤
18	①	②	③	④	⑤
19	①	②	③	④	⑤
20	①	②	③	④	⑤
21	①	②	③	④	⑤
22	①	②	③	④	⑤
23	①	②	③	④	⑤
24	①	②	③	④	⑤
25	①	②	③	④	⑤
26	①	②	③	④	⑤
27	①	②	③	④	⑤
28	①	②	③	④	⑤
29	①	②	③	④	⑤
30	①	②	③	④	⑤

직무수행능력평가

	①	②	③	④	⑤
31	①	②	③	④	⑤
32	①	②	③	④	⑤
33	①	②	③	④	⑤
34	①	②	③	④	⑤
35	①	②	③	④	⑤
36	①	②	③	④	⑤
37	①	②	③	④	⑤
38	①	②	③	④	⑤
39	①	②	③	④	⑤
40	①	②	③	④	⑤
41	①	②	③	④	⑤
42	①	②	③	④	⑤
43	①	②	③	④	⑤
44	①	②	③	④	⑤
45	①	②	③	④	⑤

	①	②	③	④	⑤
46	①	②	③	④	⑤
47	①	②	③	④	⑤
48	①	②	③	④	⑤
49	①	②	③	④	⑤
50	①	②	③	④	⑤
51	①	②	③	④	⑤
52	①	②	③	④	⑤
53	①	②	③	④	⑤
54	①	②	③	④	⑤
55	①	②	③	④	⑤
56	①	②	③	④	⑤
57	①	②	③	④	⑤
58	①	②	③	④	⑤
59	①	②	③	④	⑤
60	①	②	③	④	⑤

철도관련법령

	①	②	③	④	⑤
61	①	②	③	④	⑤
62	①	②	③	④	⑤
63	①	②	③	④	⑤
64	①	②	③	④	⑤
65	①	②	③	④	⑤
66	①	②	③	④	⑤
67	①	②	③	④	⑤
68	①	②	③	④	⑤
69	①	②	③	④	⑤
70	①	②	③	④	⑤

성 명

생년월일

생 년 월 일

⓪	①	②	③	④	⑤	⑥	⑦	⑧	⑨
⓪	①	②	③	④	⑤	⑥	⑦	⑧	⑨
⓪	①	②	③	④	⑤	⑥	⑦	⑧	⑨
⓪	①	②	③	④	⑤	⑥	⑦	⑧	⑨
⓪	①	②	③	④	⑤	⑥	⑦	⑧	⑨
⓪	①	②	③	④	⑤	⑥	⑦	⑧	⑨
⓪	①	②	③	④	⑤	⑥	⑦	⑧	⑨
⓪	①	②	③	④	⑤	⑥	⑦	⑧	⑨

코레일
(한국철도공사)

경영학

[사무영업(일반)]

- 제 4 회 -

성명		생년월일	
시험시간	70분	문항수	70문항

<응 시 전 주 의 사 항>

○ 문제지 해당란과 OMR답안지에 성명과 생년월일을 정확하게 기재하십시오.

○ 기재착오, 누락 등으로 인한 불이익은 응시자 본인의 책임이니 OMR 답안지 작성에 유의하십시오.

○ 필기시험의 만점은 100점으로 합니다.

SEOWONGAK
(주)서원각

>>> **직업기초능력평가**

1 다음 글의 중심 내용으로 적절한 것은?

전통은 물론 과거로부터 이어 온 것을 말한다. 이 전통은 대체로 그 사회 및 그 사회의 구성원인 개인의 몸에 배어 있는 것이다. 그러므로 스스로 깨닫지 못하는 사이에 전통은 우리의 현실에 작용하는 경우가 있다. 그러나 과거에서 이어 온 것을 무턱대고 모두 전통이라고 한다면, 인습이라는 것과의 구별이 서지 않을 것이다. 우리는 인습을 버려야 할 것이라고는 생각하지만, 계승해야 할 것이라고는 생각하지 않는다. 여기서 우리는, 과거에서 이어 온 것을 객관화하고, 이를 비판하는 입장에 서야 할 필요를 느끼게 된다. 그 비판을 통해서 현재의 문화 창조에 이바지할 수 있다고 생각되는 것만을 우리는 전통이라고 불러야 할 것이다. 이같이, 전통은 인습과 구별될뿐더러, 또 단순한 유물과도 구별되어야 한다. 현재의 문화를 창조하는 일과 관계가 없는 것을 우리는 문화적 전통이라고 부를 수가 없기 때문이다.

① 전통의 본질
② 인습의 종류
③ 문화 창조의 본질
④ 외래문화 수용 자세
⑤ 과거에 대한 비판

2 다음 글을 바탕으로 하여 빈칸을 쓰되 예시를 사용하여 구체적으로 진술하고자 할 때, 가장 적절한 것은?

사람들은 경쟁을 통해서 서로의 기술이나 재능을 최대한 발휘할 수 있는 기회를 갖게 된다. 즉, 개인이나 집단이 남보다 먼저 목표를 성취하려면 가장 효과적으로 목표에 접근하여야 하며 그러한 경로를 통해 경제적으로나 시간적으로 가장 효율적으로 목표를 성취한다면 사회 전체로 볼 때 이익이 된다. 그러나 이러한 경쟁에 전제되어야 할 것은 많은 사람들의 합의로 정해진 경쟁의 규칙을 반드시 지켜야 한다는 것이다. 즉,

① 농구나 축구, 마라톤과 같은 운동 경기에서 규칙과 스포츠맨십이 지켜져야 하는 것처럼 경쟁도 합법적이고 도덕적인 방법으로 이루어져야 하는 것이다.

② 21세기의 무한 경쟁 시대에 우리가 살아남기 위해서는 기초 과학 분야에 대한 육성노력이 더욱 필요한 것이다.

③ 지구, 금성, 목성 등의 행성들이 태양을 중심으로 공전하는 것처럼 경쟁도 하나의 목표를 향하여 질서 있는 정진(精進)이 필요한 것이다.

④ 가수는 가창력이 있어야 하고, 배우는 연기에 대한 재능이 있어야 하듯이 경쟁은 자신의 적성과 소질을 항상 염두에 두고 이루어져야 한다.

⑤ 모로 가도 서울만 가면 된다고 어떤 수단과 방법을 쓰든 경쟁에서 이기기만 하면 되는 것이다.

3 다음 중 밑줄 친 부분과 같은 의미로 쓰인 것은?

"자숙 말고 자수하라" 이는 공연·연극·문화·예술계 전반에 퍼진 미투(#MeToo) 운동을 지지하는 위드유(with you) 집회에서 울려 퍼진 구호이다. 성범죄 피해자에 대한 제대로 된 사과와 진실규명을 바라는 목소리라고 할 수 있다. 그동안 전 ○○거리패 연출가를 시작으로 유명한 중견 남성 배우들의 성추행 폭로가 줄을 이었는데, 폭로에 의해 밝혀지는 것보다 스스로 밝히는 것이 나을 것이라 판단한 것인지 자진신고자도 나타났다. 연극계에 오랫동안 몸담고서 영화와 드라마에서도 인상 깊은 연기를 펼쳤던 한 남성 배우는 과거 성추행 사실을 털어놓으며 공식 사과했다.

① 그는 공부 말고도 운동, 바둑, 컴퓨터 등 모든 면에서 너보다 낫다.

② 뜨거운 숭늉에 밥을 말고 한 술 뜨기 시작했다.

③ 그는 땅바닥에 털썩 주저앉아 종이에 담배를 말고 피우기 시작했다.

④ 유치한 소리 말고 가만있으라는 말에 입을 다물었다.

⑤ 거짓말 말고 사실대로 대답하라.

4 다음은 H공단에서 공지한 공고문의 내용이다. 이 공고문의 수정사항을 지적한 〈보기〉와 내용 중, 적절한 것을 모두 고른 것은 어느 것인가?

〈2024년 지정측정기관 평가 실시 공고〉

산업안전보건법 제42조제9항, 시행규칙 제97조, 고용노동부고시 제2023-27호에 따라 「2024년 지정측정기관 평가」 실시계획을 다음과 같이 공고합니다.

1. 평가방법 : 기관별 방문평가
2. 평가표 : 지정측정기관 평가 설명회 시(3월 8일) 배포
3. 평가대상기관 : 산업안전보건법 시행령 제32조의3에 따른 지정측정기관
4. 평가자 : 안전보건공단 직원 및 외부전문가
5. 평가대상 업무 : 2022년도 평가일 기준 최근 2년간 업무 (2022.1.27.~2023.12.31.)
   ※ 평가대상 기관 중 2022.1.27. 이후 지정받은 기관인 경우에는 지정측정기관 지정일로부터 2023.12.31.까지 수행한 업무에 대하여 평가
6. 평가일정
• 평가실시 : 2024. 3월 26일(월)~7월 13일(금) 중 1~2일
   ※ 기관평가 방문일은 평가반별로 해당 기관과 유선 협의 후 확정
• 평가결과(절대점수) 통보 : 2024. 7월 중
• 이의신청 접수 및 처리 : 2024. 8월 중
   ※ 이의신청 내용이 타당한 경우에 한하여 재평가 실시
• 최종 평가결과 평가등급 공표 : 2024. 8월 중

2024년 2월 23일
한국 H공단

㈎ 개별 통보기관에 대한 설명이 없어 자사가 대상기관에 해당되는지 알 수 없다.

㈏ 날짜를 숫자로 표기할 경우, '일'을 표기하는 숫자 뒤에 마침표를 쓰지 않아야 한다.

㈐ 문의사항과 관련한 연락처를 제공하지 않아 불편함이 예상된다.

㈑ 평가방법과 평가표에 대한 내용을 먼저 작성하는 것은 순서에 맞지 않는다.

① ㈏, ㈐, ㈑
② ㈎, ㈐, ㈑
③ ㈎, ㈏, ㈑
④ ㈎, ㈏, ㈐
⑤ ㈎, ㈏, ㈐, ㈑

5 다음과 같이 작성된 기후변화에 따른 수자원 전망 보고서 내용을 검토한 팀장의 반응으로 적절하지 않은 것은 다음 보기 중 어느 것인가?

부문		기후변화 영향(2050년)
자연환경	산림식생대	• 소나무 식생지역→경기북부, 강원 지역에만 분포 • 동백나무 등 난대 수종→서울에서 관찰 가능
	육상생태계	• 생태계 변화, 서식지 축소→생물다양성 감소 • 꽃매미 등 남방계 외래 곤충 증가 • 멧돼지 개체수 증가로 농작물 피해 확산
	해양생태계	• 제주 산호 군락지→백화현상 • 난대성 어종 북상(여름), 한대성 어종 남하(겨울) -꽃게어장 : 연평도 부근→북한 영해 -참조기, 갈치 : 제주→전남 경남 연안 -대구 : 동해, 경남 진해→전남 고흥, 여수
생활환경	물관리	• 집중호우로 하천 유역, 도심지 홍수발생 가능성 증가 • 가뭄 발생, 생활·농업용수 수요 증가→물 부족
	해수면상승	• 해수면·해일고 상승→해안 저지대 범람, 침식 -해수면 상승으로 여의도 면적 7.7배 범람(2020년) • 일부 방조제·항구 등 범람에 취약
	건강	• 폭염·열대야 1개월간 지속→노인, 환자 등 취약 • 말라리아, 뎅기열 등 아열대성 질병 증가 -기온 1℃ 상승→말라리아(3%), 쯔쯔가무시병(6%) 증가
산업	농업	• 쌀, 과수·채소 등 품질저하, 생산성 감소 -매년 2~4만ha 경작지 감소 -기온 2℃ 상승→사과 생산량(34%), 고랭지 배추 재배 면적(70% 이상) 감소 • 품종개량 및 신품종 재배 기회 창출
	수산업	• 수온 상승으로 인한 하천 밑바닥 저산소 현상 확대, 대형 해파리 증가→어업·양식업 피해 발생 • 참치 등 난대성 어종 양식 기회 제공
	산업전반	• 산업생산 차질, 전력 수급 불안정 등 발생 • 기후친화형 산업, 관광·레저 부문 활성화

① "한파로 인한 겨울철 저수온 현상 때문에 내가 좋아하는 대구가 인천 부근에서도 잡히겠는걸."

② "여름철 폭염과 집중호우가 잦아진다는 얘기군. 대책이 필요하겠어."

③ "제방의 홍수방어 능력도 감소할 것 같고, 가뭄과 홍수가 보다 빈번해질 것 같아 걱정이 되는군."

④ "수온 상승으로 참치 가격이 내려가겠지만, 하천 밑바닥 저산소 현상으로 어류 생태계도 위험해질 수 있겠네."

⑤ "아프리카로 출장 가는 사람들의 예방 접종률이나 경각심 고취 등에는 도움이 될 만한 변화군."

6 다음은 산재보험의 소멸과 관련된 글이다. 다음 보기 중 글의 내용은 올바르게 이해한 것이 아닌 것은 무엇인가?

가. 보험관계의 소멸사유
- 사업의 폐지 또는 종료 : 사업이 사실상 폐지 또는 종료된 경우를 말하는 것으로 법인의 해산등기 완료, 폐업신고 또는 보험관계소멸신고 등과는 관계없음
- 직권소멸 : 근로복지공단이 보험관계를 계속해서 유지할 수 없다고 인정하는 경우에는 직권소멸 조치
- 임의가입 보험계약의 해지신청 : 사업주의 의사에 따라 보험계약해지 신청가능하나 신청 시기는 보험가입승인을 얻은 해당 보험 연도 종료 후 가능
- 근로자를 사용하지 아니할 경우 : 사업주가 근로자를 사용하지 아니한 최초의 날부터 1년이 되는 날의 다음날 소멸
- 일괄적용의 해지 : 보험가입자가 승인을 해지하고자 할 경우에는 다음 보험 연도 개시 7일 전까지 일괄적용해지신청서를 제출하여야 함

나. 보험관계의 소멸일 및 제출서류
(1) 사업의 폐지 또는 종료의 경우
- 소멸일 : 사업이 사실상 폐지 또는 종료된 날의 다음 날
- 제출서류 : 보험관계소멸신고서 1부
- 제출기한 : 사업이 폐지 또는 종료된 날의 다음 날부터 14일 이내
(2) 직권소멸 조치한 경우
- 소멸일 : 공단이 소멸을 결정·통지한 날의 다음날
(3) 보험계약의 해지신청
- 소멸일 : 보험계약해지를 신청하여 공단의 승인을 얻은 날의 다음 날
- 제출서류 : 보험관계해지신청서 1부
※ 다만, 고용보험의 경우 근로자(적용제외 근로자 제외) 과반수의 동의를 받은 사실을 증명하는 서류(고용보험 해지 신청 동의서)를 첨부하여야 함

① 고용보험과 산재보험의 해지 절차가 같은 것은 아니다.
② 사업장의 사업 폐지에 따른 서류 및 행정상의 절차가 완료되어야 보험관계가 소멸된다.
③ 근로복지공단의 판단으로도 보험관계가 소멸될 수 있다.
④ 보험 일괄해지를 원하는 보험가입자는 다음 보험 연도 개시 일주일 전까지 서면으로 요청을 해야 한다.
⑤ 보험계약해지 신청에 대한 공단의 승인이 12월 1일에 났다면 그 보험계약은 12월 2일에 소멸된다.

7 甲의 견해에 근거할 때 정치적으로 가장 불안정할 것으로 예상되는 정치체제의 유형은?

민주주의 정치체제 분류는 선거제도와 정부의 권력구조(의원내각제 혹은 대통령제)를 결합시키는 방식에 따라 크게 A, B, C, D, E 다섯 가지 유형으로 나눌 수 있다. A형은 의원들이 비례대표제에 의해 선출되는 의원내각제의 형태다. 비례대표제는 총 득표수에 비례해서 의석수를 배분하는 방식이다. B형은 단순다수대표제 방식으로 의원들을 선출하는 의원내각제의 형태다. 단순다수대표제는 지역구에서 1인의 의원을 선출하는 방식이다. C형은 의회 의원들을 단순다수대표 선거제도에 의해 선출하는 대통령제 형태다. D형의 경우 의원들은 비례대표제 방식을 통해 선출하며 권력구조는 대통령제를 선택하고 있는 형태다. 마지막으로 E형은 일종의 혼합형으로 권력구조에서는 상당한 권한을 가진 선출직 대통령과 의회에 기반을 갖는 수상이 동시에 존재하는 형태다. 의회 의원은 단순다수대표제에 의해 선출된다.

한편 甲은 "한 국가의 정당체제는 선거제도에 의해 영향을 받는다. 민주주의 국가들에 대한 비교 연구 결과에 의하면 비례대표제를 의회 선거제도로 운용하고 있는 국가들의 정당체제는 대정당과 더불어 군소정당이 존립하는 다당제 형태가 일반적이다. 전국을 다수의 지역구로 나누고 그 지역구별로 1인을 선출하는 단순다수대표제의 경우 군소정당 후보자들에게 불리하며, 따라서 두 개의 지배적인 정당이 출현하는 양당제의 형태가 자리 잡게 된다. 또한 정치적 안정 여부는 정당체제가 어떤 권력 구조와 결합하는가에 따라 결정된다. 의원내각제는 양당제와 다당제 모두와 조화되어 정치적 안정을 도모할 수 있는 반면 혼합형과 대통령제의 경우 정당체제가 양당제일 경우에만 정치적으로 안정되는 현상을 보인다."라고 주장하였다.

① A형
② B형
③ C형
④ D형
⑤ E형

8 다음 글의 내용과 일치하지 않는 것은?

우리는 흔히 나무와 같은 식물이 대기 중에 이산화탄소로 존재하는 탄소를 처리해 주는 것으로 알고 있지만, 바다 또한 중요한 역할을 한다. 예를 들어 수없이 많은 작은 해양생물들은 빗물에 섞인 탄소를 흡수한 후에 다른 것들과 합쳐서 껍질을 만드는 데 사용한다. 결국 해양생물들은 껍질에 탄소를 가두어 둠으로써 탄소가 대기 중으로 다시 증발해서 위험한 온실가스로 축적되는 것을 막아 준다. 이들이 죽어서 바다 밑으로 가라앉으면 압력에 의해 석회석이 되는데, 이런 과정을 통해 땅속에 저장된 탄소의 양은 대기 중에 있는 것보다 수만 배나 되는 것으로 추정된다. 그 석회석 속의 탄소는 화산 분출로 다시 대기 중으로 방출되었다가 빗물과 함께 땅으로 떨어진다. 이 과정은 오랜 세월에 걸쳐 일어나는데, 이것이 장기적인 탄소 순환과정이다. 특별한 다른 장애 요인이 없다면 이 과정은 원활하게 일어나 지구의 기후는 안정을 유지할 수 있다.

그러나 불행하게도 인간의 산업 활동은 자연이 제대로 처리할 수 없을 정도로 많은 양의 탄소를 대기 중으로 방출한다. 영국 기상대의 피터 쿡스에 따르면, 자연의 생물권이 우리가 방출하는 이산화탄소의 영향을 완충할 수 있는 데에는 한계가 있기 때문에, 그 한계를 넘어서면 이산화탄소의 영향이 더욱 증폭된다. 지구 온난화가 걷잡을 수 없이 일어나게 되는 것은 두려운 일이다. 지구 온난화에 적응을 하지 못한 식물들이 한꺼번에 죽어 부패해서 그 속에 가두어져 있는 탄소가 다시 대기로 방출되면 문제는 더욱 심각해질 것이기 때문이다.

① 식물이나 해양생물은 기후 안정성을 유지하는 데에 기여한다.
② 생명체가 지니고 있던 탄소는 땅속으로 가기도 하고 대기로 가기도 한다.
③ 탄소는 화산 활동, 생명체의 부패, 인간의 산업 활동 등을 통해 대기로 방출된다.
④ 극심한 오염으로 생명체가 소멸되면 탄소의 순환 고리가 끊겨 대기 중의 탄소도 사라진다.
⑤ 자연의 생물권은 대기 중 이산화탄소의 영향을 어느 정도 완충할 수 있다.

▮9~10▮ 다음 글을 읽고 물음에 답하시오.

지레는 받침과 지렛대를 이용하여 물체를 쉽게 움직일 수 있는 도구이다. 지레에서 힘을 주는 곳을 힘점, 지렛대를 받치는 곳을 받침점, 물체에 힘이 작용하는 곳을 작용점이라 한다. 받침점에서 힘점까지의 거리가 받침점에서 작용점까지의 거리에 비해 멀수록 힘점에 작은 힘을 주어 작용점에서 물체에 큰 힘을 가할 수 있다. 이러한 지레의 원리에는 돌림힘의 개념이 숨어있다.

물체의 회전 상태에 변화를 일으키는 힘의 효과를 돌림힘이라고 한다. 물체에 회전 운동을 일으키거나 물체의 회전 속도를 변화시키려면 물체에 힘을 가해야 한다. 같은 힘이라도 회전축으로부터 얼마나 멀리 떨어진 곳에 가해 주느냐에 따라 회전 상태의 변화 양상이 달라진다. 물체에 속한 점 X와 회전축을 최단 거리로 잇는 직선과 직각을 이루는 동시에 회전축과 직각을 이루도록 힘을 X에 가한다고 하자. 이때 물체에 작용하는 돌림힘의 크기는 회전축에서 X까지의 거리와 가해 준 힘의 크기의 곱으로 표현되고 그 단위는 $N \cdot m$(뉴턴미터)이다.

동일한 물체에 작용하는 두 돌림힘의 합을 알짜 돌림힘이라한다. 두 돌림힘의 방향이 같으면 알짜 돌림힘의 크기는 두 돌림힘의 크기의 합이 되고 그 방향은 두 돌림힘의 방향과 같다. 두 돌림힘의 방향이 서로 반대이면 알짜 돌림힘의 크기는 두 돌림힘의 크기의 차가 되고 그 방향은 더 큰 돌림힘의 방향과 같다. 지레의 힘점에 힘을 주지만 물체가 지레의 회전을 방해하는 힘을 작용점에 주어 지레가 움직이지 않는 상황처럼, 두 돌림힘의 크기가 같고 방향이 반대이면 알짜 돌림힘은 0이 되고 이때를 돌림힘의 평형이라고 한다.

회전 속도의 변화는 물체에 알짜 돌림힘이 일을 해 주었을 때에만 일어난다. 돌고 있는 팽이에 마찰력이 일으키는 돌림힘을 포함하여 어떤 돌림힘도 작용하지 않으면 팽이는 영원히 돈다. 일정한 형태의 물체에 일정한 크기와 방향의 알짜 돌림힘을 가하여 물체를 회전시키면, 알짜 돌림힘이 한 일은 알짜 돌림힘의 크기와 회전 각도의 곱이고 그 단위는 J(줄)이다.

가령, 마찰이 없는 여닫이문이 정지해 있다고 하자. 갑은 지면에 대하여 수직으로 서 있는 문의 회전축에서 1m 떨어진 지점을 문의 표면과 직각으로 300N의 힘으로 밀고, 을은 문을 사이에 두고 갑의 반대쪽에서 회전축에서 2m 만큼 떨어진 지점을 문의 표면과 직각으로 200N의 힘으로 미는 상태에서 문이 90° 즉, 0.5π 라디안을 돌면, 알짜 돌림힘이 문에 해 준 일은 50π J이다.

알짜 돌림힘이 물체를 돌리려는 방향과 물체의 회전 방향이 일치하면 알짜 돌림힘이 양(+)의 일을 하고 그 방향이 서로 반대이면 음(−)의 일을 한다. 어떤 물체에 알짜 돌림힘이 양의 일을 하면 그만큼 물체의 회전 운동 에너지는 증가하고 음의 일을 하면 그만큼 회전 운동 에너지는 감소한다. 형태가 일정한 물체의 회전 운동 에너지는 회전 속도의 제곱에 정비례한다. 그러므로 형태가 일정한 물체에 알짜 돌림힘이 양의 일을 하면 회전 속도가 증가하고, 음의 일을 하면 회전 속도가 감소한다.

9 윗글의 내용과 일치하지 않는 것은?

① 물체에 힘이 가해지지 않으면 돌림힘은 작용하지 않는다.

② 물체에 가해진 알짜 돌림힘이 0이 아니면 물체의 회전 상태가 변화한다.

③ 회전 속도가 감소하고 있는, 형태가 일정한 물체에는 돌림힘이 작용한다.

④ 힘점에 힘을 받는 지렛대가 움직이지 않으면 돌림힘의 평형이 이루어져 있다.

⑤ 형태가 일정한 물체의 회전 속도가 2배가 되면 회전 운동 에너지는 2배가 된다.

10 박스 안의 예에서 문이 90° 회전하는 동안의 상황에 대한 이해로 적절한 것은?

① 갑의 돌림힘의 크기는 을의 돌림힘의 크기보다 크다.

② 알짜 돌림힘과 갑의 돌림힘은 방향이 같다.

③ 문에는 돌림힘의 평형이 유지되고 있다.

④ 문의 회전 운동 에너지는 점점 증가한다.

⑤ 알짜 돌림힘의 크기는 점점 증가한다.

11 다음에 제시된 K공단에 관한 글의 단락 ㈎~㈒ 중, 내용상의 성격이 나머지와 다른 하나는 어느 것인가?

㈎ 2013년 말부터 2014년 2월까지 지역별 인적자원개발위원회는 첫 번째 지역별 훈련조사를 실시하였으며, 이후 매년 7~10월 지역별 훈련수요의 정기조사를 실시하고 있다. 이러한 결과를 기반으로 지역·산업맞춤형 훈련을 실시하여 훈련의 충실도와 만족도를 높여가는 한편 중소기업의 직업능력개발 참여 기반 확대를 위하여 기업 규모에 따라 훈련비용을 차등 지원하고 직접 홍보방식을 활용, 사업에 대한 이해도와 참여도를 제고하였다. 2014년 29개 공동훈련센터 운영을 시작으로 2015년에는 51개, 2016년 62개로 확대되어 지역별로 2~9개의 훈련센터를 운영하였다.

㈏ 2014년 5월 「국가기술자격법」 제10조 개정 신설을 통해 과정평가형자격 제도 도입을 위한 법적 근거가 마련된 이후, 기계설계산업기사 등 15종목을 과정평가형자격 신청 대상 종목으로 선정하는 등 과정평가형자격 운영을 위한 인프라를 구축하였다. 이후 2015년 미용사(일반) 등 15종목과 2016년 기계설계기사 등 31종목을 각각 추가 선정하여 과정평가형자격의 확산 기반을 마련하였다.

㈐ 외국인근로자 체류지원 사업은 입국초기 모니터링, 사업장 애로해소 지원, 사업주 외국인고용관리교육, 재직자 직업훈련 등이 있다. 입국초기 모니터링은 2012년까지 일부를 대상으로 사업장 적응을 확인하는 수준이었으나, 2013년을 기점으로 당해 연도 입국한 외국인근로자 전체를 대상으로 확대하여 2016년 5만 7010명의 입국초기 사업장 적응을 지원하는 등 현재에까지 이르고 있다.

㈑ 2017년부터 2022년까지의 중장기 경영목표 체계에서 공단의 미션은 '인적자원 개발·평가·활용을 통한 능력중심사회의 구현'이고, 비전은 '사람과 일터의 가치를 높여주는 인적자원 개발·평가·활용 지원 중심기관'이다. 공단의 미션과 비전의 중심인 '인적자원 개발·평가·활용'은 공단 사업의 다양성을 보여주고 있다. 능력개발사업은 인적자원 개발, 능력평가사업은 인적자원 평가, 외국인력고용지원과 청년해외취업은 인적자원 활용과 관련이 있다. 한국폴리텍대학, 한국기술교육대학교, 한국고용정보원, 한국직업능력개발원, 직업능력심사평가원, 한국기술자격검정원 등이 공단의 일부 기능을 이관 받아 설립된 조직들이고 현재에도 직업능력개발 분야뿐만 아니라 고용 관련 다양한 분야에서 사업을 하는 공단은 창립 제35주년을 맞아 향후 고용 및 인적자원 분야의 허브기관으로서의 역할과 정체성 확립도 함께 고민하여야 한다.

㈜ 통합 정보 제공을 위한 플랫폼인 월드잡플러스 역시 주요한 인프라 확대이다. 2015년 이전 해외진출 정보는 각 부처별로 산재되어 있었으나, 2015년 월드잡플러스를 구축하여 해외진출에 대한 모든 정보를 집중하였다. 포털에는 해외취업뿐만 아니라 인턴, 봉사, 창업 등에 관한 정보가 모두 제공되고 있으며, 사이트의 기능을 모두 담고 있는 모바일 앱을 개발, 배포하여 접근성을 높였다. 통합 이후 일평균 방문자수, 회원수 등이 빠르게 증가하여 2016년에는 신규가입자 수가 전년 대비 10배 이상 증가하여 55만 6384명, 일평균 방문자수가 7333명에 이르렀고 누적 회원수는 100만 명을 돌파하였다.

① ㈎
② ㈏
③ ㈐
④ ㈑
⑤ ㈒

12 다음은 20XX년 분야별 상담 건수 현황에 관한 표이다. 8월의 분야별 상담 건수비율로 적절하지 않은 것은? (단, 소수점 셋째자리에서 반올림한다.)

구분	개인정보	스팸	해킹·바이러스	인터넷일반	인터넷주소	KISA사업문의	기타	합계
5월	10,307	12,408	14,178	476	182	2,678	10,697	50,926
6월	10,580	12,963	10,102	380	199	2,826	12,170	49,220
7월	13,635	12,905	7,630	393	201	3,120	13,001	50,875
8월	15,114	9,782	9,761	487	175	3,113	11,128	49,560

① 스팸 : 19.74%
② 해킹·바이러스 : 19.70%
③ 인터넷 일반 : 1.3%
④ 인터넷 주소 : 0.35%
⑤ 기타 : 22.45%

13 다음은 국내 은행의 당기순이익 및 당기순이익 점유비 추이를 나타낸 표이다. 2024년 C사의 점유비가 재작년보다 7.2%p 감소하였다면 2024년 A사와 B사의 당기순이익 점유비 합은?

(단위 : 억 원, %)

구분	2022년	2023년	2024년
A사	2,106(4.1)	1,624(4.7)	1,100(㉠)
B사	12,996(25.8)	8,775(25.6)	5,512(21.3)
C사	13,429(26.6)	3,943(11.5)	5,024(㉡)
D사	16,496(32.7)	13,414(39.1)	8,507(32.9)
E사	5,434(10.8)	6,552(19.1)	5,701(22.1)
총계	50461(100)	34308(100)	25844(100)

① 22.8%
② 24.3%
③ 25.6%
④ 27.1%
⑤ 29.7%

14 철도 레일 생산업체인 '강한 금속'은 A, B 2개의 생산라인에서 레일을 생산한다. 2개의 생산라인을 하루 종일 가동할 경우 3일 동안 525개의 레일을 생산할 수 있으며, A라인만을 가동하여 생산할 경우 90개/일의 레일을 생산할 수 있다. A라인만을 가동하여 5일간 제품을 생산하고 이후 2일은 B라인만을, 다시 추가로 2일간은 A, B라인을 함께 가동하여 생산을 진행한다면, 강한 금속이 생산한 총 레일의 개수는 모두 몇 개인가?

① 940개
② 970개
③ 1,050개
④ 1,120개
⑤ 1,270개

15 다음은 L공사의 토지판매 알선장려금 산정 방법에 대한 표와 알선장려금을 신청한 사람들의 정보이다. 이를 바탕으로 지급해야 할 알선장려금이 잘못 책정된 사람을 고르면?

[토지판매 알선장려금 산정 방법]

□ 일반토지(산업시설용지 제외) 알선장려금(부가가치세 포함된 금액)

계약기준금액	수수료율(중개알선장려금)	한도액
4억 원 미만	계약금액 × 0.9%	360만 원
4억 원 이상~ 8억 원 미만	360만 원 + (4억 초과 금액 × 0.8%)	680만 원
8억 원 이상~ 15억 원 미만	680만 원 + (8억 초과 금액 × 0.7%)	1,170만 원
15억 원 이상~ 40억 원 미만	1,170만 원 + (15억 초과 금액 × 0.6%)	2,670만 원
40억 원 이상	2,670만 원 + (40억 초과 금액 × 0.5%)	3,000만 원 (최고한도)

□ 산업·의료시설용지 알선장려금(부가가치세 포함된 금액)

계약기준금액	수수료율(중개알선장려금)	한도액
해당 없음	계약금액 × 0.9%	5,000만 원 (최고한도)

□ 알선장려금 신청자 목록

– 김유진 : 일반토지 계약금액 3억 5천만 원
– 이영희 : 산업용지 계약금액 12억 원
– 심현우 : 일반토지 계약금액 32억 8천만 원
– 이동훈 : 의료시설용지 계약금액 18억 1천만 원
– 김원근 : 일반용지 43억 원

① 김유진 : 315만 원

② 이영희 : 1,080만 원

③ 심현우 : 2,238만 원

④ 이동훈 : 1,629만 원

⑤ 김원근 : 3,000만 원

16 다음은 조선시대 한양의 조사시기별 가구수 및 인구수와 가구 구성비에 대한 자료이다. 이에 대한 설명 중 옳은 것만을 모두 고르면?

〈조사시기별 가구수 및 인구수〉

(단위 : 호, 명)

조사시기	가구수	인구수
1729년	1,480	11,790
1765년	7,210	57,330
1804년	8,670	68,930
1867년	27,360	144,140

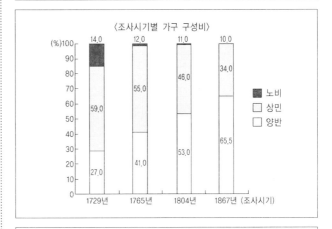

〈조사시기별 가구 구성비〉

㉠ 1804년 대비 1867년의 가구당 인구수는 증가하였다.

㉡ 1765년 상민가구 수는 1804년 양반가구 수보다 적다.

㉢ 노비가구 수는 1804년이 1765년보다는 적고 1867년보다는 많다.

㉣ 1729년 대비 1765년에 상민가구 구성비는 감소하였고 상민가구 수는 증가하였다.

① ㉠, ㉡

② ㉠, ㉢

③ ㉡, ㉣

④ ㉠, ㉢, ㉣

⑤ ㉠, ㉡, ㉢, ㉣

17 다음은 사원 6명의 A~E항목 평가 자료의 일부이다. 이에 대한 설명 중 옳은 것은?

(단위 : 점)

사원＼과목	A	B	C	D	E	평균
김영희	( )	14	13	15	( )	( )
이민수	12	14	( )	10	14	13.0
박수민	10	12	9	( )	18	11.8
최은경	14	14		17	( )	( )
정철민	( )	20	19	17	19	18.6
신상욱	10	( )	16	( )	16	
계	80	( )	( )	84	( )	( )
평균	( )	14.5	14.5	( )	( )	( )

※ 항목별 평가 점수 범위는 0~20점이고, 모든 항목 평가에서 누락자는 없음

※ 사원의 성취수준은 5개 항목 평가 점수의 산술평균으로 결정함

- 평가 점수 평균이 18점 이상 20점 이하 : 우월수준
- 평가 점수 평균이 15점 이상 18점 미만 : 우수수준
- 평가 점수 평균이 12점 이상 15점 미만 : 보통수준
- 평가 점수 평균이 12점 미만 : 기초수준

① 김영희 사원의 성취수준은 E항목 평가 점수가 17점 이상이면 '우수수준'이 될 수 있다.

② 최은경 사원의 성취수준은 E항목 시험 점수에 따라 '기초수준'이 될 수 있다.

③ 신상욱 사원의 평가 점수는 B항목은 13점, D항목은 15점으로 성취수준은 '우수수준'이다.

④ 이민수 사원의 C항목 평가 점수는 정철민 사원의 A항목 평가 점수보다 높다.

⑤ 박수민 사원의 D항목 평가 점수는 신상욱 사원의 평균보다 높다.

18 신입사원 A는 상사로부터 아직까지 '올해의 직원상' 투표에 참여하지 않은 사원들에게 투표 참여 안내 문자를 발송하라는 지시를 받았다. 다음에 제시된 내용을 바탕으로 할 때, A가 문자를 보내야 하는 사원은 몇 명인가?

'올해의 직원人상' 후보에 총 5명(甲~戊)이 올랐다. 수상자는 120명의 신입사원 투표에 의해 결정되며 투표규칙은 다음과 같다.

• 투표권자는 한 명당 한 장의 투표용지를 받고, 그 투표용지에 1순위와 2순위 각 한 명의 후보자를 적어야 한다.

• 투표권자는 1순위와 2순위로 동일한 후보자를 적을 수 없다.

• 투표용지에 1순위로 적힌 후보자에게는 5점이, 2순위로 적힌 후보자에게는 3점이 부여된다.

• '올해의 직원人상'은 개표 완료 후, 총 점수가 가장 높은 후보자가 수상하게 된다.

• 기권표와 무효표는 없다.

현재 투표까지 중간집계 점수는 다음과 같다.

후보자	중간집계 점수
甲	360점
乙	15점
丙	170점
丁	70점
戊	25점

① 50명
② 45명
③ 40명
④ 35명
⑤ 30명

│19~20│ 다음 자료를 보고 이어지는 물음에 답하시오.

〈지역별, 소득계층별, 점유형태별
최저주거기준 미달가구 비율〉

(단위 : %)

구분		최저주거기준 미달	면적기준 미달	시설기준 미달	침실기준 미달
지역	수도권	51.7	66.8	37.9	60.8
	광역시	18.5	15.5	22.9	11.2
	도지역	29.8	17.7	39.2	28.0
	계	100.0	100.0	100.0	100.0
소득계층	저소득층	65.4	52.0	89.1	33.4
	중소득층	28.2	38.9	9.4	45.6
	고소득층	6.4	9.1	1.5	21.0
	계	100.0	100.0	100.0	100.0
점유형태	자가	22.8	14.2	27.2	23.3
	전세	12.0	15.3	6.3	12.5
	월세(보증금 有)	37.5	47.7	21.8	49.7
	월세(보증금 無)	22.4	19.5	37.3	9.2
	무상	5.3	3.3	7.4	5.3
	계	100.0	100.0	100.0	100.0

19 다음 중 위의 자료를 바르게 분석하지 못한 것은?

① 점유형태가 무상인 경우의 미달가구 비율은 네 가지 항목 모두에서 가장 낮다.

② 침실기준 미달 비율은 수도권, 도지역, 광역시 순으로 높다.

③ 지역과 소득계층 면에서는 광역시에 거주하는 고소득층의 면적기준 미달 비율이 가장 낮다.

④ 저소득층은 중소득층보다 침실기준 미달 비율이 더 낮다.

⑤ 수도권 가구 수가 광역시와 도지역 가구 수의 합과 동일하다면 최저주거기준 미달가구는 수도권이 나머지 지역의 합보다 많다.

20 광역시의 시설기준 미달가구 비율 대비 수도권의 시설기준 미달가구 비율의 배수와 저소득층의 침실기준 미달가구 비율 대비 중소득층의 침실기준 미달가구 비율의 배수는 각각 얼마인가? (단, 반올림하여 소수 둘째 자리까지 표시함)

① 1.52배, 1.64배   ② 1.58배, 1.59배

③ 1.66배, 1.37배   ④ 1.72배, 1.28배

⑤ 1.74배, 1.22배

21 다음은 20XX년 6월 10일 오전 인천공항 제1여객터미널의 공항 예상 혼잡도에 대한 자료이다. 자료를 잘못 분석한 것은?

(단위 : 명)

시간	입국장				출국장			
	A/B	C	D	E/F	1/2	3	4	5/6
0~1시	0	714	0	0	0	0	471	0
1~2시	0	116	0	0	0	0	350	0
2~3시	0	0	0	0	0	0	59	0
3~4시	0	0	0	0	0	0	287	0
4~5시	0	998	0	0	0	0	1,393	0
5~6시	0	1,485	1,298	0	0	0	3,344	0
6~7시	1,573	1,327	1,081	542	714	488	2,261	739
7~8시	3,126	549	132	746	894	1,279	1,166	1,778
8~9시	978	82	82	1,067	1,110	1,432	1,371	1,579
9~10시	1,187	376	178	1,115	705	955	1,374	1,156
10~11시	614	515	515	140	724	911	1,329	1,344
11~12시	1,320	732	1,093	420	747	851	1,142	1,024
합계	8,798	6,894	4,379	4,030	4,894	5,916	14,547	7,620

① 이날 오전 가장 많은 사람이 이용한 곳은 출국장 4이다.

② 이날 오전 출국장을 이용한 사람은 입국장을 이용한 사람보다 많다.

③ 9~12시 사이에 출국장 1/2를 이용한 사람 수는 이날 오전 출국장 1/2를 이용한 사람 수의 50% 이상이다.

④ 입국장 A/B와 출국장 5/6은 가장 혼잡한 시간대가 동일하다.

⑤ 10~11시 사이 가장 혼잡했던 입국장 이용객 수는 7~8시 사이에 가장 혼잡했던 출국장 이용객 수의 30% 이상이다.

22 다음은 A사에서 사원에게 지급하는 수당에 대한 자료이다. 20XX년 7월 현재 부장 甲의 근무연수는 12년 2개월이고, 기본급은 300만 원이다. 20XX년 7월 甲의 월급은 얼마인가? (단, A사 사원의 월급은 기본급과 수당의 합으로 계산되고 제시된 수당 이외의 다른 수당은 없으며, 10년 이상 근무한 직원의 정근수당은 기본급의 50%를 지급한다.)

구분	지급 기준	비고
정근수당	근무연수에 따라 기본급의 0~50% 범위 내 차등 지급	매년 1월, 7월 지급
명절 휴가비	기본급의 60%	매년 2월(설), 10월(추석) 지급
가계 지원비	기본급의 40%	매년 홀수 월에 지급
정액 급식비	130,000원	매월 지급
교통 보조비	• 부장 : 200,000원 • 과장 : 180,000원 • 대리 : 150,000원 • 사원 : 130,000원	매월 지급

① 5,830,000원
② 5,880,000원
③ 5,930,000원
④ 5,980,000원
⑤ 6,030,000원

23 다음에 제시된 정보를 종합할 때, 서류장 10개와 의자 10개의 가격은 테이블 몇 개의 가격과 같은가?

- 홍보팀에서는 테이블, 의자, 서류장을 다음과 같은 수량으로 구입하였다.
- 테이블 5개와 의자 10개의 가격은 의자 5개와 서류장 10개의 가격과 같다.
- 의자 5개와 서류장 15개의 가격은 의자 5개와 테이블 10개의 가격과 같다.

① 8개
② 9개
③ 10개
④ 11개
⑤ 12개

24 김 사원, 이 사원, 박 사원, 정 사원, 최 사원은 신입사원 오리엔테이션을 받으며 왼쪽부터 순서대로 앉아 강의를 들었다. 각기 다른 부서로 배치된 이들은 4년 후 신규 대리 진급자 시험을 보기 위해 다시 같은 강의실에 모이게 되었다. 다음의 〈조건〉을 모두 만족할 때, 어떤 경우에도 바로 옆에 앉는 두 사람은 누구인가?

〈조건〉
A. 신규 대리 진급자 시험에 응시하는 사람은 김 사원, 이 사원, 박 사원, 정 사원, 최 사원뿐이다.
B. 오리엔테이션 당시 앉았던 위치와 같은 위치에 앉아서 시험을 보는 직원은 아무도 없다.
C. 김 사원과 박 사원 사이에는 1명이 앉아 있다.
D. 이 사원과 정 사원 사이에는 2명이 앉아 있다.

① 김 사원, 최 사원
② 이 사원, 박 사원
③ 김 사원, 이 사원
④ 정 사원, 최 사원
⑤ 박 사원, 정 사원

25 다음은 이야기 내용과 그에 관한 설명이다. 이야기에 관한 설명 중 이야기 내용과 일치하는 것은 모두 몇 개인가?

[이야기 내용] A사에서 올해 출시한 카메라 P와 Q는 시중의 모든 카메라보다 높은 화소를 가졌고, 모든 카메라보다 가볍지는 않다. Q와 달리 P는 셀프카메라가 용이한 틸트형 LCD를 탑재하였으며 LCD 터치 조작이 가능하다. 이처럼 터치조작이 가능한 카메라는 A사에서 밖에 제작되지 않는다. Q는 P에 비해 본체 사이즈가 크지만 여러 종류의 렌즈를 바꿔 끼울 수 있고, 무선 인터넷을 통해 SNS 등으로 바로 사진을 옮길 수 있다.

[이야기에 관한 설명]
1. P와 Q는 서로 다른 화소를 가졌다.
2. 터치조직이 가능한 카메라는 P뿐이다.
3. Q는 다양한 렌즈를 사용할 수 있다.
4. P보다 가벼운 카메라는 존재하지 않는다.
5. P와 Q는 같은 회사에서 출시되었다.
6. Q는 무선 인터넷 접속이 가능하다.

① 0개
② 1개
③ 2개
④ 3개
⑤ 4개

▌26~27 ▌ 당신은 영업사원이다. 오늘 안에 외근을 하며 들러야 할 지점의 목록은 다음과 같다. 교통수단으로는 지하철을 이용하는데, 한 정거장을 이동할 때는 3분이 소요되며, 환승하는 경우 환승시간은 10분이 소요된다. 각 물음에 답하시오.

(1) 업체목록
① A증권
  주소 : 서울 성동구 행당로 87
② B인쇄소
  주소 : 서울 강남구 학동로 508
③ C서점
  주소 : 서울 중랑구 면목로 330-1
④ D본사
  주소 : 서울 영등포구 여의대로 56
⑤ E마트
  주소 : 서울 동작구 남부순환로 2089
⑥ F은행
  주소 : 서울 성동구 동호로 21
(2) 지하철 노선도

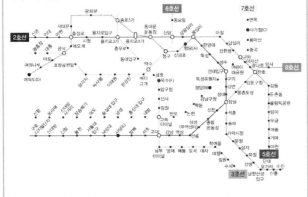

26 당신은 신당역에서 10시에 출발하여 먼저 F은행에 들러서 서류를 받아 C서점에 전달해야 한다. 소요시간을 고려할 때, 가장 효율적으로 이동할 수 있는 순서를 고르면?

① 신당 – 을지로3가 – 옥수 – 고속터미널 – 사가정
② 신당 – 을지로3가 – 옥수 – 교대 – 건대입구 – 사가정
③ 신당 – 약수 – 옥수 – 고속터미널 – 사가정
④ 신당 – 약수 – 옥수 – 교대 – 건대입구 – 사가정
⑤ 신당 – 약수 – 교대 – 옥수 – 건대입구 – 사가정

27 C서점에 주문한 책이 아직 나오지 않아 금일 방문하지 않게 되었다. 또한, 한 팀이 합세하여, 그 팀이 D본사와 A증권을 방문하기로 했다. 당신은 F은행에서 출발해서 남은 지점만 방문하면 된다. 소요시간을 최소로 하여 이동할 때 이동하는 정거장 수와 환승하는 횟수를 짝지은 것으로 적절한 것을 고르시면?

	이동하는 정거장 수	환승하는 횟수
①	20	2
②	18	2
③	20	3
④	17	3
⑤	21	4

28 K공사는 직원들의 창의력을 증진시키기 위하여 '창의 테마파크'를 운영하고자 한다. 다음의 프로그램들을 대상으로 전문가와 사원들이 평가를 실시하여 가장 높은 점수를 받은 프로그램을 최종 선정하여 운영한다고 할 때, '창의 테마파크'에서 운영할 프로그램은?

분야	프로그램명	전문가 점수	사원 점수
미술	내 손으로 만드는 철로	26	32
인문	세상을 바꾼 생각들	31	18
무용	스스로 창작	37	25
인문	역사랑 놀자	36	28
음악	연주하는 사무실	34	34
연극	연출노트	32	30
미술	예술캠프	40	25

※ 전문가와 사원은 후보로 선정된 프로그램을 각각 40점 만점제로 우선 평가하였다.
※ 전문가 점수와 사원 점수의 반영 비율을 3 : 2로 적용하여 합산한 후, 하나밖에 없는 분야에 속한 프로그램에는 취득 점수의 30%를 가산점으로 부여한다.

① 연주하는 사무실
② 스스로 창작
③ 역사랑 놀자
④ 연출노트
⑤ 예술캠프

29 호텔 연회부에 근무하는 A는 연회장 예약일정 관리를 담당하고 있다. 다음과 같이 예약이 되어있는 상황에서 "12월 첫째 주 또는 둘째 주에 회사 송년의 밤 행사를 위해서 연회장을 예약하려고 합니다. 총 인원은 250명이고 월, 화, 수요일은 피하고 싶습니다. 예약이 가능할까요?"라는 고객의 전화를 받았을 때, A의 판단으로 옳지 않은 것은?

〈12월 예약 일정〉

※ 예약 : 연회장 이름(시작시간)

월	화	수	목	금	토	일
1 실버 (13) 블루 (14)	2 레드 (16)	3 블루 (13) 골드 (14)	4 골드 (13) 블루 (17)	5 골드 (14) 실버 (17)	6 실버 (13) 골드 (15)	7 레드 (10) 블루 (16)
8	9 실버 (13) 블루 (16)	10 레드 (16)	11 골드 (14) 블루 (17)	12 레드 (13) 골드 (17)	13 골드 (12)	14 실버 (10) 레드 (15)

〈호텔 연회장 현황〉

연회장 구분	수용 가능 인원	최소 투입인력	연회장 이용시간
레드	200명	25명	3시간
블루	300명	30명	2시간
실버	200명	30명	3시간
골드	300명	40명	3시간

※ 오후 9시에 모든 업무를 종료함
※ 연회부의 동 시간대 투입 인력은 총 70명 이상을 투입할 수 없음
※ 연회시작 전, 후 1시간씩 연회장 세팅 및 정리

① 인원을 고려했을 때 블루 연회장과 골드 연회장이 적합하겠군.
② 송년의 밤 행사이니 저녁 시간대 중 가능한 일자를 확인해야 해.
③ 목요일부터 일요일까지 일정을 확인했을 때 평일은 예약이 불가능해.
④ 모든 조건을 고려했을 때 가능한 연회장은 13일 블루 연회장뿐이구나.
⑤ 5일에 실버 연회장 예약이 취소된다면 그 날 예약이 가능하겠군.

30 다음은 「보안업무규칙」의 일부이다. A연구원이 이 내용을 보고 알 수 있는 사항이 아닌 것은?

제3장 인원보안
제7조 인원보안에 관한 업무는 인사업무 담당부서에서 관장한다.
제8조 ① 비밀취급인가 대상자는 별표 2에 해당하는 자로서 업무상 비밀을 항상 취급하는 자로 한다.
② 원장, 부원장, 보안담당관, 일반보안담당관, 정보통신보안담당관, 시설보안담당관, 보안심사위원회 위원, 분임보안담당관과 문서취급부서에서 비밀문서 취급담당자로 임용되는 자는 II급 비밀의 취급권이 인가된 것으로 보며, 비밀취급이 불필요한 직위로 임용되는 때에는 해제된 것으로 본다.
제9조 각 부서장은 소속 직원 중 비밀취급인가가 필요하다고 인정되는 때에는 별지 제1호 서식에 의하여 보안담당관에게 제청하여야 한다.
제10조 보안담당관은 비밀취급인가대장을 작성·비치하고 인가 및 해제사유를 기록·유지한다.
제11조 다음 각 호의 어느 하나에 해당하는 자에 대하여는 비밀취급을 인가해서는 안 된다.
1. 국가안전보장, 연구원 활동 등에 유해로운 정보가 있음이 확인된 자
2. 3개월 이내 퇴직예정자
3. 기타 보안 사고를 일으킬 우려가 있는 자
제12조 ① 비밀취급을 인가받은 자에게 규정한 사유가 발생한 경우에는 그 비밀취급인가를 해제하고 해제된 자의 비밀취급인가증은 그 소속 보안담당관이 회수하여 비밀취급인가권자에게 반납하여야 한다.

① 비밀취급인가 대상자에 관한 내용
② 취급인가 사항에 해당되는 비밀의 분류와 내용
③ 비밀취급인가의 절차
④ 비밀취급인가의 제한 조건 해당 사항
⑤ 비밀취급인가의 해제 및 취소

31 다음에서 설명하고 있는 개념은 무엇인가?

> 일종의 기업집단으로 산업과 금융의 융합, 주식소유에 의한 지배(지주회사) 또는 융자, 중역파견에 의한 인적 결합 지배로 독립성이 유지되며 산업과 금융의 융합을 말하는 것으로 우리나라의 재벌이 이에 속한다.

① 트러스트
② 콘체른
③ 카르텔
④ 콤비나트
⑤ 콘글로머릿

32 품질관리에 대한 다음 설명 중 옳지 않은 것은?

① 품질관리는 불량품 발견 시 불량원인을 파악하거나 원인을 조기에 발견하는 관리체제를 구축하여 지속적인 품질유지를 하는 것이다.
② 관리도는 공정의 안정상태를 유지하는데 사용하는 통계적 도구이다.
③ 속성 관리도는 정규분포를 가정한다.
④ 품질변동의 원인은 우연원인과 이상원인으로 구분할 수 있다.
⑤ 변량관리도는 제품 또는 원료의 무게, 규격, 길이 등을 나타내는 계량치를 사용하는 관리도를 말한다.

33 다음 중 이익분배제에 대한 설명으로 바르지 않은 것은?

① 구성원은 자신의 이윤에 대한 배당을 높이기 위해 작업에 집중하여 능률증진을 기할 수 있다.
② 회계정보를 적당히 처리함으로써, 기업 조직의 결과를 자의적으로 조정할 수 있으므로 신뢰성이 낮아진다.
③ 구성원은 이익배당 참여권 및 분배율을 근속년수와 연관시킴으로써, 종업원들의 장기근속을 유도할 수 없다.
④ 기업과 구성원 간 협동 정신을 고취, 강화시켜서 노사 간의 관계 개선에 도움을 준다.
⑤ 이익분배는 결산기에 가서 확정되는 관계로 구성원들의 작업능률에 대한 자극이 감소될 우려가 있다.

34 다음 중 인사관리에 대한 내용으로 가장 거리가 먼 것은?

① 인간의 상호작용 관계이며, 사회 및 문화적 환경과 전통의 영향을 벗어날 수 없다.
② 기업의 인사관리는 기업 활동의 성과를 좌우하는 활동이다.
③ 조직목적에 합리적인 제도를 만들고 운영해 나가는 것을 특징으로 한다.
④ 인사관리의 대상은 사물이다.
⑤ 전략적 인적자원관리는 인적자원을 조직의 목적과 비전에 잘 통합시켜 전략경영 프로세스와 잘 연계되도록 하고, 경영관리 기능들 간에 조화를 이루어서 조직의 전략목적을 효율적으로 달성시키도록 하는 과정이다.

35 기업 조직의 구성원이 어느 일정한 연령에 이르게 되면 당시의 연봉을 기준으로 해서 임금을 줄여나가는 대신에 반대급부로 지속적인 근무를 할 수 있도록 해 주는 제도를 일컫는 말은?

① 카페테리아 제도
② 임금피크제도
③ 법정 외 복리후생
④ 최저임금제도
⑤ 스캔론플랜 제도

36 아래의 그림은 네트워크 조직을 도식화한 것이다. 다음 중 이에 대한 설명으로 가장 옳지 않은 것을 고르면?

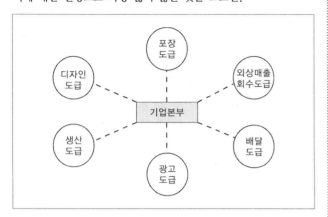

① 조직 활동을 상대적 비교 우위가 있는 한정된 부문에만 국한시키고, 나머지 활동 분야는 아웃소싱하거나 전략적 제휴 등을 통해 외부 전문가에게 맡기는 조직이다.

② 계층이 거의 없고, 조직 간의 벽이 없다.

③ 부문 간 교류가 활발하게 이루어진다.

④ 고도로 집권화되어 있는 형태를 지닌다.

⑤ 협력업체와의 관계 유지 및 갈등 해결에 많은 시간이 소요된다.

37 다음 중 노사관계의 발전과정을 순서대로 바르게 나열한 것을 고르면?

① 전제적 노사관계 → 근대적 노사관계 → 온정적 노사관계 → 민주적 노사관계

② 근대적 노사관계 → 전제적 노사관계 → 온정적 노사관계 → 민주적 노사관계

③ 전제적 노사관계 → 근대적 노사관계 → 민주적 노사관계 → 온정적 노사관계

④ 전제적 노사관계 → 온정적 노사관계 → 근대적 노사관계 → 민주적 노사관계

⑤ 근대적 노사관계 → 온정적 노사관계 → 민주적 노사관계 → 전제적 노사관계

38 사업 포트폴리오 분석에 대한 설명으로 올바른 것을 고르면?

a. BCG 매트릭스는 시장성장률과 절대적 시장점유율을 두 축으로 총 4개의 사업영역으로 분류한다.

b. BCG 매트릭스의 자금젖소 영역에서는 현상유지 또는 수확전략을 취한다.

c. BCG 매트릭스의 문제아영역은 시장성장률은 낮지만 절대적 시장점유율이 높은 전략사업단위를 지칭한다.

d. BCG 매트릭스가 시장점유율을 사업 단위의 경쟁적 지표로 취한 것은 경험곡선효과 때문이다.

e. GE & Mckinsey의 사업매력도−사업강점분석은 BCG 매트릭스보다 각 차원별로 여러 구성요인을 반영하여 사업영역을 9개로 구분한다.

① a, b, e   ② a, c, d

③ b, d, e   ④ b, c, d

⑤ c, d, e

39 다음 중 애드호크라시 조직에 해당되는 개념으로 다중 명령체계라고도 부르며 조직의 수평적·수직적 권한이 결합된 형태를 취하는 조직은?

① Tack Force

② Matrix 조직

③ Man − trip 조직

④ Project 조직

⑤ 기능조직

40 다음 중 가장 높은 커버리지를 획득할 수 있는 유통전략은 무엇인가?

① 집중적 유통전략   ② 전속적 유통전략

③ 선택적 유통전략   ④ 푸시전략

⑤ 보편적 유통전략

41 다음은 기업의 경영혁신기법에 대한 설명이다. 아래 내용을 포괄하는 가장 적절한 용어는?

기업의 규모가 커지고 복잡화된 경영으로 인해 과거와 같은 기능식 위계조직으로는 고객을 만족시킬 수 없다는 사고에서 등장한 기법으로 기존의 경영활동을 무시하고 기업의 부가가치 산출활동을 새롭게 구성하는 경영혁신기법이다. 기업 체질 및 구조의 근본적인 변혁을 가리키며 종래의 인원 삭감이나 부문 또는 부서폐쇄 등에 의존하기보다 사업의 모든 업무과정을 기업의 전략에 맞추어 프로세스 중심으로 바꾸는 것을 주안점으로 하고 있다.

① 리모델링(Remodeling)
② 리엔지니어링(Reengineering)
③ 인수 · 합병(M&A)
④ 벤치마킹(Benchmarking)
⑤ 리스트럭처링(restructuring)

42 다음 중 마케팅 관련 설명으로 가장 적절하지 않은 것은?

① 마케팅개념(marketing concept)은 소비자들의 욕구를 파악하여 그들의 욕구를 충족시켜줌으로써 기업의 장기적 이윤을 얻겠다는 개념이다.
② 마케팅관리(marketing management)는 고객의 욕구 충족과 기업의 목적을 달성하기 위해 관련 자료를 수집, 분석하여 마케팅전략을 수립하고 실행하며 그 성과를 평가하고 통제하는 관리활동이다.
③ 마케팅믹스(marketing mix)란 기업이 표적시장에서 원하는 반응을 얻기 위해 사용되는 절대적 통제 불가능한 마케팅변수의 집합으로 구성되며 이는 제품, 가격, 유통, 촉진의 4가지 변수로 4P's라 한다.
④ 그린마케팅(green marketing)은 환경에 대한 관심을 가지고 마케팅활동을 수행하는 것을 의미한다.
⑤ 고객생애가치는(customer Iifetime Value)는 한 고객이 기업과 거래관계를 유지하는 동안에 발생시킬 누적구매가치이다.

43 다음 중 기업의 재고관리모형에 대한 상호관련을 짝지은 것으로 옳지 않은 것은?

① ABC 방식 – 재고자산의 가치나 중요도에 따라 중점적으로 관리하는 기법
② EOQ 모형 – 주문비용과 재고유지비용을 합한 연간 총비용이 최소가 되도록 하는 주문량
③ ROP 모형 – 주문기간을 일정하게 하고 주문량을 변동시키는 모형
④ 자재소요계획 – 시기별로 제품생산에 소요되는 자재소요량을 분석하고 재고투자를 최대로 하여 단위단가를 최소화 하기 위한 재고관리모형
⑤ JIT 재고모형 – 생산과정에서 필요한 양의 부품이 즉시에 도착하므로 재고유지가 필요없거나 또는 극소의 재고만을 유지함으로써 재고관리비용을 최소화시키는 모형

44 다음은 제조업체와 소매유통업체 사이에서 발생하는 두 가지 극단적인 전략관계 즉, 풀 전략(pull strategy)과 푸시 전략(push marketing strategy)에 관한 설명이다. 옳지 않은 것은?

① 푸시 채널 전략에서는 제조업체의 현장 마케팅지원에 대한 요구수준이 상대적으로 높다.
② 잘 알려지지 않은 브랜드의 제품을 손님이 많이 드나드는 매장에 전시함으로써 고객들을 끌어당기는 것을 풀 마케팅전략(pill marketing strategy)이라고 한다.
③ 제조업체가 자사 신규제품에 대한 시장 창출을 소매유통업체에게 의존하는 경향이 강한 것은 푸시 전략이다.
④ 유통업체의 경제성 측면 즉, 마진율은 푸시 채널 전략의 경우 풀 채널전략의 경우보다 상대적으로 높다.
⑤ 푸시 전략은 제품 혜택이 잘 알려진 제품의 경우에 적절하다.

45 다음 중 마케팅조사 과정을 순서대로 바르게 나열한 것은?

① 조사문제의 정의→자료의 수집→자료의 분석 및 설계
   →마케팅조사의 설계→조사결과의 보고

② 조사문제의 정의→자료의 분석 및 설계→마케팅조사의
   설계→자료의 수집→조사결과의 보고

③ 조사문제의 정의→마케팅조사의 설계→자료의 분석 및
   설계→자료의 수집→조사결과의 보고

④ 조사문제의 정의→마케팅조사의 설계→자료의 수집→
   자료의 분석 및 설계→조사결과의 보고

⑤ 조사문제의 정의→자료의 수집→마케팅 조사의 설계→
   자료의 분석 및 설계→조사결과의 보고

46 아래의 내용이 설명하고 있는 것과 가장 관련이 깊은 가격 결정방법은 무엇인가?

> 본 제품과 이에 따른 소모품이 있을 경우에 소비자는 본 제품을 구매하기 위해 지불한 금액을 매몰비용으로 인식하지 않고, 소모품을 정기적으로 구입함으로써, 본 제품에 대한 투자를 회수한다고 생각하는 경향이 있다. 따라서 소비자들은 본 제품에 대해 초기에 많은 금액을 지불하기보다는 가격이 저렴하고 가치있는 본 제품을 사용하면서 이에 따르는 소모품은 그 가격이 다른 브랜드보다 조금 비싸더라도 기꺼이 이를 구매하려 한다.

① 유인가격결정(loss-leader pricing)

② 이분가격결정(two-part pricing)

③ 노획가격결정(captive pricing)

④ 묶음가격(price bundling)

⑤ 이미지 가격결정(image pricing)

47 다음은 행위기준 고과법 (BARS)의 특징을 설명한 것이다. 이 중 가장 옳지 않은 내용은?

① 행위기준고과법은 다양하면서도 구체적인 직무에의 활용이 불가능하다.

② 행위기준고과법은 목표에 의한 관리의 일환으로 활용이 가능하다.

③ 행위기준고과법은 올바른 행위에 대한 내용들을 구성원 개인에게 제시해 줄 수 있다.

④ 행위기준고과법은 척도를 실질적으로 활용하는 평가자가 개발과정에도 실제 적극적으로 참여하므로 평가자가 최종결과에 대한 책임을 부담하는 경우가 있다.

⑤ 행위기준고과법은 어떤 행동들이 조직의 목표달성에 연관이 되는지를 알 수 있게 해 준다.

48 다음 박스 안의 내용과 가장 밀접한 관련성을 지닌 것은?

> • 생산 리드타임의 단축
> • 납기의 100% 달성
> • 수요변화의 신속한 대응

① MRP(Material Requirement Planning)

② JIT(Just In Time)

③ TQM(Total Quality Management)

④ QR(Quick Response)

⑤ CRM(Customer Relationship Management)

49 고객으로부터의 불확실성으로 인한 프로세스의 변동성은 다양한 형태로 나타나는데 Frei(2006)는 '고객에 기인한 변동성'을 다양한 불확실성 유형으로 구분하였는데 이에 관한 것으로 옳지 않은 것은?

① 객관적 선호의 변동성

② 역량의 변동성

③ 방문의 변동성

④ 요구의 변동성

⑤ 수고/노력의 변동성

50 다음 중 물류기능의 책임 영역에 해당하는 것으로 옳은 것을 모두 고르면?

> a. 포장 및 자재취급
> b. 운송수단의 결정
> c. 보관지점의 입지 및 관리
> d. 경영자의 의지

① a, c   ② a, d

③ a, b, c   ④ b, c, d

⑤ c, d

51 다음 마케팅에 관한 일반적 설명 중 가장 적절하지 않은 것은?

① 마케팅에서 가치(value)는 소비자 자신에게 가장 큰 가치를 줄 것이라고 생각되는 상품을 사는 것이다.

② 어떠한 상품으로부터 고객이 받는 욕구충족효과를 '편익(benefit)'이라 한다.

③ 라면 또는 햄버거를 먹고 싶다고 느끼는 것은 '필요'이다.

④ 현재 자사의 고객인 사람으로 하여금 추후에도 자사의 상품을 구입하게 만드는 것을 '유지(retention)'라 한다.

⑤ 고객생애가치에서의 '가치'는 고객들로부터 자사가 얻게 되는 이익을 의미한다.

52 수요예측에 관한 내용 중 가장 적절하지 않은 것은?

① 예측은 운영기능의 안팎으로 모든 종류의 사업계획 및 관리에 필요한 하나의 입력 자료이다.

② 재무, 회계, 인적자원 등의 기능부서는 예측과 민감한 관계에 있다.

③ 수요예측은 판매계획, 신제품 도입, 마케팅 프로그램의 설계, 가격 결정, 광고, 유통계획 등 마케팅 부문에서 여러 목적에 사용된다.

④ 정성적 예측기법은 특정한 모델을 사용한다.

⑤ 프로세스 설계에서 예측은 프로세스의 종류나, 자동화가 얼마나 필요한지를 결정하는 데 필요하다.

53 미래에 대한 결정을 할 시에 예측에 활용될 수 있는 방법 중 판단적 기법에 해당하지 않는 것은?

① 판매사원 의견 종합법   ② 단순 추세 연장법

③ 델파이 기법   ④ 전문가 의견 종합법

⑤ 선행지수법

54 다음 중 관여도(involvement) 및 소비자 구매의사결정과정에 대한 내용으로 가장 적절하지 않은 것은?

① 구매에 대한 관여도가 높아질수록 구매의사결정과정은 길어지고 관여도가 낮아질수록 구매의사결정과정이 짧아진다.

② 포괄적 문제해결(extensive problem solving)은 관여도가 높아서 소비자가 상당한 시간 및 노력 등을 들여서 신중하게 의사결정을 하는 경우이다.

③ 제한적 문제해결(limited problem solving)은 관여도가 낮아서 소비자가 비교적 적은 시간 및 노력 등을 들여서 의사결정을 하는 경우이다.

④ 일상적 문제해결(routinized problem solving)과 회상적 문제해결(recalled problem solving)은 소비자가 다른 대안에 대한 정보탐색이나 평가 등을 하지 않고 바로 의사결정을 하는 공통점을 지닌다.

⑤ 회상적 문제해결(recalled problem solving)은 과거 구매하였던 대안을 습관적으로 구매하는 것이다.

55 운영관리에서 프로세스로서의 운영에 관련한 설명으로 가장 적절하지 않은 것은?

① 운영은 투입물을 산출물로 변환해주는 변환 프로세스로 정의할 수 있다.

② 운영의 프로세스 관점은 서로 다른 산업의 다양한 운영방식을 통합하는 데 있어 유용하다.

③ 서비스 산업의 변환 프로세스 또한 투입물을 서비스 산출물로 변환시켜준다.

④ 프로세스 관점은 서로 연결되어 있는 시스템으로서 전체 기업을 바라볼 수 있는 기초를 제공한다.

⑤ 모든 시스템은 기업의 내부 환경과 상호작용한다.

56 다음 중 품질검사에 있어서 전수검사보다 샘플검사가 유리한 경우는 언제인가?

① 불량 때문에 발생하는 실패코스트가 검사비용보다 훨씬 높을 때
② 부품을 공급하는 협력업체의 품질수준이 아주 낮을 때
③ 전체 품목이 그리 많지 않을 때
④ 부품의 중요성으로 인해 불량품이 조금이라도 발생하면 안되는 경우
⑤ 공급업자의 품질 기록이 상당히 좋을 때

57 다음 중 작업 공정 혁신을 통해 비용은 줄이고 생산성은 높이는 것을 말하는 것으로, 숙련된 기술자들의 편성과 자동화 기계의 사용으로 적정량의 제품을 생산하는 방식을 무엇이라고 하는가?

① MRP 시스템
② JIT 시스템
③ RFID 시스템
④ ERP 시스템
⑤ Lean 시스템

58 재고와 관련된 설명으로 가장 올바르지 않은 것은?

① 적정 재주문량은 재고유지비, 주문비용, 재고부족비를 함께 고려하여 결정하는데 총재고비용이 최소가 되는 점이 최적주문량이 된다.
② 판매기간 중 재고의 결품이 발생하지 않도록 하여야 하나 보완품목군의 경우 재고팽창에 유의하여 엄중히 점검할 필요가 있다.
③ 제시품목군은 초고급, 초고가격인 상품으로 원칙적으로 매장에 재고를 두고 창고에 보관하지 않으며 진열장, 매장내의 전략적 위치에 진열한다.
④ 촉진품목군 상품은 가격을 대폭 인하한 상품으로 행사기간 중에 처분하기 위해 행사장내에 특가품 코너에 집중 진열하며 원칙적으로 재발주하지 않는다.
⑤ 기간품목군 상품은 유행주기상 도입단계에 위치하는 제품군으로 특정기간에 집중적 판매를 위해 원칙적으로 매장에만 재고를 두고 창고에 보관하지 않는다.

59 다음 중 정량발주시스템에 대한 내용으로 바르지 않은 것은?

① 발주 시기는 정기적이다.
② 재고가 일정 수준의 주문점에 다다르게 되면 정해진 주문량을 주문하는 시스템을 말한다.
③ 재고량의 증가가 우려되는 방식이다.
④ 발주비용은 저렴한 편이다.
⑤ 간편한 계산으로 인해 사무관리가 용이하다는 특성이 있다.

60 다음 중 마케팅 활동을 올바로 이해하고 실행하는 데 필요한 마케팅의 다양한 개념들, 즉 마케팅 관리철학 혹은 지향성에 대한 설명으로 가장 적절하지 않은 설명은?

① 마케팅의 판매개념은 소비자 욕구, 기업의 목표, 소비자와 사회의 장기적 이익 간에 균형을 맞춘 현명한 마케팅 의사결정을 내림으로써 판매가 더욱 촉진될 수 있다고 보는 관점 및 철학이다.
② 마케팅의 생산개념은 소비자들이 저렴하고 쉽게 구할 수 있는 제품을 선호하기 때문에, 생산과 유통의 효율성을 향상시키는데 주력해야 한다는 철학을 가지고 있다.
③ 마케팅개념은 기업이 목표시장의 욕구를 파악하고 경쟁사보다 그들의 욕구를 더 잘 충족시켜야만 조직의 목표가 달성될 수 있다고 보는 마케팅철학 및 관점을 말한다.
④ 통상적으로 마케팅개념의 발전단계는 생산개념, 제품개념, 판매개념, 마케팅개념 및 사회적 마케팅개념으로의 역사적 발전과정으로 설명하고 있다.
⑤ 소비자는 최고의 품질, 성능, 혁신적 특성을 가진 제품을 선호하기 때문에 지속적인 제품개선에 마케팅 전략의 초점을 맞추어야 한다는 주장이 바로 제품개념 마케팅관점이다.

>>> 철도관련법령

61 다음 중 철도산업발전기본법령상 철도기술의 진흥 및 육성을 위하여 철도기술전반에 대한 연구 및 개발에 노력하여야 하는 주체는?

① 국가
② 지방자치단체의 장
③ 국토교통부장관
④ 행정안전부장관
⑤ 한국철도공사 사장

62 철도산업발전기본법령상 철도산업구조개혁의 기본방향에 대한 설명으로 옳은 것은?

① 국가는 철도산업의 경쟁력을 강화하기 위해 철도시설 부문과 철도운영 부문을 통합하여 운영해야 한다.
② 철도산업구조개혁은 철도시설 부문과 철도운영 부문의 완전한 단절을 목표로 한다.
③ 국가는 철도시설 부문과 철도운영 부문을 분리하는 구조 개혁을 추진하여야 한다.
④ 철도산업구조개혁은 민간 기업의 철도 운영 참여를 전면 금지하는 것을 목표로 한다.
⑤ 국가는 국토교통부령으로 정하는 바에 의하여 상호협력체계 구축 등 필요한 조치를 마련하여야 한다.

63 철도산업발전기본법령상 철도시설관리권이란?

① 고속철도건설공단이 건설 중인 시설자산의 이전할 수 있는 권리를 말한다.
② 철도시설을 관리하고 그 철도시설을 사용하거나 이용하는 자로부터 사용료를 징수할 수 있는 권리를 말한다.
③ 철도청과 고속철도건설공단이 철도운영 등을 주된 목적으로 취득한 재산·시설에 관한 권리를 말한다.
④ 철도청이 건설 중인 시설자산의 이전·관리할 수 있는 권리를 말한다.
⑤ 철도시설을 건설하고 그 철도시설을 관리하는 권리를 말한다.

64 한국철도공사법령상 한국철도공사에 대한 설명 중 옳은 것은?

① 공사의 주된 사무소의 소재지는 공사가 정한다.
② 공고의 방법은 설립등기사항에 포함되지 않는다.
③ 공사는 하부조직을 이전한 경우에는 이전 후 2주일 이내에 주된 사무소의 소재지에서 새 소재지와 이전 연월일을 등기해야 한다.
④ 공사는 업무수행을 위하여 국토교통부령이 정하는 바에 따라 필요한 곳에 하부조직을 둘 수 있다
⑤ 공사는 설립등기사항에 변경이 있는 때에는 주된 사무소의 소재지에서는 3주일 이내에 그 변경된 사항을 등기하여야 한다.

65 한국철도공사법령상 사채청약서는 사장이 작성해야 한다. 다음 중 사채청약서의 기재사항이 아닌 것은?

① 공사 임원이 인적사항
② 사채의 종류별 액면금액
③ 사채의 이율
④ 이자지급의 방법 및 시기
⑤ 사채상환의 방법 및 시기

66 철도사업법의 목적에서 지향하는 바로 옳지 않은 것은?

① 국민경제의 발전에 이바지

② 철도사업자의 자율적 요금설정

③ 철도이용자의 편의도모

④ 철도사업의 건전한 발전

⑤ 철도사업에 관한 질서 확립

67 철도사업법령상 철도사업자가 운송을 시작하여야 하는 적절한 시기는?

① 국토교통부장관이 지정하는 기간

② 국토교통부장관이 지정하는 월

③ 국토교통부장관이 지정하는 년도

④ 국토교통부장관으로부터 승인 받은 날

⑤ 국토교통부장관으로부터 승인 받은 월

68 철도사업법령상 사업계획의 변경에 있어서 국토교통부장관의 인가를 받아야 하는 경우가 아닌 것은?

① 화물열차의 운행구간을 변경하는 경우

② 벽지노선에서 철도운송서비스의 종류를 추가하는 경우

③ 사업용철도 노선별로 10분의 1 이상 여객열차의 운행횟수를 변경하는 경우

④ 여객열차의 운행구간을 변경하는 경우

⑤ 사업용철도 노선별로 여객열차의 정차역을 10분의 2 이상 변경하는 경우

69 철도사업법령상 철도사업자가 관계 역·영업소 및 사업소 등에 갖추어 두어야 하는 것이 아닌 것은?

① 철도사업약관

② 여객요금표

③ 여객운임표

④ 감면사항

⑤ 철도사업자의 정관

70 철도사업법령상 점용허가 취소사유에 해당하지 않는 것은?

① 점용허가를 받은 자가 스스로 점용허가의 취소를 신청하는 경우

② 점용료를 납부하지 않은 경우

③ 점용허가 목적과 다른 목적으로 철도시설을 점용한 경우

④ 시설물의 종류와 경영하는 사업이 철도사업에 지장을 주게 된 경우

⑤ 점용허가를 받은 자의 개인적인 사정으로 철도시설 점용이 불가능해진 경우

코레일(한국철도공사) 필기시험

성	명

아래에 문구를 빈칸에 정자로 기재하시오.

햇볕이 쏟아지는 가을날에 신선한 바람을 맞으며 하루를 보낸다.

필적확인란 :

직업기초능력평가

번호	①	②	③	④	⑤
1	①	②	③	④	⑤
2	①	②	③	④	⑤
3	①	②	③	④	⑤
4	①	②	③	④	⑤
5	①	②	③	④	⑤
6	①	②	③	④	⑤
7	①	②	③	④	⑤
8	①	②	③	④	⑤
9	①	②	③	④	⑤
10	①	②	③	④	⑤
11	①	②	③	④	⑤
12	①	②	③	④	⑤
13	①	②	③	④	⑤
14	①	②	③	④	⑤
15	①	②	③	④	⑤
16	①	②	③	④	⑤
17	①	②	③	④	⑤
18	①	②	③	④	⑤
19	①	②	③	④	⑤
20	①	②	③	④	⑤
21	①	②	③	④	⑤
22	①	②	③	④	⑤
23	①	②	③	④	⑤
24	①	②	③	④	⑤
25	①	②	③	④	⑤
26	①	②	③	④	⑤
27	①	②	③	④	⑤
28	①	②	③	④	⑤
29	①	②	③	④	⑤
30	①	②	③	④	⑤

직무수행능력평가

번호	①	②	③	④	⑤
31	①	②	③	④	⑤
32	①	②	③	④	⑤
33	①	②	③	④	⑤
34	①	②	③	④	⑤
35	①	②	③	④	⑤
36	①	②	③	④	⑤
37	①	②	③	④	⑤
38	①	②	③	④	⑤
39	①	②	③	④	⑤
40	①	②	③	④	⑤
41	①	②	③	④	⑤
42	①	②	③	④	⑤
43	①	②	③	④	⑤
44	①	②	③	④	⑤
45	①	②	③	④	⑤
46	①	②	③	④	⑤
47	①	②	③	④	⑤
48	①	②	③	④	⑤
49	①	②	③	④	⑤
50	①	②	③	④	⑤
51	①	②	③	④	⑤
52	①	②	③	④	⑤
53	①	②	③	④	⑤
54	①	②	③	④	⑤
55	①	②	③	④	⑤
56	①	②	③	④	⑤
57	①	②	③	④	⑤
58	①	②	③	④	⑤
59	①	②	③	④	⑤
60	①	②	③	④	⑤

철도관련법령

번호	①	②	③	④	⑤
61	①	②	③	④	⑤
62	①	②	③	④	⑤
63	①	②	③	④	⑤
64	①	②	③	④	⑤
65	①	②	③	④	⑤
66	①	②	③	④	⑤
67	①	②	③	④	⑤
68	①	②	③	④	⑤
69	①	②	③	④	⑤
70	①	②	③	④	⑤

생년월일

생년		월		일	
⓪	⓪	⓪	⓪	⓪	⓪	⓪	⓪
①	①	①	①	①	①	①	①
②	②	②	②	②	②	②	②
③	③	③	③	③	③	③	③
④	④	④	④	④	④	④	④
⑤	⑤	⑤	⑤	⑤	⑤	⑤	⑤
⑥	⑥	⑥	⑥	⑥	⑥	⑥	⑥
⑦	⑦	⑦	⑦	⑦	⑦	⑦	⑦
⑧	⑧	⑧	⑧	⑧	⑧	⑧	⑧
⑨	⑨	⑨	⑨	⑨	⑨	⑨	⑨

코레일
(한국철도공사)

경영학

[사무영업(일반)]

- 제 5 회 -

성명		생년월일	
시험시간	70분	문항수	70문항

〈응시 전 주의사항〉

○ 문제지 해당란과 OMR답안지에 성명과 생년월일을 정확하게 기재하십시오.

○ 기재착오, 누락 등으로 인한 불이익은 응시자 본인의 책임이니 OMR 답안지 작성에 유의하십시오.

○ 필기시험의 만점은 100점으로 합니다.

SEOWONGAK

(주)서원각

>>> **직업기초능력평가**

1 밑줄 친 ㉠, ㉡과 동일한 의미관계를 갖는 것은?

우리는 영화나 드라마에서 흔히 주인공이 첫사랑을 다시 만나 심장이 두근거리는 장면을 보곤 한다. 이렇게 영화나 드라마처럼 정말 심장이 사랑하는 사람을 알아볼 수 있을까? 사실 첫사랑을 보고 심장이 뛰는 현상은 심장이 과거에 사랑했던 사람을 알아보아서 마구 뛴 것이 아니라 우리의 '뇌'가 그 사람을 기억하고 알아차려 신경을 통해 심장을 더 빠르게 뛰도록 조절했기 때문이다.

심장은 심방과 심실이라는 네 개의 작은 방으로 나누어져 있다. 오른쪽 심실에서 나온 혈액은 허파를 지나 산소가 풍부한 혈액으로 바뀌어 왼쪽 심방으로 들어온다. 이렇게 들어온 혈액은 왼쪽 심실의 펌프질을 통해 온몸으로 퍼지게 되는데, 오른쪽 심방 벽에 주기 조정자가 있다. 이곳에서 전기파를 방출하면 이로 인해 심장의 근육들은 하나의 박자에 맞춰 ㉠수축과 ㉡이완을 반복함으로써 펌프질을 하게 되는 것이다. 즉, 심장은 뇌에서 내린 명령에 따라 오른쪽 심방 벽에서 방출하는 전기파에 맞춰 혈액을 펌프질하는 역할만 할 뿐이다.

① 동물 : 사슴
② 시계 : 바늘
③ 압축 : 복원
④ 은총 : 총애
⑤ 손(手) : 손(客)

2 다음 글의 내용과 일치하지 않는 것은?

국민연금법이 정한 급여의 종류에는 노령연금, 장애연금, 유족연금, 반환일시금이 있다. 그 중 노령연금은 국민연금에 10년 이상 가입하였던 자 또는 10년 이상 가입 중인 자에게만 60세가 된 때부터 그가 생존하는 동안 지급하는 급여를 말한다. 노령연금을 받을 권리자(노령연금 수급권자)와 이혼한 사람도 일정한 요건을 충족하면 노령연금을 분할한 일정 금액의 연금을 받을 수 있는데, 이를 분할연금이라 한다. 분할연금은 혼인기간 동안 보험료를 내는 데 부부가힘을 합쳤으니 이혼 후에도 연금을 나누는 것이 공평하다는 취지가 반영된 것이다. 분할연금을 받기 위해서는 혼인기간(배우자의 국민연금 가입기간 중의 혼인기간만 해당)이 5년 이상인자로서, 배우자와 이혼하였고, 배우자였던 사람이 노령연금 수급권자이며, 만 60세 이상이 되어야 한다. 이러한 요건을 모두 갖추게 된 때부터 3년 이내에 분할연금을 청구하면, 분할연금 수급권자는 생존하는 동안 분할연금을 수령할 수 있다. 한편 공무원연금, 군인연금, 사학연금 등에서는 연금가입자와 이혼한 사람에게 분할연금을 인정하고 있지 않다.

① 요건을 모두 갖추었더라도 3년 내에 청구하지 않으면 분할연금을 받을 수 없다.
② 국민연금 가입기간이 10년째인 남자와 결혼한 여자가 4년 만에 이혼한 경우 여자는 남자가 받는 노령연금의 분할연금을 받을 수 있다.
③ 이혼자가 분할연금을 받을 수 있는 이유는 혼인기간동안 보험료를 내는데 부부가 힘을 합쳤기 때문이다.
④ 모든 연금법에서 이혼자에 대한 분할연금을 인정하고 있지는 않다.
⑤ 국민연금법이 정한 급여의 종류에는 노령연금 외에도 장애연금과 유족연금, 반환일시금이 있다.

3 다음 밑줄 친 단어의 의미와 동일하게 쓰인 것을 고르시오.

> 농림축산식품부를 비롯한 농정 유관기관들이 제7호 태풍 '쁘라삐룬'과 집중호우 피해 최소화에 총력을 모으고 나섰다.
> 농식품부는 2일 오전 10시 농식품부 소관 실국과 농촌진흥청, 농어촌공사, 농협중앙회 등 유관기관이 참여하는 '태풍 쁘라삐룬 2차 대책회의'를 열고 집중호우에 따른 농업분야 피해 및 대책 추진상황을 긴급 점검했다.
> 농식품부가 지자체 등의 보고를 토대로 집계한 농업분야 피해는 이날 오전 6시 현재 농작물 4258ha, 저수지 1개소 제방 유실, 용수간선 4개소 유실·매몰 피해가 발생했다.

① 안전기의 스위치를 열고 퓨즈가 끊어진 것을 확인한다.

② 아직 교육의 혜택을 제대로 받지 못한 오지에 학교를 열었다.

③ 정상회담에 앞서서 준비회담을 열었으나 그 회담 내용은 알려지지 않았다.

④ 사람들이 토지에 정착하여 살 수 있게 됨으로써 인류 역사에 농경 시대를 열게 되었다.

⑤ 모든 사람에게 마음을 열고 살기 위해서는 무엇보다도 타인에 대한 사랑과 이해가 우선되어야 한다.

4 밑줄 친 부분과 바꾸어 쓰기에 가장 적절한 것은?

> 전 지구적인 해수의 연직 순환은 해수의 밀도 차이에 의해 발생한다. 바닷물은 온도가 낮고 염분 농도가 높아질수록 밀도가 높아져 아래로 가라앉는다. 이 때문에 북대서양의 차갑고 염분 농도가 높은 바닷물은 심층수를 이루며 적도로 천천히 이동한다.
> 그런데 지구 온난화로 인해 북반구의 고위도 지역의 강수량이 증가하고 극지방의 빙하가 녹은 물이 대량으로 바다에 유입되면 어떻게 될까? 북대서양의 염분 농도가 감소하여 바닷물이 가라앉지 못하는 일이 벌어질 수 있다. 과학자들은 컴퓨터 시뮬레이션을 통해 차가운 북대서양 바닷물에 빙하가 녹은 물이 초당 십만 톤 이상 들어오면 전 지구적인 해수의 연직 순환이 느려져 지구의 기후가 변화한다는 사실을 알아냈다

① 침강(沈降)　　　② 침식(侵蝕)

③ 침체(沈滯)　　　④ 침범(侵犯)

⑤ 침해(侵害)

5 다음은 S철도공사의 종합관제운영 및 보수내규 중 통신관제 부분에 해당하는 규정이다. 다음 중 이 규정과 부합하는 내용으로 볼 수 없는 것은?

> 제5절 통신관제
> 제31조(통신관제의 임무) 통신관제의 임무는 다음 각 호와 같다.
> 1. 통신설비의 감시 및 제어
> 2. 통신관제 설비의 운용 및 보수
> 3. 통신설비의 장애 또는 사고 발생 시 통신지원에 관한 조치
> 4. 통신설비에 영향을 줄 수 있는 점검 및 작업의 통제
> 5. 업무수행을 위하여 필요한 정보의 파악, 자료수집
> 6. 통신회선의 통제 및 임시 통신망 구성, 관련부서와 협의
> 7. 기타 통신관제 업무에 관련된 사항
> 제32조(현장통제) 통신관제의 현장통제는 다음 각 호에 의한다.
> 1. 통신설비의 장애 및 사고발생 시는 신호전자사업소장에게 통보하여 통신설비를 확인 조치토록 하여야 한다.
> 2. 신호전자사업소장으로부터 통신설비의 일시 사용중지나 변경이 필요한 작업계획을 보고 받았을 경우 그 작업이 열차안전운행에 지장이 있다고 판단될 때에는 그 작업의 취소를 지시하여야 한다.
> 3. 통신설비가 타 설비와 계통적으로 관련이 있는 사항은 신호전자사업소장과 긴밀한 협의를 통하여 통신설비의 운용에 차질이 없도록 하여야 한다. 또한, 신호전자사업소장이 관제설비와 동일망(광단국)으로 연결된 통신설비의 유지보수 시에는 통신관제와 상호협의·협조하여야 한다.
> 제33조(통화의 기록) ① 종합관제소에서 사용 중인 유무선통화기기의 통화 내용을 모두 녹음하여야 한다.
> ② 열차의 안전운행에 중대한 영향을 미치거나, 설비의 사고에 대한 중요 통화내용은 1년간 보존하여야 한다.
> ③ 평상시 업무에 대한 통화내용은 1개월간 보존하여야 한다.
> ④ 녹음내용에 대하여는 보안을 유지하여야 하며, 사고 발생 등 특별한 경우 녹음내용의 청취 및 음성데이터 반출 요청이 있을 때에는 관제소장의 승인을 얻은 후 별지 제5호 서식에 의한 녹음청취열람기록부에 기록하여야 한다.

① 통신관제의 임무를 맡은 자는 업무와 관련한 정보도 파악하고 수집하여야 한다.

② 신호전자사업소장으로부터 통신설비가 중단되어야 하는 작업을 계획 중이라는 보고를 받으면 즉시 통신설비 사용중지를 명하여야 한다.

③ 종합관제소 내에서의 모든 통화 기록은 녹음을 하여야 한다.

④ 열차의 안전과 관련된 통화내용의 보존 기간은 1년이며, 평소 업무 관련 통화기록의 보존 기간은 1개월이다.

⑤ 녹음 내용을 반출해야 할 경우에는 관제소장의 사전 승인이 있어야 한다.

6 다음 ㈎~㈐에 공통으로 나타나는 설명 방식이 사용된 문장은?

㈎ 호랑이는 가축을 해치고 사람을 다치게 하는 일이 많았던 모양이다. 그래서 설화 중에는 사람이나 가축이 호랑이한테 해를 당하는 이야기가 많이 있다. 사냥을 하던 아버지가 호랑이에게 해를 당하자 아들이 원수를 갚기 위해 그 호랑이와 싸워 이겼다는 통쾌한 이야기가 있는가 하면, 밤중에 변소에 갔던 신랑이 호랑이한테 물려 가는 것을 본 신부가 있는 힘을 다하여 호랑이의 꼬리를 붙잡고 매달려 신랑을 구했다는 흐뭇한 이야기도 있다. 이러한 이야기들은 호랑이의 사납고 무서운 성질을 바탕으로 하여 꾸며진 것이다.

㈏ 설화 속에서 호랑이는 산신 또는 산신의 사자로 나타나기도 하고, 구체적인 설명 없이 신이한 존재로 나타나기도 한다. '효녀와 산신령' 이야기에서 산신령은 호랑이의 모습으로 나타나, 겨울철 눈 속에서 병든 어머니께 드릴 잉어를 찾는 소녀에게 잉어를 잡아 준다. 또한 '장화홍련전'에서 계모의 아들 장쇠는 장화를 재촉하여 물에 빠지게 하고 돌아오는 길에 호랑이한테 물려 죽는데 이때의 호랑이는 징벌자 역할을 하고 있다.

㈐ 설화 속에서 호랑이는 사람과 마찬가지로 따뜻한 정과 의리를 지니고 있는 것으로 나타나기도 하는데, 인간의 효성에 감동한 호랑이 이야기가 많이 있다. 여름철에 홍시를 구하려는 효자를 등에 태워 홍시가 있는 곳으로 데려다 준 호랑이 이야기, 고개를 넘어 성묘 다니는 효자를 날마다 태워다 준 호랑이 이야기 등이 그 예다.

① 자동차는 엔진, 바퀴, 배기 장치 등으로 구성된다.
② 팬에 기름을 두른 후 멸치를 넣고 볶은 다음, 양념을 한다.
③ 지문은 손가락 안쪽 끝에 있는 피부의 무늬나 그것이 남긴 흔적을 말한다.
④ 지구의 기온이 상승하면 남극과 북극의 빙하가 녹게 되어 해수면이 상승한다.
⑤ 한국의 철새 중 여름새의 대표적인 예로는 뻐꾸기, 꾀꼬리, 백로, 제비 등이 있다.

7 다음 글의 내용과 일치하지 않는 것은?

미국 코넬 대학교 심리학과 연구 팀은 1992년 하계 올림픽 중계권을 가졌던 엔비시(NBC)의 올림픽 중계 자료를 면밀히 분석했는데, 메달 수상자들이 경기 종료 순간에 어떤 표정을 짓는지 감정을 분석하는 연구였다.

연구 팀은 실험 관찰자들에게 23명의 은메달 수상자와 18명의 동메달 수상자의 얼굴 표정을 보고 경기가 끝나는 순간에 이들의 감정이 '비통'에 가까운지 '환희'에 가까운지 10점 만점으로 평정하게 했다. 또한 경기가 끝난 후, 시상식에서 선수들이 보이는 감정을 동일한 방법으로 평정하게 했다. 시상식에서 보이는 감정을 평정하기 위해 은메달 수상자 20명과 동메달 수상자 15명의 시상식 장면을 분석하게 했다.

분석 결과, 경기가 종료되고 메달 색깔이 결정되는 순간 동메달 수상자의 행복 점수는 10점 만점에 7.1로 나타났다. 비통보다는 환희에 더 가까운 점수였다. 그러나 은메달 수상자의 행복 점수는 고작 4.8로 평정되었다. 환희와 거리가 먼 감정 표현이었다. 객관적인 성취의 크기로 보자면 은메달 수상자가 동메달 수상자보다 더 큰 성취를 이룬 것이 분명하다. 그러나 은메달 수상자와 동메달 수상자가 주관적으로 경험한 성취의 크기는 이와 반대로 나왔다. 시상식에서도 이들의 감정 표현은 역전되지 않았다. 동메달 수상자의 행복 점수는 5.7이었지만 은메달 수상자는 4.3에 그쳤다.

왜 은메달 수상자가 3위인 동메달 수상자보다 결과를 더 만족스럽게 느끼지 못하는가? 이는 선수들이 자신이 거둔 객관적인 성취를 가상의 성취와 비교하여 주관적으로 해석했기 때문이다. 은메달 수상자들에게 그 가상의 성취는 당연히 금메달이었다. 최고 도달점인 금메달과 비교한 은메달의 주관적 성취의 크기는 선수 입장에서는 실망스러운 것이다. 반면 동메달 수상자들이 비교한 가상의 성취는 '노메달'이었다. 까딱 잘못했으면 4위에 그칠 뻔했기 때문에 동메달의 주관적 성취의 가치는 은메달의 행복 점수를 뛰어넘을 수밖에 없다.

① 연구 팀은 선수들의 표정을 통해 감정을 분석하였다.
② 연구 팀은 경기가 끝나는 순간과 시상식에서 선수들이 보이는 감정을 동일한 방법으로 평정하였다.
③ 경기가 끝나는 순간 동메달 수상자는 비통보다는 환희에 더 가까운 행복 점수를 보였다.
④ 동메달 수상자와 은메달 수상자가 주관적으로 경험한 성취의 크기는 동일하게 나타났다.
⑤ 은메달 수상자와 동메달 수상자의 가상의 성취는 달랐다.

8 다음 글에 대한 평가로 가장 적절한 것은?

요즘에는 낯선 곳을 찾아갈 때, 지도를 해석하며 어렵게 길을 찾지 않아도 된다. 기술력의 발달에 따라, 제공되는 공간 정보를 바탕으로 최적의 경로를 탐색할 수 있게 되었기 때문이다. 이는 어떤 곳의 위치 좌표나 지리적 형상에 대한 정보뿐만 아니라 시간에 따른 공간의 변화를 포함한 공간 정보를 이용할 수 있게 되면서 가능해진 것이다. 이처럼, 공간 정보가 시간에 따른 변화를 반영할 수 있게 된 것은 정보를 수집하고 분석하는 정보 통신 기술의 발전과 밀접한 관련이 있다.

공간 정보의 활용은 '위치정보시스템(GPS)'과 '지리정보시스템(GIS)' 등의 기술적 발전과 휴대 전화나 태블릿 PC 등 정보 통신 기기의 보급을 기반으로 한다. 위치정보시스템은 공간에 대한 정보를 수집하고 지리정보시스템은 정보를 저장, 분류, 분석한다. 이렇게 분석된 정보는 사용자의 요구에 따라 휴대 전화나 태블릿 PC 등을 통해 최적화되어 전달된다.

길 찾기를 예로 들어 이 과정을 살펴보자. 휴대 전화 애플리케이션을 이용해 사용자가 가려는 목적지를 입력하고 이동 수단으로 버스를 선택하였다면, 우선 사용자의 현재 위치가 위치정보시스템에 의해 실시간으로 수집된다. 그리고 목적지와 이동 수단 등 사용자의 요구와 실시간으로 수집된 정보에 따라 지리정보시스템은 탑승할 버스 정류장의 위치, 다양한 버스 노선, 최단 시간 등을 분석하여 제공한다. 더 나아가 교통 정체와 같은 돌발 상황과 목적지에 이르는 경로의 주변 정보까지 분석하여 제공한다.

공간 정보의 활용 범위는 계속 확대되고 있다. 예를 들어, 여행지와 관련한 공간 정보는 여행자의 요구와 선호에 따라 선별적으로 분석되어 활용된다. 나아가 유동 인구를 고려한 상권 분석과 교통의 흐름을 고려한 도시 계획 수립에도 공간 정보 활용이 가능하게 되었다. 획기적으로 발전되고 있는 첨단 기술이 적용된 공간 정보가 국가 차원의 자연재해 예측 시스템에도 활발히 활용된다면 한층 정밀한 재해 예방 및 대비가 가능해질 것이다. 이로 인해 우리의 삶도 더 편리하고 안전해질 것으로 기대된다.

① 공간 정보 활용 범위의 확대 사례를 제시하여 내용을 타당성 있게 뒷받침하고 있다.
② 전문 기관의 자료를 바탕으로 공간 정보 활용에 대한 믿을 만한 근거를 제시하고 있다.
③ 위치 정보에 접근하는 방식의 차이점을 지역별로 비교하여 균형 있는 주장을 하고 있다.
④ 구체적 수치 자료를 근거로 하여 공간 정보 활용 비율을 신뢰성 있게 제시하고 있다.
⑤ 설문 조사 결과를 활용하여 공간 정보의 영향력에 대해 타당성 있는 주장을 하고 있다.

9 다음 글에서 언급하지 않은 내용은?

독일의 학자 아스만(Asmann, A)은 장소가 기억의 주체, 기억의 버팀목이 될 수도 있고, 인간의 기억을 초월하는 의미를 제공할 수도 있다고 하였다. 그렇다면 하루가 다르게 변해 가는 오늘날의 삶에서 장소에 대한 기억이 우리에게 주는 의미는 무엇인가?

장소에 대한 기억에 대해 사람들은 다소 애매하면서도 암시적인 표현을 사용한다. 이는 사람들이 장소를 기억하는 것인지, 아니면 장소에 대한 기억, 곧 어떤 장소에 자리하고 있는 기억을 말하는 것인지 분명하지 않기 때문이다. 이에 대해 아스만은 전자를 '기억의 장소', 후자를 '장소의 기억'으로 구분한다. 그녀의 구분에 의하면 기억의 장소는 동일한 내용을 불러일으키는 것을 목적으로 하는 장소로, 내용을 체계적으로 저장하고 인출하기 위한 암기의 수단으로 쓰인다. 이와 달리 장소의 기억은 특정 장소와 결부되어 있는 기억이다. 사람들은 그들의 관점과 시각, 욕구에 따라 과거를 현재화하며, 기억하는 사람에 따라 다르게 장소의 기억을 형성한다.

오늘날의 사회에서는 시대의 변화로 인해 기억의 장소에서 시선을 옮겨 장소의 기억에 주목하고 있다. 기억의 장소의 경우, 넘쳐 나게 된 정보와 지식들로 인해 암기 차원의 기억은 정보 기술 분야에서 다룰 수 있으므로 그 기능을 잃게 되었다.

한편, 현대인의 삶이 파편화되고 공유된 장소가 개별화되면서 공동체가 공유하고 있는 정체성까지도 단절되고 있다. 마치 오랜 세월 동안 사람들의 일상 속에서 과거의 기억과 삶의 정취를 고스란히 담아 온 골목이 단순한 통로, 주차장, 혹은 사적 소유지로 변해 버린 것과 같다. 이러한 단절을 극복하고 공동의 정체성을 회복할 수 있는 방안으로 중요하게 기능하는 것이 장소의 기억이다. 장소의 기억은 특정 장소에 대하여 각자의 기억들을 공유한다. 그리고 여러 시대에 걸쳐 공유해 온 장소의 기억은 장소를 매개로 하여 다시 전승되어 가며 공동의 기억과 공동의 정체성을 형성해 나간다. 개별화된 지금의 장소가 다시 공유된 장소로 회복될 때 장소의 기억이 공유될 수 있다. 또 이를 통해 우리의 파편화된 삶은 다시 그 조각들을 맞추어 나갈 수 있게 될 것이다. 장소의 공유 안에서 단절되었던 공동체적 정체성도 전승되어 가는 것이다.

장소는 오래 전의 기억을 현재 시점으로 불러올 수 있는 중요한 수단이다. 이제는 시간의 흔적이 겹겹이 쌓인 장소의 기억에서 과거와의 유대를 활성화해 나갈 시점이다.

① '기억의 장소'의 특징
② '기억의 장소'의 구체적 사례
③ '장소의 기억'의 형성 과정
④ '장소의 기억'의 현대적 가치
⑤ '기억의 장소'와 '장소의 기억'의 차이점

10 다음 글의 내용을 사실과 의견으로 구분할 때, 사실인 것은?

⊙ 우리 지역 축제에 유명 연예인을 초청해야 한다고 생각합니다. ⓒ 그 이유는 지역 주민의 축제 참여율을 높일 필요가 있기 때문입니다. ⓒ 지난 3년간 축제 참여 현황을 보면 지역 주민의 참여율이 전체 주민의 10% 미만으로 매우 저조하고, 이마저도 계속 낮아지는 추세입니다. ② 우리 지역에서는 연예인을 직접 볼 기회가 많지 않으므로 유명 연예인을 초청하면 지역 주민들이 축제에 더 많은 관심을 보일 것입니다. ⑩ 따라서 유명 연예인을 초청하여 지역 주민의 축제 참여를 유도할 필요가 있습니다.

① ⊙
② ⓒ
③ ⓒ
④ ②
⑤ ⑩

11 빅데이터에 대한 이해로 적절하지 않은 것은?

빅데이터는 그 규모가 매우 큰 데이터를 말하는데, 이는 단순히 데이터의 양이 매우 많다는 것뿐 아니라 데이터의 복잡성이 매우 높다는 의미도 내포되어 있다. 데이터의 복잡성이 높다는 말은 데이터의 구성 항목이 많고 그 항목들의 연결 고리가 함께 수록되어 있다는 것을 의미한다. 데이터의 복잡성이 높으면 다양한 파생 정보를 끌어낼 수 있다. 데이터로부터 정보를 추출할 때에는, 구성 항목을 독립적으로 이용하기도 하고, 두 개 이상의 항목들의 연관성을 이용하기도 한다. 일반적으로 구성 항목이 많은 데이터는 한 번에 얻기 어렵다. 이런 경우에는, 따로 수집되었지만 연결 고리가 있는 여러 종류의 데이터들을 연결하여 사용한다.

가령 한 집단의 구성원의 몸무게와 키의 데이터가 있다면, 각 항목에 대한 구성원의 평균 몸무게, 평균 키 등의 정보뿐만 아니라 몸무게와 키의 관계를 이용해 평균 비만도 같은 파생 정보도 얻을 수 있다. 이때는 반드시 몸무게와 키의 값이 동일인의 것이어야 하는 연결 고리가 있어야 한다. 여기에다 구성원들의 교통 카드 이용 데이터를 따로 얻을 수 있다면, 이것을 교통 카드의 사용자 정보를 이용해 사용자의 몸무게와 키의 데이터를 연결할 수 있다. 이렇게 연결된 데이터 세트를 통해 비만도와 대중교통의 이용 빈도 간의 파생 정보를 추출할 수 있다. 연결할 수 있는 데이터가 많을수록 얻을 수 있는 파생 정보도 늘어난다.

① 빅데이터 구성 항목을 독립적으로 이용하여 정보를 추출하기도 한다.
② 빅데이터를 구성하는 데이터의 양은 매우 많다.
③ 빅데이터를 구성하는 데이터의 복잡성은 매우 높다.
④ 빅데이터에는 구성 항목들 간의 연결 고리가 함께 포함되어 있다.
⑤ 빅데이터에서는 파생 정보를 얻을 수 없다.

12 다음은 B사의 2017년 추진 과제의 전공별 연구책임자 현황에 대한 자료이다. 전체 연구책임자 중 공학 전공의 연구책임자가 차지하는 비율과 전체 연구책임자 중 의학전공의 여자 연구책임자가 차지하는 비율의 차이는? (단, 소수 둘째 자리에서 반올림한다)

(단위 : 명, %)

연구책임자 전공	남자		여자	
	연구책임자 수	비율	연구책임자 수	비율
이학	2,833	14.8	701	30.0
공학	11,680	61.0	463	19.8
농학	1,300	6.8	153	6.5
의학	1,148	6.0	400	17.1
인문사회	1,869	9.8	544	23.3
기타	304	1.6	78	3.3
계	19,134	100.0	2,339	100.0

① 51.1%p

② 52.3%p

③ 53.5%p

④ 54.7%p

⑤ 55.9%p

13 A, B, C 직업을 가진 부모 세대 각각 200명, 300명, 400명을 대상으로 자녀도 동일 직업을 갖는지 여부를 물은 설문조사 결과가 다음과 같았다. 다음 조사 결과를 올바르게 해석한 설명을 〈보기〉에서 모두 고른 것은 어느 것인가?

〈세대 간의 직업 이전 비율〉

(단위 : %)

부모 직업 \ 자녀 직업	A	B	C	기타
A	35	20	40	5
B	25	25	35	15
C	25	40	25	10

* 모든 자녀의 수는 부모 당 1명으로 가정한다.

〈보기〉
㈎ 부모와 동일한 직업을 갖는 자녀의 수는 C직업이 A직업보다 많다.
㈏ 부모의 직업과 다른 직업을 갖는 자녀의 비중은 B와 C직업이 동일하다.
㈐ 응답자의 자녀 중 A직업을 가진 사람은 B직업을 가진 사람보다 더 많다.
㈑ 기타 직업을 가진 자녀의 수는 B직업을 가진 부모가 가장 많다.

① ㈏, ㈐, ㈑

② ㈎, ㈏, ㈑

③ ㈎, ㈐, ㈑

④ ㈎, ㈏, ㈐

⑤ ㈎, ㈏, ㈐, ㈑

14 다음은 A시의 교육여건 현황을 나타낸 자료이다. 이에 대한 설명 중 옳지 않은 것을 고르면?

교육여건 \ 학교급	전체 학교 수	학교당 학급 수	학급당 주간 수업시수 (시간)	학급당 학생 수	학급당 교원 수	교원당 학생 수
초등학교	150	30	28	32	1.3	25
중학교	70	36	34	35	1.8	19
고등학교	60	33	35	32	2.1	15

① 모든 초등학교와 중학교의 학생 수 차이는 모든 중학교와 고등학교의 학생 수 차이보다 크다.

② 모든 초등학교의 교원 수는 모든 중학교와 고등학교의 교원 수의 합보다 크다.

③ 모든 초등학교의 주간 수업시수는 모든 중학교의 주간 수업시수보다 많다.

④ 모든 중학교의 교원당 학생 수는 80,000명 이상이다.

⑤ 모든 고등학교의 학급 수는 모든 중학교의 학급수의 80% 이하이다.

15 다음 자료를 통해 알 수 있는 사항을 바르게 설명하지 못한 것은 어느 것인가?

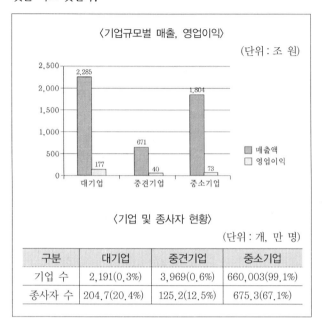

〈기업규모별 매출, 영업이익〉

(단위 : 조 원)

〈기업 및 종사자 현황〉

(단위 : 개, 만 명)

구분	대기업	중견기업	중소기업
기업 수	2,191(0.3%)	3,969(0.6%)	660,003(99.1%)
종사자 수	204.7(20.4%)	125.2(12.5%)	675.3(67.1%)

① 1개 기업당 매출액과 영업이익 실적은 대기업에 속한 기업이 가장 우수하다.

② 기업규모별 매출액 대비 영업이익률은 대기업, 중견기업, 중소기업 순으로 높다.

③ 전체 기업 수의 약 99%에 해당하는 기업이 전체 매출액의 40% 이상을 차지한다.

④ 전체 기업 수의 약 1%에 해당하는 기업이 전체 영업이익의 70% 이상을 차지한다.

⑤ 1개 기업 당 종사자 수는 대기업이 중견기업의 3배에 육박한다.

16 A생산라인을 먼저 32시간 가동한 후, B생산라인까지 두 생산라인을 모두 가동하여 최종 10,000개의 정상제품을 납품하였다면 두 생산라인을 모두 가동한 시간은 얼마인가?

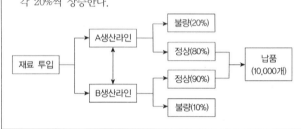

〈생산성 조건〉

• 불량률 체크 전 단계의 시제품 100개를 만드는 데 A생산라인만을 이용할 때는 4시간, B생산라인만을 이용할 때는 2시간이 걸린다.

• 두 라인을 동시에 가동하면 시간 당 정상제품 생산량이 각각 20%씩 상승한다.

① 105시간

② 110시간

③ 115시간

④ 120시간

⑤ 125시간

17 다음의 자료를 보고 바르게 해석한 것을 모두 고르면?

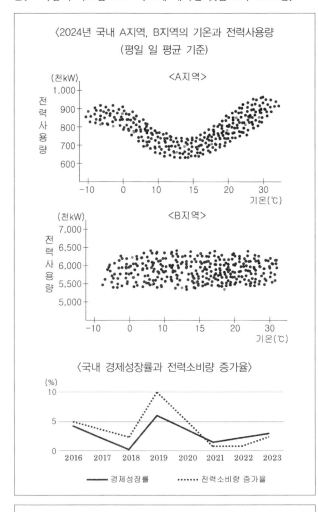

〈2024년 국내 A지역, B지역의 기온과 전력사용량
(평일 일 평균 기준)〉

〈A지역〉

〈B지역〉

〈국내 경제성장률과 전력소비량 증가율〉

─── 경제성장률   ······· 전력소비량 증가율

㉠ 평일 일 평균 전력사용량은 계절과 관계없이 B지역이 A지역보다 항상 많을 것이다.

㉡ A지역은 여름과 겨울에 전력사용량이 증가하는 것으로 보아 주택용보다 산업용 전력사용량 비중이 높을 것이다.

㉢ 경제 성장에 따른 최대 전력 수요 증가가 예상될 경우, 발전 설비 확충 등을 통해 전력 공급 능력을 향상시켜야 한다.

㉣ 공급 능력이 8,000만kW, 최대 전력 수요가 7,200만kW라면 공급예비율이 10% 이하로 유지되도록 대책을 마련해야 한다.

① ㉠, ㉡
② ㉠, ㉢
③ ㉡, ㉢
④ ㉡, ㉣
⑤ ㉢, ㉣

18 다음은 ○○손해보험에서 화재손해 발생 시 지급 보험금 산정 방법과 피보험물건(A~E)의 보험금액 및 보험가액을 나타낸 자료이다. 화재로 입은 손해액이 A~E 모두 6천만 원으로 동일할 때, 지급 보험금이 많은 것부터 순서대로 나열하면?

〈표1〉 지급 보험금 산정방법

피보험물건 유형	조건	지급 보험금
일반물건, 창고물건, 주택	보험금액 ≥ 보험가액의 80%	손해액 전액
	보험금액 < 보험가액의 80%	손해액 × $\dfrac{보험금액}{보험가액의\ 80\%}$
공장물건, 동산	보험금액 ≥ 보험가액	손해액 전액
	보험금액 < 보험가액	손해액 × $\dfrac{보험금액}{보험가액}$

1) 보험금액 : 보험사고가 발생한 때에 보험회사가 피보험자에게 지급해야 하는 금액의 최고한도

2) 보험가액 : 보험사고가 발생한 때에 피보험자에게 발생 가능한 손해액의 최고한도

〈표2〉 피보험물건의 보험금액 및 보험가액

피보험물건	피보험물건 유형	보험금액	보험가액
A	주택	9천만 원	1억 원
B	일반물건	6천만 원	8천만 원
C	창고물건	7천만 원	1억 원
D	공장물건	9천만 원	1억 원
E	동산	6천만 원	7천만 원

① A － B － D － C － E

② A － D － B － E － C

③ B － A － C － D － E

④ B － D － A － C － E

⑤ D － B － A － E － C

19 다음 〈표〉는 주식매매 수수료율과 증권거래세율에 대한 자료이다. 주식매매 수수료는 주식 매도 시 매도자에게, 매수 시 매수자에게 부과되며 증권거래세는 주식 매도 시에만 매도자에게 부과된다고 할 때, 이에 대한 〈보기〉의 설명 중 옳은 것을 모두 고르면?

〈표 1〉 주식매매 수수료율과 증권거래세율

(단위 : %)

구분＼연도	2020	2021	2022	2023	2024
주식매매 수수료율	0.1949	0.1805	0.1655	0.1206	0.0993
유관기관 수수료율	0.0109	0.0109	0.0093	0.0075	0.0054
증권사 수수료율	0.1840	0.1696	0.1562	0.1131	0.0939
증권거래세율	0.3	0.3	0.3	0.3	0.3

〈표 2〉 유관기관별 주식매매 수수료율

(단위 : %)

유관기관＼연도	2020	2021	2022	2023	2024
한국거래소	0.0065	0.0065	0.0058	0.0045	0.0032
예탁결제원	0.0032	0.0032	0.0024	0.0022	0.0014
금융투자협회	0.0012	0.0012	0.0011	0.0008	0.0008
합계	0.0109	0.0109	0.0093	0.0075	0.0054

※ 주식거래 비용 = 주식매매 수수료 + 증권거래세

※ 주식매매 수수료 = 주식매매 대금 × 주식매매 수수료율

※ 증권거래세 = 주식매매 대금 × 증권거래세율

㉠ 2020년에 '갑'이 주식을 매수한 뒤 같은 해에 동일한 가격으로 전량 매도했을 경우, 매수 시 주식거래 비용과 매도 시 주식거래 비용의 합에서 증권사 수수료가 차지하는 비중은 50%를 넘지 않는다.

㉡ 2022년에 '갑'이 1,000만원 어치의 주식을 매수할 때 '갑'에게 부과되는 주식매매 수수료는 16,550원이다.

㉢ 모든 유관기관은 2024년 수수료율을 2023년보다 10% 이상 인하하였다.

㉣ 2024년에 '갑'이 주식을 매도할 때 '갑'에게 부과되는 주식거래 비용에서 유관기관 수수료가 차지하는 비중은 2% 이하이다.

① ㉠, ㉡
② ㉠, ㉢
③ ㉡, ㉢
④ ㉡, ㉣
⑤ ㉢, ㉣

▌20~21▐ 다음은 A시의 연도별·혼인종류별 건수와 관련된 자료이다. 자료를 보고 이어지는 물음에 답하시오.

〈A시의 연도별·혼인종류별 건수〉

(단위 : 건)

구분		2015	2016	2017	2018	2019	2020	2021	2022	2023	2024
남자	초혼	279	270	253	274	278	274	272	257	253	㉠
남자	재혼	56	58	52	53	47	55	48	47	45	㉡
여자	초혼	275	266	248	269	270	272	267	255	249	231
여자	재혼	60	62	57	58	55	57	53	49	49	49

(단위 : 건)

구분	2015	2016	2017	2018	2019	2020	2021	2022	2023	2024
남(초) + 여(초)	260	250	235	255	260	255	255	241	( )	( )
남(재) + 여(초)	15	16	13	14	10	17	12	14	( )	( )
남(초) + 여(재)	19	20	18	19	18	19	17	16	( )	( )
남(재) + 여(재)	41	42	39	39	37	38	36	33	( )	( )

※ 초 : 초혼, 재 : 재혼

20 아래 자료를 참고할 때, 위의 빈 칸 ㉠, ㉡에 들어갈 알맞은 수치는 얼마인가?

구분	2023년의 2015년 대비 증감 수	2022~2024년의 연평균 건수
남(초) + 여(초)	-22	233
남(재) + 여(초)	-4	12
남(초) + 여(재)	-4	16
남(재) + 여(재)	-7	33

① 237, 53
② 240, 55
③ 237, 43
④ 240, 43
⑤ 240, 40

21 위의 상황을 근거로 한 다음 〈보기〉와 같은 판단 중 타당한 것으로 볼 수 있는 것을 모두 고르면?

〈보기〉
㈎ 자신은 초혼이지만 상대방은 재혼이라도 괜찮다고 생각한 것은 남성이 여성보다 매년 더 많다.
㈏ 이혼율이 증가하면 초혼 간의 혼인율이 감소한다.
㈐ 여성의 재혼 건수가 전년보다 증가한 해는 남성의 재혼 건수도 항상 전년보다 증가한다.
㈑ 2024년에는 10년 전보다 재혼이 증가하고 초혼이 감소하였다.

① ㈎, ㈏
② ㈎, ㈐
③ ㈏, ㈐
④ ㈏, ㈑
⑤ ㈐, ㈑

22 甲 주식회사의 감사위원회는 9인으로 구성되어 있다. 다음에 제시된 법률 규정에서 밑줄 친 부분에 해당하지 않는 사람은?

감사위원회는 3인 이상의 이사로 구성한다. 다만 다음 각 호에 해당하는 자가 위원의 3분의 1을 넘을 수 없다.
1. 회사의 업무를 담당하는 이사 및 피용자(고용된 사람) 또는 선임된 날부터 2년 이내에 업무를 담당한 이사 및 피용자이었던 자
2. 최대 주주가 자연인인 경우 본인, 배우자 및 직계존·비속
3. 최대 주주가 법인인 경우 그 법인의 이사, 감사 및 피용자
4. 이사의 배우자 및 직계존·비속
5. 회사의 모회사 또는 자회사의 이사, 감사 및 피용자
6. 회사와 거래관계 등 중요한 이해관계에 있는 법인의 이사, 감사 및 피용자
7. 회사의 이사 및 피용자가 이사로 있는 다른 회사의 이사, 감사 및 피용자

① 甲 주식회사 최대 주주 A의 법률상의 배우자
② 甲 주식회사와 하청계약을 맺고 있는 乙 주식회사의 감사 B
③ 甲 주식회사 이사 C의 자녀
④ 甲 주식회사 자재부장 D가 이사로 있는 丙 주식회사의 총무과장 E
⑤ 甲 주식회사의 모회사인 丁 주식회사의 최대 주주 F

23 다음에 제시된 명제들이 모두 참일 경우, 이 조건들에 따라 내릴 수 있는 결론으로 적절한 것은?

㉠ 인사팀을 좋아하지 않는 사람은 생산팀을 좋아한다.
㉡ 기술팀을 좋아하지 않는 사람은 홍보팀을 좋아하지 않는다.
㉢ 인사팀을 좋아하는 사람은 비서실을 좋아하지 않는다.
㉣ 비서실을 좋아하지 않는 사람은 홍보팀을 좋아한다.

① 홍보팀을 싫어하는 사람은 인사팀을 좋아한다.
② 비서실을 싫어하는 사람은 생산팀도 싫어한다.
③ 기술팀을 싫어하는 사람은 생산팀도 싫어한다.
④ 생산팀을 좋아하는 사람은 기술팀을 싫어한다.
⑤ 생산팀을 좋아하지 않는 사람은 기술팀을 좋아한다.

24 조향사인 수호는 여러 가지 향기 시료를 조합하여 신상품을 개발하고 있다. 다음을 근거로 판단할 때, 수호가 시료 조합을 통해 만들 수 있는 향기로 옳지 않은 것은?

• 수호는 현재 딸기향, 바다향, 바닐라향, 파우더향, 커피향 시료를 10㎖씩 가지고 있다.
• 시료는 한 번 조합할 때 10㎖를 사용하며, 이미 조합한 시료를 다시 조합할 수 있다.
• 시료는 2개씩만 조합할 수 있고, 서로 다른 향기의 시료를 조합하면 다음과 같이 향이 변한다.
– 딸기향 시료와 바다향 시료를 조합하면, 모두 숲속향 시료가 된다.
– 딸기향 시료와 바닐라향 시료를 조합하면 두 층으로 분리되며 각각 딸기향 시료와 베리향 시료가 된다.
– 바다향 시료와 바닐라향 시료를 조합하면 두 층으로 분리되며 각각 바다향 시료와 나무향 시료가 된다.
– 파우더향 시료를 다른 향기의 시료와 조합하면, 모두 그 다른 향기의 시료가 된다.
– 커피향 시료를 다른 향기의 시료와 조합하면, 모두 커피향 시료가 된다.

① 딸기향 10㎖, 바다향 10㎖, 숲속향 20㎖, 커피향 10㎖
② 베리향 10㎖, 바다향 10㎖, 바닐라향 10㎖, 커피향 20㎖
③ 딸기향 10㎖, 베리향 10㎖, 바다향 20㎖, 커피향 10㎖
④ 숲속향 30㎖, 나무향 10㎖, 커피향 10㎖
⑤ 딸기향 20㎖, 나무향 10㎖, 커피향 20㎖

25 5명(A ~ E)이 다음 규칙에 따라 게임을 하고 있다. 4→1→1의 순서로 숫자가 호명되어 게임이 진행되었다면 네 번째 술래는?

- A→B→C→D→E 순으로 반시계방향으로 동그랗게 앉아 있다.
- 한 명의 술래를 기준으로, 술래는 항상 숫자 3을 배정받고, 반시계방향으로 술래 다음 사람이 숫자 4를, 그 다음 사람이 숫자 5를, 술래 이전 사람이 숫자 2를, 그 이전 사람이 숫자 1을 배정받는다.
- 술래는 1 ~ 5의 숫자 중 하나를 호명하고, 호명된 숫자에 해당하는 사람이 다음 술래가 된다. 새로운 술래를 기준으로 다시 위의 조건에 따라 숫자가 배정되며 게임이 반복된다.
- 첫 번째 술래는 A다.

① A ② B
③ C ④ D
⑤ E

┃26~27┃ 다음은 K지역의 지역방송 채널 편성정보이다. 다음을 보고 이어지는 물음에 답하시오.

[지역방송 채널 편성규칙]
- K시의 지역방송 채널은 채널1, 채널2, 채널3, 채널4 네 개이다.
- 오후 7시부터 12시까지는 다음을 제외한 모든 프로그램이 1시간 단위로만 방송된다.

시사정치	기획물	예능	영화 이야기	지역 홍보물
최소 2시간 이상	1시간 30분	40분	30분	20분

- 모든 채널은 오후 7시부터 12시까지 뉴스 프로그램이 반드시 포함되어 있다.

[오후 7시~12시 프로그램 편성내용]
- 채널1은 3개 프로그램이 방송되었으며, 9시 30분부터 시사정치를 방송하였다.
- 채널2는 시사정치와 지역 홍보물 방송이 없었으며, 기획물, 예능, 영화 이야기가 방송되었다.

- 채널3은 6시부터 시작한 시사정치 방송이 9시에 끝났으며, 바로 이어서 뉴스가 방송되었고 기획물도 방송되었다.
- 채널4에서는 예능 프로그램이 연속 2회 편성되었고, 예능을 포함한 4종류의 프로그램이 방송되었다.

26 다음 중 위의 자료를 참고할 때, 오후 7시~12시까지의 방송 프로그램에 대하여 바르게 설명하지 못한 것은? (단, 프로그램의 중간에 광고방송 시간은 고려하지 않는다.)

① 채널1에서 기획물이 방송되었다면 예능은 방송되지 않았다.
② 채널2는 정확히 12시에 프로그램이 끝나며 새로 시작되는 프로그램이 있을 수 없다.
③ 채널3에서 영화 이야기가 방송되었다면, 정확히 12시에 어떤 프로그램이 끝나게 된다.
④ 채널4에서 예능 프로그램이 연속 2회 방송되기 위해서는 반드시 뉴스보다 먼저 방송되어야 한다.
⑤ 채널4에서 영화 이야기가 방송되었다면 시사정치도 방송되었다.

27 다음 중 각 채널별로 정각 12시에 방송하던 프로그램을 마치기 위한 방법을 설명한 것으로 옳지 않은 것은? (단, 프로그램의 중간에 광고방송 시간은 고려하지 않는다.)

① 채널1에서 기획물을 방송한다면 시사정치를 2시간 반만 방송한다.
② 채널2에서 지역 홍보물 프로그램을 추가한다.
③ 채널3에서 영화 이야기 프로그램을 추가한다.
④ 채널4에서 시사정치를 적어도 11시 반까지는 방송한다.
⑤ 채널2에서 영화 이야기 프로그램 편성을 취소한다.

28 다음은 L사의 사내 전화번호부 사용법과 일부 직원들의 전화번호이다. 신입사원인 A씨가 다음 내용을 보고 판단한 것으로 적절하지 않은 것은 어느 것인가?

- 일반 전화걸기 : 회사 외부로 전화를 거는 경우 수화기를 들고 9번을 누른 후 지역번호부터 누른다.
- 타 직원에게 전화 돌려주기 : 수화기를 들고 # 버튼을 누른 후 원하는 직원의 내선번호를 누른다.
- 직원 간 내선통화 : 수화기를 들고 직원의 내선번호를 누른다.
- 전화 당겨 받기 : 수화기를 들고 * 버튼을 두 번 누른다.
- 통화대기 : 통화 도중 통화대기 버튼을 누르고 수화기를 내린다. 다시 통화하려면 수화기를 들고 통화대기 버튼을 누른다.

부서	이름	내선번호	부서	이름	내선번호
기획팀	신 과장	410	총무팀	김 과장	704
	최 대리	413	영업1팀	신 대리	513
인사팀	김 사원	305		오 사원	515
	백 대리	307	영업2팀	이 대리	105
마케팅팀	이 부장	201		정 과장	103

① 내선번호에는 조직의 편제에 따른 구분이 감안되어 있다.

② 통화 중인 이 부장과의 통화를 위해 대기 중이던 김 과장은 이 부장의 통화가 끝나면 수화기를 들고 201을 눌러야 한다.

③ 신 대리에게 걸려 온 전화를 오 사원이 당겨 받으려면 신 대리의 내선번호를 누르지 않아도 된다.

④ 최 대리가 이 대리에게 전화를 연결해 주려면 반드시 105번을 눌러야 한다.

⑤ 통화 중이던 백 대리가 # 버튼을 누르게 되면 상대방은 아직 통화가 끝나지 않은 것이다.

29 ○○커피에 근무하는 甲은 신규 매장 오픈을 위한 위치 선정을 하고 있다. 다음은 기존 매장의 위치를 표시한 것으로 아래의 조건에 따라 신규 매장 위치를 선정한다고 할 때, ⓐ~ⓔ 중 신규 매장이 위치할 수 없는 곳은 어디인가?

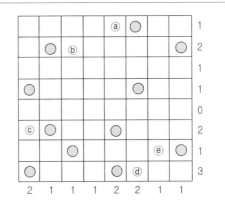

- 신규 매장은 바로 인접한 하나의 기존 매장으로부터 재료를 반드시 공급받아야 하고, 대각선 방향의 기존 매장은 이용할 수 없다.
- 기존 매장 하나는 하나의 신규 매장에만 재료를 공급할 수 있으며, 두 개의 신규 매장은 인접해서 위치하지 않고 대각선으로도 놓여있지 않다.
- 그림 밖의 숫자는 가로, 세로 줄에 위치할 신규 매장 수이다.

① ⓐ
② ⓑ
③ ⓒ
④ ⓓ
⑤ ⓔ

30 공무원연금공단은 다음 기준에 따라 사망조위금을 지급하고 있다. 기준을 근거로 판단할 때 옳게 판단한 직원을 모두 고르면? (단, 사망조위금은 최우선 순위의 수급권자 1인에게만 지급한다)

〈사망조위금 지급기준〉

사망자	수급권자 순위	
공무원의 배우자·부모 (배우자의 부모 포함) ·자녀	해당 공무원이 1인인 경우	해당 공무원
	해당 공무원이 2인 이상인 경우	1. 사망한 자의 배우자인 공무원 2. 사망한 자를 부양하던 직계비속인 공무원 3. 사망한 자의 최근친 직계비속인 공무원 중 최연장자 4. 사망한 자의 최근친 직계비속의 배우자인 공무원 중 최연장자 직계비속의 배우자인 공무원
공무원 본인	1. 사망한 공무원의 배우자 2. 사망한 공무원의 직계비속 중 공무원 3. 장례와 제사를 모시는 자 중 아래의 순위 　가. 사망한 공무원의 최근친 직계비속 중 최연장자 　나. 사망한 공무원의 최근친 직계존속 중 최연장자 　다. 사망한 공무원의 형제자매 중 최연장자	

- 甲 : A와 B는 비(非)공무원 부부이며 공무원 C(37세)와 공무원 D(32세)를 자녀로 두고 있다. 공무원 D가 부모님을 부양하던 상황에서 A가 사망하였다면, 사망조위금 최우선 순위 수급권자는 D이다.
- 乙 : A와 B는 공무원 부부로 비공무원 C를 아들로 두고 있으며, 공무원 D는 C의 아내이다. 만약 C가 사망하였다면, 사망조위금 최우선 순위 수급권자는 A이다.
- 丙 : 공무원 A와 비공무원 B는 부부이며 비공무원 C(37세)와 비공무원 D(32세)를 자녀로 두고 있다. A가 사망하고 C와 D가 장례와 제사를 모시는 경우, 사망조위금 최우선 순위 수급권자는 C이다.

① 甲　　　　　　② 乙

③ 丙　　　　　　④ 甲, 乙

⑤ 甲, 丙

---

31 소비자 구매의사결정과정에 대한 설명으로 가장 옳지 않은 것은?

① 소비자가 문제를 인식하게 되는 계기는 내적 요인에 의한 것이다.

② 다속성 태도모형은 소비자들의 실제 구매의사결정과정을 모형화한 것이 아니다.

③ 동일한 자극을 주더라도 그 결과 형성되는 지각은 개개인에 따라서 달라질 수 있다.

④ 필요로 하는 정보가 소비자의 기억 속에 이미 저장되어 있는 경우에는 내적탐색만으로 충분하나 그렇지 않은 경우에는 외적탐색을 하게 된다.

⑤ 외적탐색과정에서의 정보 원천은 크게 기업제공 원천, 소비자 원천, 중립적 원천의 3가지로 구분된다.

32 다음 중 호손실험 및 테일러 시스템처럼 종속변수에 끼치는 효과를 객관적 방식으로 측정 및 관찰해서 파악하는 실증적 연구방법은?

① 역사적 방법　　　　② 사례적 방법

③ 연역법　　　　　　④ 실험적 방법

⑤ 이론적 방법

33 변동성은 모든 비즈니스 프로세스에서 발생한다. 이는 다양성이나 불규칙성에서 기인하는 것인데, 다음 중 기본적인 변동성의 원천에 해당하지 않는 것은?

① 제공되는 제품이나 서비스의 다양성

② 수요의 구조적 변동

③ 공급의 구조적 변동

④ 이상변동

⑤ 우연변동

34 조직구매자의 구매상황에 대한 내용 중 가장 적절하지 않은 것은?

① 단순 재구매(straight rebuy)의 상황에서는 새로운 공급업자가 비집고 들어가기 어렵다.

② 신규 구매(new task)에서 구매하고자 하는 상품의 가격이 높거나 구매 결정이 잘못되었을 때 입게 될 위험이 클수록, 구매의사결정과정에 참여하는 사람들의 수가 많아지고 결정에 이르기까지 오랜 시간이 걸리게 된다.

③ 수정재구매(modified rebuy)는 조직구매자가 기존 공급업자를 상대로 구매조건을 변경하고자 하는 상황이다.

④ 공급자와 구매자 사이에 협상이 원만하게 끝나면 기존 공급자는 수정된 조건하에서 지속적으로 공급하게 된다.

⑤ 수정재구매 상황은 주로 외부요인에 의해 발생하게 된다.

35 다음 중 비조합원들의 사업장 출입을 저지하고, 이들을 파업에 동조하도록 호소하여 사용자에게 더 큰 타격을 주기 위해 활용되는 것을 일컫는 말은?

① 불매동맹
② 직장폐쇄
③ 파업
④ 피케팅
⑤ 직장폐쇄

36 고객이 정의한 서비스표준의 개발에 대한 내용 중 다수의 행동 및 행위에서 고객정의 표준설정에 포함될 우선순위를 정할 시에 표준설정이 필요한 행동과 행위를 찾아내는 데 있어 필요로 하는 기준으로 옳지 않은 것은?

① 표준은 개선되거나 유지될 필요가 있는 제공행위를 포함하고 있어야 한다.

② 표준은 현실적이면서 도전적이어야 한다.

③ 표준은 예측적이라기보다는 대응적이어야 한다.

④ 표준은 직원에 의해 이해되고 수용되어야 한다.

⑤ 표준은 고객에게 매우 중요한 행동 및 행위에 기초해야 한다.

37 다음 중 Adams의 공정성 이론(Equity Theory)에 대한 내용으로 가장 거리가 먼 것은?

① 조직 공정성은 3가지 측면에서 고려되어지고 있는데 배분적, 절차적, 결과적 공정성으로 나누어진다.

② 구성원들이 준거인이나 또는 준거집단과 비교해서 불공정성을 느끼게 될 경우 이에 대해 여러 가지 방법으로 불공정상태를 해소하고자 하며, 이와는 반대로 공정성을 느낄 때에는 동기가 부여된다고 하는 이론이다.

③ 분배적 공정성이란 회사의 자원을 구성원들 사이에 공평하게 분배했느냐의 문제를 의미한다.

④ 절차적 공정성은 회사의 의사결정과정이 공정했느냐의 여부를 의미한다.

⑤ 공정성 이론의 작동방법을 이해하기 위해서는 투입(input)과 산출(outcome)의 구체적 내용과 상대방, 즉 준거 인물에 대한 사전정보가 필요하다.

38 예측(forecasting)은 미래의 수요에 대한 정보를 제공하기 때문에 생산운영관리의 의사결정과정에서 기본적인 입력이 된다. 다음 중 제대로 준비된 예측이 만족해야 하는 요건으로 가장 적절하지 않은 것은?

① 예측은 문서화되어야 한다.

② 예측은 시의적절해야 한다.

③ 예측은 신뢰할 수 있어야 한다.

④ 예측은 비용효과가 낮아야 한다.

⑤ 예측은 의미 있는 단위로 표현되어야 한다.

39 경영전략을 수립할 때 사용되는 많은 전략들 중 BCG매트릭스에 관한 설명으로 옳지 않은 것은?

① 원의 크기는 사업단위의 매출액을 나타나며 매출액에 비례한다.

② 고성장, 고점유율의 사업단위로 유지전략 또는 확대전략을 선택하는 것을 Star라고 한다.

③ 저성장, 저점유율의 사업단위로 회수나 철수전략을 선택하는 것을 Question Mark라고 한다.

④ 시장점유율이 둔화될 경우 Cash Cow로 이동한다.

⑤ BCG 매트릭스(BCG Growth-Share Matrix)는 Boston Consulting Group에서 고안한 것으로 상대적 시장점유율과 시장성장률을 기초로 하여 만들어졌다.

40 마이클 포터의 경영전략과 관련된 설명으로 옳지 않은 것은?

① 기업이 주어진 여건에서 최고의 기술과 효율성, 최고의 경영기술을 활용하여 창출할 수 있는 가치의 최댓값을 'productivity frontier'라 한다.

② 차별화 전략과 동시에 원가우위전략을 추구할 수 없다.

③ 신기술 출현에 의해서 생산성 프론티어를 바깥쪽으로 좀 더 밀고 갈 수 있는 경우가 발생한다.

④ 전략의 실행 시에는 'stuck in the middle' 경우를 경계해야 한다.

⑤ 집중화전략은 특정시장, 즉 특정소비자집단, 일부 제품종류, 특정 지역 등을 집중적으로 공략하는 것이다.

41 다음 중 시장세분화에 관련한 내용으로 가장 적절하지 않은 것은?

① 각각의 세분시장의 욕구에 맞는 상품을 마케팅하는 것을 세분시장 마케팅(segment marketing)이라고 한다.

② 시장세분화를 하게 되면 눈에 띄지 않았을 마케팅 기회를 더 잘 발견할 수 있다.

③ 세분화된 시장을 통합하여 여러 세분시장에 동시에 어필할 수 있는 상품을 내놓는 것을 역세분화(counter-segmentation)이라 하며 이는 시장에서 점유율이 낮은 회사보다는 점유율이 높은 회사에 적합한 방법이다.

④ 세분시장 마케팅을 효과적이고 효율적으로 하려면 먼저 고객 행동 변수를 이용하여 시장을 세분화한 다음, 고객 특성 변수를 활용해서 세분시장 각각의 전반적인 특성을 파악하여야 한다.

⑤ 세분시장과 연관된 개념인 포지셔닝(positioning)은 표적시장 내 고객의 마음속에 우리 상품의 차별점을 인식시키는 활동이다.

42 다음 중 소비자 구매의사결정의 과정으로 가장 올바른 것은?

① 문제의 인식 → 정보의 탐색 → 대안의 평가 → 구매 → 구매 후 행동

② 문제의 인식 → 대안의 평가 → 정보의 탐색 → 구매 → 구매 후 행동

③ 문제의 인식 → 정보의 탐색 → 구매 → 대안의 평가 → 구매 후 행동

④ 문제의 인식 → 대안의 평가 → 구매 → 정보의 탐색 → 구매 후 행동

⑤ 문제의 인식 → 구매 → 정보의 탐색 → 대안의 평가 → 구매 후 행동

43 다음의 사례는 어떠한 전략을 설명하고 있는 것인가?

> • 제일제당 컨디션 : 접대가 많은 비스니스맨에게 적절한 제품
> • Johnson & Johnson : 아기용 샴푸

① 제품 속성에 의한 포지셔닝
② 이미지 포지셔닝
③ 제품 사용자에 의한 포지셔닝
④ 경쟁 제품에 의한 포지셔닝
⑤ 사용 상황에 의한 포지셔닝

44 다음 중 미국의 정치학자 제임스 맥그리거 번스가 1978년 처음 사용된 것으로 리더가 조직구성원의 사기를 고양시키기 위해 미래의 비전과 공동체적 사명감을 강조하고 이를 통해 조직의 장기적 목표를 달성하는 것을 핵심으로 하는 것을 무엇이라고 하는가?

① 거래적 리더십
② 서번트 리더십
③ 변혁적 리더십
④ 육성형 리더십
⑤ 일반적 리더십

45 생산용량(capacity)과 관련한 의사결정 설명 중 가장 적절하지 않은 것은?

① 생산용량은 보통 초기 투자의 주요 구성요소이다.
② 생산용량은 (경영)관리의 용이성에 영향을 미친다.
③ 생산용량 관련 결정은 흔히 자원을 단기적으로 여러 곳에 고정시킨다.
④ 글로벌화로 인하여 생산용량 결정이 더 중요해졌으며 복잡해졌다.
⑤ 생산용량 관련 결정은 경쟁력에 영향을 미칠 수 있다.

46 상품 라인 내에 어떠한 상품을 언제, 어떠한 상황하에서 개발할 것인지를 계획하고, 실행하고, 통제하는 것이 상품관리의 핵심이다. 다음 중 상품 라인 내에 무작정 새로운 상품 품목을 추가했을 시에 발생 가능한 문제점으로 가장 적절하지 않은 것은?

① 소매점에서의 진열 면적을 확보하기가 어려워진다.
② 생산의 효율성이 떨어져서 비용이 높아진다.
③ 추가된 상품 품목이 경쟁자의 고객을 빼앗아 올 확률이 상당히 높아진다.
④ 선택의 폭이 지나치게 많아져서 고객들이 혼란을 느끼고 구매를 연기 또는 포기할 수도 있다.
⑤ 품절의 가능성이 높아지게 되므로 재고관리도 어려워진다.

47 기업은 생산성 및 경쟁력을 높이고 고객 지향적이 되기 위해 업무 수행 방법을 제고한다. 과거에는 고객 불만처리나 프로세스 개선과 같은 비일상적 업무는 전형적으로 한 사람이나 동일 부서의 몇 명에게 배정되었는데, 최근에는 비일상적 업무들을 전문적으로 다루는 팀에 할당되고 있다. 다음 중 팀 전문가 바칼(Robert Bacal)이 제시한 성공적인 팀을 위한 조건으로 보기 가장 옳지 않은 것은?

① 효과적이고 유능한 대인관계
② 명확하게 기술된 비전과 목표의 공유
③ 팀과 조직의 관계에 대한 명확한 이해
④ 경영자의 역할과 기능에 대한 분명한 이해
⑤ 목표달성에 필요한 재능과 기술/기능

48 다음 중 특정 제품에 대해 좋은 선입관을 갖고 있다면 제품의 좋은 정보만 받아들이고 나쁜 정보는 여간해서는 수긍하지 않는 경향이 있는데 이를 무엇이라고 하는가?

① 장기기억　　　　　　② 선택적 보유
③ 선택적 노출　　　　　④ 선택적 주의
⑤ 선택적 왜곡

49 스블릭(therbligs)은 한 업무를 구성하는 기본적 요소동작을 의미한다. 다음 중 이에 해당하지 않는 것은?

① 쥐고 있기　　　　② 버리기

③ 탐색　　　　　　④ 선택

⑤ 옮기기

50 아래 박스에서 설명하고 있는 추종상표의 마케팅 전략은 어떠한 소비자 구매행동 유형에 가장 적합한 것인지 고르면?

> • 시장선도 상표는 넓은 진열면적을 점유하며, 재고부족을 없애고 빈번한 광고를 통하여 소비자로 하여금 습관적 구매를 유도하는 전략을 사용하는 것이 유리하다.
> • 추종상표는 낮은 가격, 할인 쿠폰, 무료샘플 등을 활용하여 시장 선도제품을 사용하고 있는 소비자들로 하여금 상표전환을 유도하는 전략을 사용하는 것이 유리하다.

① 다양성 추구 구매행동

② 습관적 구매행동

③ 복잡한 구매행동

④ 고관여 구매행동

⑤ 단순한 구매행동

51 다음 중 서비스 접점 직원의 중요성에 관련한 내용으로 가장 적절하지 않은 것은?

① 서비스 마케팅에서 '사람(people)'은 고객의 지각에 영향을 미치는 서비스제공 상의 모든 인간 활동이다.

② 서비스 직원은 브랜드이다.

③ 고객의 시각에서는 접점 직원이 서비스 기업으로 보인다.

④ 접점직원은 해당 조직을 대표하고 고객의 만족에 간접적으로 영향을 미칠 수 있으므로 이들은 마케터의 역할을 수행하고 있는 것이다.

⑤ 접점직원은 서비스이다.

52 신상품 개발에 관한 아래의 설명 중 바르지 않은 것은?

① 신상품 출시 후의 상품 라인 이익이 신상품을 출시하기 전의 상품 라인 이익보다 증가해야 이상적(ideal)이다.

② 비내구재 테스트의 핵심은 매출액이나 시장점유율을 예측하는 것이다.

③ 비내구재를 시장 테스트 할 때에는 '시용-반복' 과정을 관찰할 수 있는 방법을 활용해야 한다.

④ 통상적으로 시장점유율이 높은 회사일수록 자기잠식의 위험이 높다.

⑤ 새로운 시장을 창출하는 혁신적 신상품이 얻을 수 있는 판매량은 잠재구매자를 대상으로 한 컨셉트 테스트와 같은 방법으로 예측하기가 상당히 용이하다.

53 학습곡선(learning curves)을 사용하는 관리자는 이에 대한 한계점 및 위험성을 잘 알고 있어야 하는데, 다음 중 학습곡선의 유의점 및 비판에 대한 내용으로 옳지 않은 것은?

① 학습곡선 사용자는 이월효과(carryover effect)를 간과하지 않는다.

② 어떤 개선은 실제보다 더욱 명확하다.

③ 학습비율은 조직에 따라, 작업 종류에 따라 다를 수 있다.

④ 대량생산 시, 학습곡선은 생산 초기에서 프로세스 안정화까지의 시간을 예측하는 데 유용할 수 있다.

⑤ 학습곡선은 어떤 지점에서는 변동이 없거나, 특히 작업이 마무리 될 때, 오를 수도 있다.

54 기존의 브랜드와 동일한 상품 범주에 출시된 신상품에 기존 브랜드를 활용하는 것을 라인확장(line extension)이라 하는데 다음 중 라인확장이 지니는 위험으로 보기 가장 어려운 내용은?

① 동일한 브랜드의 상품이 서로 같은 유통경로로 판매될 경우에 경로 간 갈등을 일으킬 위험이 있다.

② 하향확장의 경우 모브랜드의 고급 이미지를 희석시켜 결국에 브랜드 자산을 약화시키게 되는 부정적 반향효과의 위험이 크다.

③ 기존의 브랜드가 신상품의 특성을 잘 나타내지 못할 가능성이 있다.

④ 상향확장의 경우에 프리미엄 이미지 구축에 실패할 가능성이 있다.

⑤ 라인확장이 부적절하거나 또는 실패한 경우에 소비자들이 모브랜드에 대해서 갖는 태도가 나빠지거나 심한 경우에는 판매도 감소할 수 있다.

55 식스시그마(six sigma)에 관한 설명 중 가장 적절하지 않은 것은?

① 모토롤라는 1980년대에 식스시그마 프로그램의 개념을 개척했다.

② 식스시그마 프로그램에는 경영 및 기술적인 구성요소들이 존재한다.

③ 식스시그마가 특정 조직에서 성공하기 위해서는 중간 경영층의 참여가 필수적이다.

④ 블랙벨트는 식스시그마 프로그램의 성공에 중요한 역할을 한다.

⑤ DMAIC(define-measure-analyze-improve-control)은 식스시그마의 공식적인 문제 해결 프로세스이다.

56 아래의 그림을 참고하여 마케팅 전략에 대한 내용으로 옳지 않은 것을 고르면?

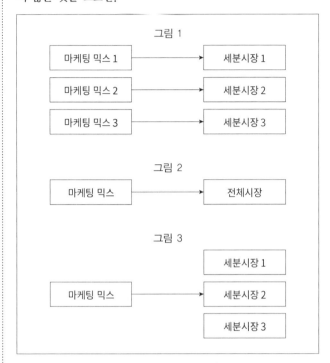

① 그림 1의 전략일 때는 제품수명주기 상에서 성숙기, 쇠퇴기에 해당한다.

② 그림 1의 경우에는 전체 시장 매출이 증가하게 된다.

③ 그림 2의 전략일 때는 제품수명주기 상에서 도입기에 사용한다.

④ 그림 2는 자원이 한정적일 때 사용한다.

⑤ 그림 3은 다양성 제품인 경우에 해당한다.

57 고객 접점(MOT : Moment of Truth)에 대한 설명 중 가장 바르지 않은 것은?

① 고객 접점에 있는 서비스요원은 책임과 권한을 가지고 고객의 선택이 가장 좋은 선택이었다는 사실을 고객에게 입증시켜야 한다.

② 서비스 상품을 구매하는 동안의 모든 고객 접점 순간을 관리하고 고객을 만족시켜 줌으로써 지속적으로 고객을 유지하고자 하는 방법이 고객 접점 마케팅이다.

③ 고객이 매장에 들어서서 구매를 결정하기까지 수 초 동안의 짧은 순간을 '진실의 순간' 또는 '결정적 순간'이라고 한다.

④ 고객 접점에 있는 서비스 요원들에게 권한을 부여하고 강화된 교육이 필요하며, 고객과 상호작용에 의하여 서비스가 순발력 있게 제공될 수 있는 서비스 전달시스템을 갖추어야 한다.

⑤ '결정적 순간'이란 고객이 기업 조직의 어떠한 측면과 접촉하는 순간이며, 그 서비스의 품질에 관하여 무언가 인상을 얻을 수 있는 순간이다.

58 제품수명주기에 대한 설명 중 가장 옳지 않은 항목은?

① 쇠퇴기에 수확전략을 선택할 경우, 제품의 품질, 특성, 스타일 등의 수정을 통해 신규고객을 유인하거나 기존 고객의 사용빈도를 높일 수 있다.

② 성숙기의 시장개발은 새로운 소비자를 찾거나 기존 소비자들의 사용빈도를 증가시키거나 새로운 용도를 개발한다.

③ 신상품 도입기의 마케팅 활동은 남들보다 앞서 상품체험을 바라는 고객, 혁신지향적 및 의견 선도적인 고객들을 목표시장으로 하는 것이 보다 효과적이다.

④ 성장기의 가격전략은 저가격정책을 도입하거나 기존가격을 유지한다.

⑤ 성장기에는 혁신소비자층과 조기수용자층 등의 호의적 구전이 시장 확대에 매우 중요한 역할을 한다.

59 아래 그림은 혁신수용의 시점을 나타내고 있다. 이에 대해 분석한 내용 중 가장 적절하지 않은 것은 무엇인가?

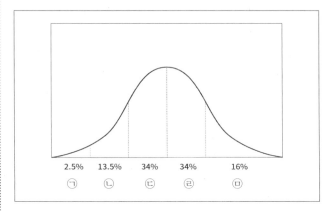

① ㉠의 경우, 모험적으로 리스크를 감수하고 새로운 아이디어를 시용한다.

② ㉡의 경우, 존중에 기반하여 행동하며, 자신의 커뮤니티에서 여론주도자이고 새로운 아이디어를 조기에 수용하지만, 신중하게 선택한다.

③ ㉢의 경우, 신중하며, 리더는 아니지만 보통 사람보다는 빨리 새로운 아이디어를 수용한다.

④ ㉣의 경우, 의심이 많으며 대다수가 사용한 후 새로운 것을 수용한다.

⑤ ㉤의 경우, 전통에 얽매어 있지 않고, 동시에 변화를 의심하지 않고 혁신을 수용한다.

60 다음 중 광고에 대한 설명으로 가장 옳지 않은 설명은 무엇인가?

① 소비자가 광고를 접할 때 발생하는 유머 및 온정의 감정은 소비자의 광고 상표에 대한 태도에 영향을 준다.

② 광고 목표 설정 시에 표적시장 및 비교기준을 명확하게 규정해야 한다.

③ 광고 제품에 대한 소비자의 관여도가 낮으면 낮을수록 해당 광고에 대한 소비자의 인지적 반응의 양은 많아진다.

④ 광고의 판매 효과를 측정하기 힘든 이유의 하나로 광고의 이월효과를 들 수 있다.

⑤ 광고모델이 매우 매력적일 경우에 모델 자체는 주의를 끌 수 있으나 메시지에 대한 주의가 상대적으로 흐트러질 수 있다.

>>> 철도관련법령

61 철도산업발전기본법령상 철도산업정보화기본계획의 내용에 포함되는 사항이 아닌 것은?

① 철도산업정보화와 관련된 기술개발의 지원에 관한 사항
② 철도산업정보화의 육성시책 및 시설건설에 관한 사항
③ 철도산업정보화에 필요한 비용
④ 철도산업정보의 수집 및 조사계획
⑤ 철도산업정보화의 여건 및 전망

62 철도산업발전기본법령상 국토교통부장관이 설치·운영해야 하는 철도교통관제시설의 목적에 부합하지 않는 것은?

① 적법운행 여부에 대한 지도·감독
② 철도차량 등의 운행정보의 제공
③ 선로의 유지보수·개량 및 건설정보의 제공
④ 사고발생시 사고복구 지시
⑤ 철도차량 등에 대한 운행통제

63 철도산업발전기본법령상 철도시설(선로등)에 대하여 선로등 사용계약을 체결하려는 경우 충족해야 하는 사용기간은?

① 1년을 초과하지 않을 것
② 2년을 초과하지 않을 것
③ 3년을 초과하지 않을 것
④ 5년을 초과하지 않을 것
④ 7년을 초과하지 않을 것

64 한국철도공사법령상 한국철도공사의 자본금은 얼마인가?

① 5조 원
② 13조 원
③ 15조 원
④ 20조 원
⑤ 22조 원

65 한국철도공사법령상 역세권 개발 사업에 대한 설명으로 가장 옳은 것은?

① 철도사업과 관련하여 역세권 개발 사업은 국토교통부가 하여야 한다.
② 역세권 개발 사업으로 철도사업과 관련하여 여객자동차터미널 및 화물터미널 등을 할 수 있다.
③ 해당 지방자치단체는 역세권 개발 사업에 행정적 또는 재정적 지원을 할 수 있다.
④ 공사는 역세권 개발사업의 일환으로 호텔카지노업을 할 수 있다.
⑤ 역세권 개발 사업으로 업무시설이나 주차장은 할 수 없다.

66 철도사업법령상 용어의 설명이 잘못된 것을 고르면?

① 사업용 철도란 철도사업을 목적으로 설치하거나 운영하는 철도를 말한다.
② 철도사업자란 한국철도공사 또는 철도사업 면허를 신청한 자를 말한다.
③ 전용철도운영자란 전용철도 등록을 한 자를 말한다.
④ 철도란 여객 또는 화물을 운송하는 데 필요한 철도시설과 철도차량 및 이와 관련된 운영·지원체계가 유기적으로 구성된 운송체계를 말한다.
⑤ 철도사업이란 다른 사람의 수요에 응하여 철도차량을 사용하여 유상(有償)으로 여객이나 화물을 운송하는 사업을 말한다.

67 다음 중 철도사업법령상 여객 운임·요금에 대한 설명으로 바르지 않은 것은?

① 여객의 운임·요금과 여객운송과 관련된 설비·용역에 대가를 국토교통부장관에게 신고하여야 한다.

② 여객에 대한 운임이란 여객운송에 대한 직접적인 대가를 말한다.

③ 여객 운임·요금을 인상할 경우 변경신고서를 제출하여야 한다.

④ 여객 운임의 상한을 지정한 경우에는 관보에 고시하여야 한다.

⑤ 철도사업자는 여객 유치를 위한 기념행사 등에는 여객 운임·요금을 감면할 수 있다

68 다음은 철도사업법 제13조(공동운수협정) 제1항이다. 밑줄 친 ㉮의 신고를 받은 국토교통부장관이 수리여부를 신고인에게 통지해야 하는 기한은?

> 철도사업자는 다른 철도사업자와 공동경영에 관한 계약이나 그 밖의 운수에 관한 협정(이하 "공동운수협정"이라 한다)을 체결하거나 변경하려는 경우에는 국토교통부령으로 정하는 바에 따라 국토교통부장관의 인가를 받아야 한다. 다만, 국토교통부령으로 정하는 경미한 사항을 변경하려는 경우에는 국토교통부령으로 정하는 바에 따라 ㉮국토교통부장관에게 신고하여야 한다.

① 신고를 받은 날부터 3일 이내

① 신고를 받은 날부터 5일 이내

③ 신고를 받은 날부터 7일 이내

④ 신고를 받은 날부터 14일 이내

⑤ 신고를 받은 날부터 15일 이내

69 철도사업법령상 관리지원센터의 업무로 옳지 않은 것은?

① 운영평가와 관련한 자문 및 지원

② 민자철도의 유지·관리 및 운영에 관한 기준과 관련한 자문 및 지원

③ 국토교통부장관이 위탁하는 업무

④ 실시협약 변경 등의 요구와 관련한 자문 및 지원

⑤ 민자철도의 주요 재정 결정에 대한 자문 및 지원

70 철도사업법령상 다음에 해당하는 벌칙은?

> 거짓이나 그 밖의 부정한 방법으로 전용철도의 등록을 한 자

① 5년 이하의 징역 또는 5천만 원 이하의 벌금

② 2년 이하의 징역 또는 2천만 원 이하의 벌금

③ 1년 이하의 징역 또는 1천만 원 이하의 벌금

④ 500만 원 이하의 벌금

코레일(한국철도공사) 필기시험

성 명	

아래에 문구를 빈칸에 정자로 기재하시오.

햇볕이 쏟아지는 가을날에 신선한 바람을 맞으며 하루를 보낸다.

필적확인란 :

직업기초능력평가

번호	①	②	③	④	⑤
1	①	②	③	④	⑤
2	①	②	③	④	⑤
3	①	②	③	④	⑤
4	①	②	③	④	⑤
5	①	②	③	④	⑤
6	①	②	③	④	⑤
7	①	②	③	④	⑤
8	①	②	③	④	⑤
9	①	②	③	④	⑤
10	①	②	③	④	⑤
11	①	②	③	④	⑤
12	①	②	③	④	⑤
13	①	②	③	④	⑤
14	①	②	③	④	⑤
15	①	②	③	④	⑤
16	①	②	③	④	⑤
17	①	②	③	④	⑤
18	①	②	③	④	⑤
19	①	②	③	④	⑤
20	①	②	③	④	⑤
21	①	②	③	④	⑤
22	①	②	③	④	⑤
23	①	②	③	④	⑤
24	①	②	③	④	⑤
25	①	②	③	④	⑤
26	①	②	③	④	⑤
27	①	②	③	④	⑤
28	①	②	③	④	⑤
29	①	②	③	④	⑤
30	①	②	③	④	⑤

직무수행능력평가

번호	①	②	③	④	⑤
31	①	②	③	④	⑤
32	①	②	③	④	⑤
33	①	②	③	④	⑤
34	①	②	③	④	⑤
35	①	②	③	④	⑤
36	①	②	③	④	⑤
37	①	②	③	④	⑤
38	①	②	③	④	⑤
39	①	②	③	④	⑤
40	①	②	③	④	⑤
41	①	②	③	④	⑤
42	①	②	③	④	⑤
43	①	②	③	④	⑤
44	①	②	③	④	⑤
45	①	②	③	④	⑤
46	①	②	③	④	⑤
47	①	②	③	④	⑤
48	①	②	③	④	⑤
49	①	②	③	④	⑤
50	①	②	③	④	⑤
51	①	②	③	④	⑤
52	①	②	③	④	⑤
53	①	②	③	④	⑤
54	①	②	③	④	⑤
55	①	②	③	④	⑤
56	①	②	③	④	⑤
57	①	②	③	④	⑤
58	①	②	③	④	⑤
59	①	②	③	④	⑤
60	①	②	③	④	⑤

철도관련법령

번호	①	②	③	④	⑤
61	①	②	③	④	⑤
62	①	②	③	④	⑤
63	①	②	③	④	⑤
64	①	②	③	④	⑤
65	①	②	③	④	⑤
66	①	②	③	④	⑤
67	①	②	③	④	⑤
68	①	②	③	④	⑤
69	①	②	③	④	⑤
70	①	②	③	④	⑤

생 년 월 일

⓪	①	②	③	④	⑤	⑥	⑦	⑧	⑨
⓪	①	②	③	④	⑤	⑥	⑦	⑧	⑨
⓪	①	②	③	④	⑤	⑥	⑦	⑧	⑨
⓪	①	②	③	④	⑤	⑥	⑦	⑧	⑨
⓪	①	②	③	④	⑤	⑥	⑦	⑧	⑨
⓪	①	②	③	④	⑤	⑥	⑦	⑧	⑨
⓪	①	②	③	④	⑤	⑥	⑦	⑧	⑨
⓪	①	②	③	④	⑤	⑥	⑦	⑧	⑨

코레일
(한국철도공사)

경영학
[사무영업(일반)]

제1회~제3회

- 정답 및 해설 -

SEOWONGAK
(주)서원각

>>> **직업기초능력평가**

1 ⑤

작자는 오래된 물건의 가치를 단순히 기능적 편리함 등의 실용적인 면에 두지 않고 그것을 사용해 온 시간, 그 동안의 추억 등에 두고 있으며 그렇기 때문에 오래된 물건이 아름답다고 하였다.

2 ①

② 위력이나 위엄으로 세력이나 기세 따위를 억눌러서 통제함
③ 필요한 것을 사거나 만들거나 하여 갖춤
④ 어떠한 현상을 일으키거나 영향을 미침
⑤ 앞으로 해야 할 일이나 겪을 일에 대한 마음의 준비

3 ②

① 필요할 때는 쓰고 필요 없을 때는 야박하게 버리는 경우를 이르는 말
③ 원수를 갚거나 마음먹은 일을 이루기 위하여 온갖 어려움과 괴로움을 참고 견딤
④ 공적인 일을 먼저 하고 사사로운 일은 뒤로 미룸
⑤ 고국의 멸망을 한탄함을 이르는 말

4 ③

ⓒ 당시 미국 산림청장은 핀쇼이다.

5 ①

㉠의 의미는 ①에 해당한다.

6 ③

아리스토텔레스는 모든 자연물이 목적을 추구하는 본성을 타고나며, 외적 원인이 아니라 내재적 본성에 따른 운동을 한다는 목적론을 제시하였다. 아리스토텔레스에 따르면 이러한 본성적 운동의 주체는 단순히 목적을 갖는 데 그치는 것이 아니라 목적을 실현할 능력도 타고난다.

7 ④

①⑤ 소스 부호화는 데이터를 압축하기 위해 기호를 0과 1로 이루어진 부호로 변환하는 과정이다. 오류를 검출하고 정정하기 위하여 부호에 잉여 정보를 추가하는 과정은 채널 부호화이다.
② 송신기에서 부호를 전송하면 채널의 잡음으로 인해 오류가 발생한다.
③ 잉여 정보는 오류를 검출하고 정정하기 위하여 부호에 추가하는 정보이다.

8 ②

② 기호 집합의 평균 정보량을 기호 집합의 엔트로피라고 하는데 모든 기호들이 동일한 발생 확률을 가질 때 그 기호 집합의 엔트로피는 최댓값을 갖는다. 기호들의 발생 확률이 서로 다르므로 평균 정보량이 최댓값을 갖지 않는다.

9 ⑤

⑤ 삼중 반복 부호화는 0을 000으로 부호화하는데, 두 개의 비트에 오류가 있으면 110, 101, 011이 되어 1로 판단하므로 오류는 정정되지 않는다.

10 ①

주택담보대출의 경우이므로 3개월의 연체기간을 월별로 나누어 계산해 보면 다음 표와 같이 정리될 수 있다.

연체기간	계산방법	연체이자
연체발생 ~30일분	지체된 약정이자(50만 원)× 연8%(5%+3%)×30/365	3,288원
연체 31일 ~60일분	지체된 약정이자(100만 원)× 연8%(5%+3%)×30/365	6,575원
연체 61일 ~90일분	원금(1억2천만 원)×연8%(5% +3%)×30/365	789,041원
합계		798,904원

따라서 798,904원이 정답이 된다.

11 ③

③ 지문 및 얼굴 정보 제공은 17세 이상의 외국인에 해당한다.

12 ③

㉠ 직원들의 평균 실적은 $\frac{2+6+4+8+10}{6} = 5$건 이다.

㉣ 여자 직원이거나 실적이 7건 이상인 직원은 C, E, F로 전체 직원 수의 50% 이상이다.

㉡ 남자이면서 실적이 5건 이상인 직원은 F뿐이므로 전체 남자 직원 수의 25%이다.

㉢ 실적이 2건 이상인 남자 직원은 B, D, F이고, 실적이 4건 이상인 여자 직원은 C, E이다.

13 ①

- 총 45지점이므로 $A + B + C = 10$
- PO터미날과 PO휴먼스의 직원 수가 같으므로 $5 + B = 6 + 1$, ∴ $B = 2$
- PO메이트의 공장 수는 PO휴먼스의 공장 수의 절반이므로 ∴ $A = 6 \times \frac{1}{2} = 3$
- PO메이트의 공장 수와 PO터미날의 공장 수를 합하면 PO기술투자의 공장 수와 같으므로 $A + B = C$, ∴ $C = 5$

따라서 $A = 3$, $B = 2$, $C = 5$이므로 두 번째로 큰 값은 3(A)이다.

14 ④

구분 \ 물품	A	B	C	D	E	F	G	H
조달단가 (억 원)	3	4	5	6	7	8	10	16
구매 효용성	1	0.5	1.8	2.5	1	1.75	1.9	2
정량적 기대효과	3	2	9	15	7	14	19	32

따라서 20억 원 이내에서 구매예산을 집행한다고 할 때, 정량적 기대효과 총합이 최댓값이 되는 조합은 C, D, F로 9 + 15 + 14 = 38이다.

15 ②

① 분만 : $\frac{2,909 - 3,295}{3,295} \times 100 ≒ -11.7\%$

② 검사 : $\frac{909 - 97}{97} \times 100 ≒ 837.1\%$

③ 임신장애 : $\frac{619 - 607}{607} \times 100 ≒ 2.0\%$

④ 불임 : $\frac{148 - 43}{43} \times 100 ≒ 244.2\%$

⑤ 기타 : $\frac{49 - 45}{45} \times 100 ≒ 8.9\%$

16 ⑤

⑤ E에 들어갈 값은 37.9 + 4.3 = 42.2이다.

17 ③

재정력지수가 1 이상이면 지방교부세를 지원받지 않는다. 따라서 3년간 지방교부세를 지원받은 적이 없는 지방자치단체는 서울, 경기 두 곳이다.

18 ④

- 푸르미네 가족의 월간 탄소배출량은
  $(420 \times 0.1) + (40 \times 0.2) + (60 \times 0.3) + (160 \times 0.5)$
  $= 42 + 8 + 18 + 80 = 148$kg이다.
- 소나무 8그루와 벚나무 6그루를 심을 경우 흡수할 수 있는 탄소흡수량은
  $(14 \times 8) + (6 \times 6) = 112 + 36 = 148$kg/그루·월로 푸르미네 가족의 월간 탄소배출량과 같다.

19 ③

㈎ 남편과 아내가 한국국적인 경우에 해당하는 수치가 되므로 우리나라 남녀 모두 다문화 배우자와 결혼하는 경우가 전년보다 감소하였음을 알 수 있다. → ○

㈏ $(88,929 - 94,962) \div 94,962 \times 100 = $ 약 -6.35%가 된다. 따라서 다문화 신혼부부 전체의 수는 2023년에 전년대비 감소한 것이 된다. → ×

㈐ $5.0 \rightarrow 6.9$(남편), $32.2 \rightarrow 32.6$(아내)로 구성비가 변동된 베트남과 $10.9 \rightarrow 11.1$(남편), $4.4 \rightarrow 4.6$(아내)로 구성비가 변동된 기타 국가만이 증가하였다. → ○

㈑ 중국인과 미국인 남편의 경우 2022년이 61.1%, 2023년이 60.2%이며, 중국인과 베트남인 아내의 경우 2022년이 71.4%, 2023년이 71.0%로 두 시기에 모두 50% 이상의 비중을 차지한다. → ○

20 ①

일본인이 남편인 경우는 2022년에 22,448쌍 중 7.5%를 차지하던 비중이 2023년에 22,114쌍 중 6.5%의 비중으로 변동되었다. 따라서 22,448 × 0.075 = 1,683쌍에서 22,114 × 0.065 = 1,437쌍으로 변동되어 246쌍이 감소되었다.

21 ②

- 명제 1을 벤다이어그램으로 나타내면 전체 집합 U는 '등산을 좋아하는 사람'이 되고, 그 중 낚시를 좋아하는 사람을 표시할 수 있다.

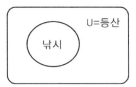

- 명제 2를 벤다이어그램으로 나타내면 다음과 같다.

- 이 두 명제를 결합하여 벤다이어그램으로 나타내면 다음과 같다.

- 등산을 좋아하는 사람 중 등산과 낚시를 둘 다 좋아하는 사람과 등산만 좋아하는 사람은 골프를 좋아하지 않으므로 결론 A는 옳지 않다.
- 낚시를 좋아하는 사람은 모두 등산을 좋아하는 사람이므로 결론 B는 옳다.

22 ①

첫 번째와 두 번째 조건을 정리해 보면, 세 사람은 모두 각기 다른 건물에 연구실이 있으며, 오늘 갔던 서점도 서로 겹치지 않는 건물에 있다.

세 번째 조건에서 최 교수와 김 교수는 오늘 문학관 서점에 가지 않았다고 하였으므로 정 교수가 문학관 서점에 간 것을 알 수 있다. 즉, 정 교수는 홍보관에 연구실이 있고 문학관 서점에 갔다.

네 번째 조건에서 김 교수는 정 교수가 오늘 갔던 서점이 있는 건물에 연구실이 있다고 하였으므로 김 교수의 연구실은 문학관에 있고, 따라서 최 교수는 경영관에 연구실이 있다.

23 ②

㈎ 충전시간 당 통화시간은 A모델 6.8H > D모델 5.9H > B모델 4.8H > C모델 4.0H 순이다. 음악재생시간은 D모델 > A모델 > C모델 > B모델 순으로 그 순위가 다르다. (X)

㈏ 충전시간 당 통화시간이 5시간 이상인 것은 A모델 6.8H과 D모델 5.9H이다. (O)

㈐ 통화 1시간을 감소하여 음악재생 30분의 증가 효과가 있다는 것은 음악재생에 더 많은 배터리가 사용된다는 것을 의미하므로 A모델은 음악재생에, C모델은 통화에 더 많은 배터리가 사용된다. (X)

㈑ B모델은 통화시간 1시간 감소 시 음악재생시간 30분이 증가한다. 현행 12시간에서 10시간으로 통화시간을 2시간 감소시키면 음악재생시간이 1시간 증가하여 15시간이 되므로 C모델과 동일하게 된다. (O)

24 ③

두 개의 제품 모두 무게가 42g 이하여야 하므로 B모델은 제외된다. K씨는 충전시간이 짧고 통화시간이 길어야 한다는 조건만 제시되어 있으므로 나머지 세 모델 중 A모델이 가장 적절하다.

친구에게 선물할 제품은 통화시간이 16시간이어야 하므로 통화시간을 더 늘릴 수 없는 A모델은 제외되어야 한다. 나머지 C모델, D모델은 모두 음악재생시간을 조절하여 통화시간을 16시간으로 늘릴 수 있으며 이때 음악재생시간 감소는 C, D모델이 각각 8시간(통화시간 4시간 증가)과 6시간(통화시간 3시간 증가)이 된다. 따라서 두 모델의 음악재생 가능시간은 15 − 8 = 7시간, 18 − 6 = 12시간이 된다. 그런데 일주일 1회 충전하여 매일 1시간씩의 음악을 들을 수 있으면 된다고 하였으므로 7시간 이상의 음악재생시간이 필요하지는 않으며, 7시간만 충족될 경우 고감도 스피커 제품이 더 낫다고 요청하고 있다. 따라서 D모델보다 C모델이 더 적절하다는 것을 알 수 있다.

25 ④

㉠ 개인별 투입시간 = 개인별 업무시간 + 회의 소요시간
㉡ 회의 소요시간 = 횟수 × 소요시간
 • A부서의 개인별 투입시간 = 41 + (3 × 1) = 44시간
 • B부서의 개인별 투입시간 = 30 + (2 × 2) = 34시간
 • C부서의 개인별 투입시간 = 22 + (1 × 4) = 26시간

26 ①

㉠ 총 투입시간이 적을수록 업무효율이 높다.
㉡ 총 투입시간 = 투입인원 × 개인별 투입시간
 • A부서의 총 투입시간 = 2 × 44 = 88시간
 • B부서의 총 투입시간 = 3 × 34 = 102시간
 • C부서의 총 투입시간 = 4 × 26 = 104시간

27 ④

애완동물을 데리고 승강기에 탑승할 경우 반드시 안고 탑승해야 하며, 타인에게 공포감을 주지 말아야 한다는 규정은 있으나, 승강기 이용이 제한되거나 반드시 계단을 이용해야만 하는 것은 아니므로 잘못된 안내 사항이다.

28 ④

건설비용 추가 발생 우려는 K공사의 위협 요인(T)이며, 인근 지역의 개발 기회를 통해 이러한 비용 부분이 만회(S)될 수 있다는 것이므로 ST전략이다.
① 자사의 우수한 기술력(S) + 경쟁 극복(T)→ST전략
② 연락사무소 설치(W) + 경쟁업체 동향 파악(T)으로 약점 최소화 → WT전략
③ 현지 근로인력 이용(O) + 우수 기술 교육 및 전수(S) → SO전략
⑤ 사고 경험(W) + 우수 사례로 경쟁 극복(T)하여 위협 제거 및 약점 최소화 → WT전략

29 ⑤

㉠ $a = b = c = d = 25$라면, 1시간당 수송해야 하는 관객의 수는 $40,000 \times 0.25 = 10,000$명이다. 버스는 한 번에 대당 최대 40명의 관객을 수송하고 1시간에 10번 수송 가능하므로, 1시간 동안 1대의 버스가 수송할 수 있는 관객의 수는 400명이다. 따라서 10,000명의 관객을 수송하기 위해서는 최소 25대의 버스가 필요하다.
㉡ $d = 40$이라면, 공연 시작 1시간 전에 기차역에 도착하는 관객의 수는 16,000명이다. 16,000명을 1시간 동안 모두 수송하기 위해서는 최소 40대의 버스가 필요하다.
㉢ 공연이 끝난 후 2시간 이내에 전체 관객을 공연장에서 기차역까지 수송하려면 시간당 20,000명의 관객을 수송해야 한다. 따라서 회사에게 필요한 버스는 최소 50대이다.

30 ④

2023년 기준 최근 실시한 임기만료에 의한 국회의원 선거의 선거권자 총수는 3천만 명이고 보조금 계상단가는 1,030원(2015년 1,000원+30원)이므로 309억 원을 지급하여야 하는데, 5월 대통령선거와 8월 동시지방선거가 있으므로 각각 309억 원씩을 더하여 총 927억 원을 지급해야 한다.

31 ⑤

봉사목적에 입각한 경영철학은 포드 시스템에 해당하는 내용이다.

32 ③

① 사원은 원칙적으로 출자가액을 한도로 하는 출자의무를 부담할 뿐 직접 아무런 책임을 부담하지 않는 회사
② 주식의 발행으로 설립된 회사
④ 무한책임사원과 유한책임사원으로 구성되는 복합적 조직의 회사

33 ③

① 일종의 기업협동으로 다른 기업의 주식보유를 통한 지배와 시장의 독점을 시도한다. 가맹기업의 독립성은 없고, 동일 산업부문 또는 기술적으로 관련된 수직적인 산업부문만의 자본 지배를 말한다.
② 일종의 기업집단으로 산업과 금융의 융합, 주식소유에 의한 지배(지주회사) 또는 융자, 중역파견에 의한 인적 결합 지배로 독립성이 유지되며 산업과 금융의 융합을 말하는 것으로 우리나라의 재벌이 이에 속한다.
④ 타 회사의 주식 보유를 통해 그 회사를 경영상으로 지배하려는 형태를 지주회사라 한다.
※ 콘체른과 같은 수직적 기업집단과는 달리 일정수의 유사한 규모의 기업들이 원재료와 신기술의 이용을 목적으로 사실상의 제휴를 하기 위하여 근접한 지역에서 대등한 관계로 결성하는 수평적 기업집단(특정 공업단지 내의 기업집단)을 말한다.
⑤ 콤비나트는 기술적 관점에서 유기적으로 결합된 다수 기업의 집단으로 공장집단이라고 한다.

34 ④

④ 과학적 관리법은 조직구성원들에 대한 동기부여가 테일러가 생각한 것보다 훨씬 복잡하게 이루어진다는 비판과 함께 '인간 없는 조직'이라고 불리기도 한다.

※ 과학적 관리법은 20세기 초 가장 효율적으로 인간이 일할 수 있도록 프레드릭 테일러가 고안해낸 작업 설계방식이다. 생산방법이 개선된다면 작업 능률과 생산성이 자동적으로 상승한다는 전제하에 인간은 물리적, 경제적 여건에 따라 생산성이 달라진다고 보았다.

35 ④

매슬로우 욕구론에 따라 생리적 욕구, 안전욕구, 사회적 욕구, 자기존중 욕구, 자아실현 욕구 순으로 사람을 동기부여 시킨다.

① 자아실현 욕구는 잠재적 역량을 최고로 발휘하여 자신의 일에서 최고가 되고 싶은 욕구이다.
② 자기존중 욕구는 명성, 명예 등 타인으로부터 인정받고 싶은 욕구이다.
③ 사회적 욕구는 어딘가에 소속되고 싶은 또는 다른 이들에게 집단의 일원으로 인정받고 싶은 욕구이다.
⑤ 생리적 욕구는 생존에 필수적인 것들을 충분히 취하고 싶은 욕구이다.

36 ③

조직의 3요소 … 공통의 목적, 커뮤니케이션 네트워크, 공헌의욕

37 ①

① 인간관계론은 호손실험의 결과를 토대로 메이요(E. Mayo)가 주창하였다.

38 ②

직무평가의 방법

㉠ 서열법(ranking method) : 직무의 난이도, 책임의 대소, 직무의 중요도, 장점 등 직무의 상대적 가치를 모두 고려하여 전체적으로 직무의 서열을 평가하는 방법으로 등급법이라고도 한다.

㉡ 분류법(classification method) : 전반적인 직무가치나 난이도 등의 분류기준에 따라 미리 여러 등급을 정하고 여기에 각 직무를 적절히 평가하여 배정하는 방법으로 서열법과 유사한 장·단점이 있으며, 직무등급법이라고도 한다.

㉢ 점수법(point method) : 각 직무에 공통평가요소를 선정하고 여기에 가중치를 부여한 후, 각 직무 요소별로 얻은 점수와 가중치를 곱하고 이를 합계하여 그 점수가 가장 높은 직무를 가장 가치 있는 직무로 평가하는 방법이다.

㉣ 요소비교법(factor comparison method) : 조직 내의 가장 중심이 되는 직무를 선정하고 요소별로 직무를 평가한 후 나머지 평가하고자 하는 모든 직무를 기준직무의 요소에 결부시켜 서로 비교하여 조직 내에서 이들이 차지하는 상대적 가치를 분석적으로 평가하는 방법이다.

※ 면접법은 직무담당자 또는 감독자와 면접을 통해 직무정보를 획득하는 방법이다.

39 ②

제품수명주기

구분	특성
도입기	• 매출은 없거나 미미한 단계 • 경쟁자가 없거나 적은 단계
성장기	• 매출이 급속히 성장하는 단계 • 경쟁자가 점차적으로 증가하는 단계
성숙기	• 최대매출을 달성하는 단계 • 경쟁자는 점차 감소하는 단계
쇠퇴기	• 시장에서 제품라인이 삭제되는 단계

40 ②

② 해당 사례는 경쟁범위가 넓고 경쟁우위에 있어 저원가 전략을 펴는 원가우위 전략 성공 사례이다.

41 ③

GE 매트릭스는 산업매력도(시장규모, 성장률, 이익률, 경쟁정도, 경험곡선 등)를 Y축으로 기업경쟁력(생산능력, 생산성, 유통망, 단위당 비용, 상대적 시장점유율, 가격경쟁력, 제품의 질, 고객에 대한 지식 등)을 X축으로 놓은 분석도구이다. 이 두 축을 중심으로 하여 시장도 매력적이며 기업경쟁력도 있는 사업, 시장은 매력적이나 기업경쟁력은 없는 사업, 기업경쟁력은 있으나 시장잠재력이 매우 작은 사업, 경쟁력도 없고 시장잠재력도 없는 사업 즉, 총 네 가지로 비즈니스를 분류하며 이에 따라 서로 다른 전략적 가치를 도출해낸다.

42 ①

그린마케팅 ⋯ 기업의 제품이 개발되고 유통, 소비되는 과정에서 자사의 환경에 대한 사회적 책임과 환경보전 노력을 소비자들에게 호소하는 마케팅 전략이다.
② 필립 코틀러가 사용하기 시작한 단어로 현대와 같이 급속하게 변화하는 기업 환경하에서 효과적인 마케팅을 수행하기 위해서는 종전의 마케팅 컨셉트나 마케팅 믹스에 국한되어서는 안 되며 기존의 마케팅 전략요소인 4P(Product, Place, Price, Promotion)에 Power와 PR(public relation)을 포함시켜야 한다고 설명하고 있다.

43 ④

여러 시즌에 걸쳐 특정 스타일의 판매가 이루어지는 것은 지속성 상품이다.

44 ⑤

물류의 7R 원칙은 E. W. Smykey 교수가 제창한 원칙으로써 여기서 '적절하다'는 말은 바로 고객이 요구하는 서비스의 수준을 뜻한다. 이를 잘 실행시키기 위해서는 하역, 포장, 보관, 수송, 정보, 유통가공 등의 물류 하부시스템을 통합시키는 작업이 필요하다.

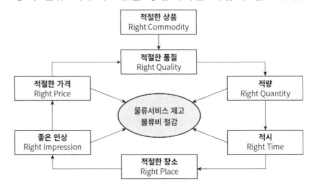

45 ③

동일한 재화에 대해 서로 상이한 가격을 부과하는 것을 가격차별이라 한다. 따라서 재화의 동일성을 전제로 가격차별의 예를 판단해야 하며 이러한 관점에서 판단할 때 비행기의 비즈니스석과 이코노미석은 서로 다른 서비스를 제공하므로 다른 재화로 판단하는 것이 타당하며 따라서 가격차별이 될 수 없다. 반대로 놀이공원의 입장료와 놀이기구 이용료를 따로 받는 것은 동일재화에 해당하므로 2부 가격차별이라 할 수 있다. 이러한 가격차별은 독점의 형태에서 주로 발생하며 규모의 경제는 독점의 강력한 원인이 된다. 가격반응곡선은 과점형태에서 나타나므로 옳지 않다.

46 ④

JIT 시스템의 효과
㉠ 수요의 변화에 대한 신속한 대응
㉡ 작업 공간 사용의 개선
㉢ 불량 감소
㉣ 재공품 재고변동의 최소화

ⓜ 생산 리드타임의 단축

ⓗ 유연성

ⓢ 분권화를 통한 관리의 증대

ⓞ 고설계 적합성

ⓩ 납기의 100% 달성

ⓒ 각 단계 간 수요변동의 증폭전달 방지

ⓚ 낮은 수준의 재고를 통한 작업의 효율성

47 ③

③번은 정기발주 시스템의 특징이다.

※ **정량발주 시스템**

- 발주 비용이 저렴하다.
- 일정량을 발주하며, 발주 시기는 비정기적이다.
- 재고량 증가의 우려가 있다.
- 계산이 편리한 관계로 사무관리가 용이하다.
- 정기적인 재고량의 점검이 이루어진다.

48 ④

보상적 권력은 원하는 보상을 해 줄 수 있는 자원과 능력을 갖고 있을 때 발생하는 권력을 의미한다.

49 ②

시계열 자료는 주가 지수의 경우처럼 매 단위 시간에 따라 측정되어 생성되는데 횡단면 자료에 비하여 상대적으로 적은 수의 변수로 구성된다.

50 ②

ULS (Unit Load System : 유닛로드시스템)는 화물의 유통 활동에 있어 하역·수송·보관 등의 전반적인 비용절감을 위해, 출발지에서부터 도착지까지의 중간 하역작업 등이 없이 일정한 방법으로 수송·보관하는 시스템을 의미한다.

51 ②

컨테이너의 대형화는 기존의 화차에 컨테이너를 적재하기가 어려워져 운영효율이 떨어지게 될 것이다.

52 ③

아웃소싱 전략은 한정된 자원을 가장 핵심사업 분야에 집중시키고, 나머지 부문은 외부 전문기업에 위탁하여 효율을 극대화하려는 전략을 말하며, 고객에 대한 낮은 충성도, 이직률의 상승이라는 문제점을 지니고 있다.

53 ②

재고의 기능과 유형

- 장래 수요에 대비한 비축재고
- 불확실성에 대비한 안전재고
- 규모의 경제에 따라 발생하는 재고
- 공정의 독립성을 유지하기 위한 완충재고
- 원거리 수송으로 인한 재고

54 ②

목표에 의한 관리는 개인과 조직의 목표를 명확히 규정함으로써 구성원의 목표를 상급자 및 조직전체의 목표와 일치하도록 하기 때문에 조직목표 달성에 효과적으로 기여한다는 것이다.

55 ①

①번은 직장 내 교육훈련에 관한 설명이다.

56 ②

ⓐ 사업단위 연관문제 : 사업부를 각각 독립적으로 보고 있으며, 수익성이 낮은 사업은 제거하지만 실제 좋은 사업에도 영향을 줄 수 있다는 부분은 간과하고 있다.

ⓑ 자원의 제약성 : 기업의 내적자원만을 고려하여 외부적인 요인의 영향력은 외면하였다.

ⓒ 가정의 비현실성 : 시장성장율, 시장점유율 등 이분법적인 분류로 사업단위의 유형을 지나치게 단순화하였다.

ⓓ 주관개입의 가능성이 있으므로 객관적 평가시스템의 보완이 필요하다.

57 ③

캐롤(B.A. Carrol)의 피라미드 모형에서 제시된 기업의 사회적 책임의 단계는 다음과 같다.

58 ②

거래처리 정보보다 분석정보에 의존한 의사결정 문제가 자주 발생하기 때문에 의사결정에 있어 정보시스템에 의존하게 되는 것이다.

59 ②

ⓐ 균형성과표(BSC : balanced scorecard)는 회계학 분야의 캐플란(R. Kaplan)과 노튼(D. Norton)은 기업을 경영하는 것은 마치 항공기를 조종하는 것과 같아서 기업을 경영할 때 경영자가 고려하여야 하는 요인들은 마치 항공기 조종석의 계기판만큼이나 복잡한 정보를 필요로 한다고 주장하였으며 이를 재무적 관점, 고객관점, 내부 프로세스 관점, 학습과 성장관점의 4가지를 제시하였다.

ⓓ 균형성과표는 단기적인 재무적 성과와 기업의 장기적인 경쟁력을 창출할 수 있는 고객이나 내부 프로세스 등에 대한 투자와 같은 장기적 목표 간의 균형을 강조한다.

60 ⑤

리드(납)층(lead tier)은 기업에게 초과비용이 들게 하는 고객들로 구성되는 층으로 이들은 자신들에게 주어진 비용과 자신들이 내는 수익성 이상의 배려를 요구한다. 또한, 때때로 기업에 대해 다른 사람들에게 불평을 하거나 기업의 자원을 활용하지 못하게 하는 문제고객이기도 하다.

>>> 철도관련법령

61 ②

철도시설(부지 포함)〈철도산업발전기본법 제3조 제2호〉

㉠ 철도의 선로(선로에 부대되는 시설 포함), 역시설 (물류시설 · 환승시설 및 편의시설 등을 포함) 및 철도운영을 위한 건축물 · 건축설비

㉡ 선로 및 철도차량을 보수 · 정비하기 위한 선로보수기지, 차량정비기지 및 차량유치시설

㉢ 철도의 전철전력설비, 정보통신설비, 신호 및 열차제어설비

㉣ 철도노선간 또는 다른 교통수단과의 연계운영에 필요한 시설

㉤ 철도기술의 개발 · 시험 및 연구를 위한 시설

㉥ 철도경영연수 및 철도전문인력의 교육훈련을 위한 시설

㉦ 그 밖에 철도의 건설 · 유지보수 및 운영을 위한 시설로서 대통령령으로 정하는 시설

62 ②

철도협회의 업무〈철도산업발전기본법 제13조의2 제4항〉

㉠ 정책 및 기술개발의 지원

㉡ 정보의 관리 및 공동활용 지원

㉢ 전문인력의 양성 지원

㉣ 해외철도 진출을 위한 현지조사 및 지원

㉤ 조사 · 연구 및 간행물의 발간

㉥ 국가 또는 지방자치단체 위탁사업

㉦ 그 밖에 정관으로 정하는 업무

63 ②

철도의 관리청은 국토교통부장관으로 한다〈철도산업발전기본법 제19조 제1항〉.

64 ④

보상계약에 포함되어야 할 사항〈철도산업발전기본법 제33조 제2항〉

㉠ 철도운영자가 제공하는 철도서비스의 기준과 내용에 관한 사항

㉡ 공익서비스 제공과 관련하여 원인제공자가 부담하여야 하는 보상내용 및 보상방법 등에 관한 사항

㉢ 계약기간 및 계약기간의 수정 · 갱신과 계약의 해지에 관한 사항

㉣ 그 밖에 원인제공자와 철도운영자가 필요하다고 합의하는 사항

65 ②

공사는 사장이 선임한 대리 · 대행인을 해임한 경우에는 해임 후 2주일 이내에 주된 사무소의 소재지에서 그 해임한 뜻을 등기해야 한다〈한국철도공사법 시행령 제6조 제2항〉.

66 ③

①④ 공사는 국유재산을 전대하려면 미리 국토교통부장관의 승인을 받아야 한다. 이를 변경하려는 경우에도 또한 같다〈한국철도공사법 제15조 제2항〉.

②⑤ 전대를 받은 자는 해당 재산에 건물이나 그 밖의 영구시설물을 축조하지 못한다. 다만, 국토교통부장관이 행정 목적 또는 공사의 사업 수행에 필요하다고 인정하는 시설물의 축조는 그러하지 아니하다〈한국철도공사법 제15조 제4항〉.

67 ③

국토교통부장관은 사업용철도노선의 노선번호, 노선명, 기점(起點), 종점(終點), 중요 경과지(정차역을 포함한다)와 그 밖에 필요한 사항을 국토교통부령으로 정하는 바에 따라 지정 · 고시하여야 한다〈철도사업법 제4조 제1항〉.

68 ⑤

철도사업자는 열차를 이용하는 여객이 정당한 운임·요금을 지급하지 아니하고 열차를 이용한 경우에는 부가운임을 징수할 수 있다〈철도사업법 제10조 제1항〉.

69 ②

면허취소 또는 사업정지 등의 처분대상이 되는 사상자 수〈철도사업법 시행령 제8조〉… 1회 철도사고로 사망자 5명 이상이 발생하게 된 경우를 말한다.

70 ②

국토교통부장관은 국가가 재정을 지원한 민자철도의 건설 및 유지·관리 현황에 관한 보고서를 작성하여 매년 5월 31일까지 국회 소관 상임위원회에 제출하여야 한다〈철도사업법 제25조의6 제1항〉.

>>> **직업기초능력평가**

1 ②

인간은 매체를 사용하여 타인과 소통하는데 그 매체는 음성 언어에서 문자로 발전했으며 책이나 신문, 라디오나 텔레비전, 영화, 인터넷 등으로 발전해 왔다. 매체의 변화는 사람들 간의 소통양식은 물론 문화 양식에까지 영향을 미친다. 현대에는 음성, 문자, 이미지, 영상, 음악 등이 결합된 매체 환경이 생기고 있다. 이 글에서는 텔레비전 드라마가 인터넷, 영화, 인쇄매체 등과 연결되어 복제되는 현상을 낳기도 하고 수용자의 욕망이 매체에 드러난다고 언급한다. 즉 디지털 매체 시대의 독자는 정보를 수용하기도 하지만 생산자가 될 수도 있음을 언급하고 있다고 볼 수 있다.

2 ③

주어진 글은 미술, 음악 등 작품에서 본질적인 부분만을 취하고 '주제와 관련 없는 부분을 화면에서 제거'하는 '여백의 미'에 대한 내용이다.

3 ①

① 값이나 비율 따위가 보통보다 위에 있다.
② 지위나 신분 따위가 보통보다 위에 있다.
③ 온도, 습도, 압력 따위가 기준치보다 위에 있다.
④ 소리가 음계에서 위쪽에 있거나 진동수가 큰 상태에 있다.
⑤ 기세 따위가 힘차고 대단한 상태에 있다.

4 ②

'저지르다'의 유의어는 '범하다'이다.
• 저지르다 : 죄를 짓거나 잘못이 생겨나게 행동하다.
• 범하다 : 법률, 도덕, 규칙 따위를 어기다.

5 ④

④ ㄹ의 앞 문장은 '동전 던지기 횟수를 늘렸을 때 확률이 어떻게 변하는지 보려면 그저 계속 곱하기만 하면 된다.'고 하였고, ㄹ의 뒤 문장은 '결과는 1/64'라고 하였다. 따라서 보기의 '1/2을 여섯 번 곱하면 된다'는 ㄹ에 들어가야 자연스럽다.

6 ③

③ 제일 급하고 일이 필요한 사람이 그 일을 서둘러 하게 되어 있다는 말
① 꾸준히 노력하면 어떤 어려운 일이라도 이룰 수 있다는 말
② 원인이 없으면 결과가 있을 수 없음을 비유적으로 이르는 말
④ 작은 나쁜 짓도 자꾸 하게 되면 큰 죄를 저지르게 됨을 비유적으로 이르는 말
⑤ 우연히 운 좋은 기회에, 하려던 일을 해치운다는 말

7 ⑤

⑤ 국내 통화량이 증가하여 유지될 경우 장기에는 자국의 물가도 높아져 장기의 환율은 상승한다.

8 ④

포퍼는 가설로부터 논리적으로 도출된 예측을 관찰이나 실험 등의 경험을 통해 맞는지 틀리는지 판단함으로써 그 가설을 시험하는 과학적 방법을 제시한다. 콰인은 개별적인 가설뿐만 아니라 기존의 지식들과 여러 조건 등을 모두 포함하는 전체 지식이 경험을 통한 시험의 대상이 된다는 총체주의를 주장한다. 따라서 포퍼와 콰인 모두 '경험을 통하지 않고 가설을 시험할 수 있는가?'라는 질문에 '아니요'라고 답변을 할 것이다. ①, ②, ③, ⑤의 질문에 대해서는 포퍼는 긍정의, 콰인은 부정의 답변을 할 것이다.

9 ①

② 반추 동물이 짧은 시간에 과도한 양의 비섬유소를 섭취하면 급성 반추위 산성증을 유발한다.
③ 반추위 미생물은 산소가 없는 환경에서 왕성하게 생장한다.
④ 반추 동물도 셀룰로스와 같은 섬유소를 분해하는 효소를 합성하지 못한다.
⑤ 사람은 효소를 이용하여 비섬유소를 포도당으로 분해하고 이를 소장에서 흡수하여 에너지원으로 이용한다.

10 ③

③ 희토류와 관련된 우리 삶에 대한 긍정적인 전망은 제시하고 있지 않다.
① 이 발표의 목적은 '희토류가 무엇이고 어떻게 쓰이는지 등에 대해 알려 드리고자 함'이다.
② 산업 분야에서 희토류의 역할을 '산업의 비타민'이라고 비유적 표현으로 제시하였다.
④ 청자의 이해를 돕기 위해 영상 및 표를 효과적으로 제시하고 있다.
⑤ 발표 마지막에서 희토류가 실제로 얼마나 다양하게 활용되고 있는지 관심을 갖고 찾아보길 촉구하고 있다.

11 ②

보고서 작성 개요에 따르면 결론 부분에서 '공공 데이터 활용의 장점을 요약적으로 진술'하고 '공공 데이터가 앱 개발에 미칠 영향 언급'하고자 한다. 따라서 ②의 '공공 데이터는 앱 개발에 필요한 실생활 관련 정보를 담고 있으며 앱 개발 비용의 부담을 줄여 준다(→공공 데이터 활용의 장점을 요약적으로 진술). 그러므로 앱 개발 시 공공 데이터 이용이 활성화되면 실생활에 편의를 제공하는 다양한 앱이 개발될 것이다(→공공 데이터가 앱 개발에 미칠 영향 언급).'가 결론으로 가장 적절하다.

12 ②

'신재생 에너지' 분야의 사업 수를 x, '절약' 분야의 사업 수를 y라고 하면

$x + y = 600$ ······ ㉠

$\dfrac{3,500}{x} \geq 5 \times \dfrac{600}{y}$ → (양 변에 xy 곱함)

→ $3,500y \geq 3,000x$ ······ ㉡

㉠, ㉡을 연립하여 풀면 $y \geq 276.92\cdots$

따라서 '신재생 에너지' 분야의 사업별 평균 지원액이 '절약' 분야의 사업별 평균 지원액의 5배 이상이 되기 위한 사업 수의 최대 격차는 '신재생 에너지' 분야의 사업 수가 323개, '절약' 분야의 사업 수가 277개일 때로 46개이다.

13 ③

$5,000,000 \times 0.29\% = 14,500$원

14 ②

〈유의사항〉에 "지수상승에 따른 수익률(세전)은 실제 지수상승률에도 불구하고 연 4.67%를 최대로 한다."고 명시되어있다.

15 ②

① 역 부문의 경우 2024년은 2022년에 비해(98.69 − 97.27 = 1.42) 1.42 상승하였다.

② 철도서비스 모니터링 결과에서 2024년도 열차 부문(99.51) 2024년도 계열사 부문(98.14)에 비해 높음을 알 수 있다.

③ 2024년의 경우 철도서비스 모니터링 결과에서 보듯이 역(98.69), 열차(99.51), 계열사(98.14)로 2024년에는 열차부문이 가장 높음을 알 수 있다.

④ 2020년~2024년까지 철도서비스 모니터링 3개 부문을 모두 계산하면 다음과 같은 순서로 나타낼 수 있다. 열차(98.36 + 97.33 + 98.83 + 99.15 + 99.51 = 493.18) 부문이 가장 높으며, 그 다음으로는 역(97.19 + 96.06 + 97.27 + 98.22 + 98.69 = 487.43) 부문이 차지하고 있으며, 그 다음으로는 계열사(97.11 + 96.23 + 95.99 + 97.63 + 98.14 = 485.1) 부문의 순이다.

⑤ 2024년은 2022년에 비해(98.83 − 97.32 = 1.51) 상승함을 알 수 있다.

16 ⑤

보완적 평가방식은 각 상표에 있어 어떤 속성의 약점을 다른 속성의 강점에 의해 보완하여 전반적인 평가를 내리는 방식을 의미한다. 보완적 평가방식에서 차지하는 중요도는 60, 40, 20이므로 이러한 가중치를 각 속성별 평가점수에 곱해서 모두 더하면 결과 값이 나오게 된다. 각 대안(열차종류)에 대입해 계산하면 아래와 같은 결과 값을 얻을 수 있다.

• KTX 산천의 가치 값
  = (0.6 × 3) + (0.4 × 9) + (0.2 × 8) = 7
• ITX 새마을의 가치 값
  = (0.6 × 5) + (0.4 × 7) + (0.2 × 4) = 6.6
• 무궁화호의 가치 값
  = (0.6 × 4) + (0.4 × 2) + (0.2 × 3) = 3.8
• ITX 청춘의 가치 값
  = (0.6 × 6) + (0.4 × 4) + (0.2 × 4) = 6
• 누리로의 가치 값
  = (0.6 × 6) + (0.4 × 5) + (0.2 × 4) = 6.4

조건에서 각 대안에 대한 최종결과 값 수치에 대한 반올림은 없는 것으로 하였으므로 종합 평가점수가 가장 높은 KTX 산천이 甲과 乙의 입장에 있어서 최종 구매대안이 되는 것이다.

17 ①

S→1→F 경로로 갈 경우에는 7명, S→3→2→F 경로로 갈 경우에는 11명이며, S→3→2→4→F 경로로 갈 경우에는 8명이므로, 최대 승객 수는 모두 더한 값인 26명이 된다.

18 ②

② 2018년 대비 2023년에 증가한 여객수송 인원은 96,560명이다. 화물수송의 경우에는 15,785톤 정도 감소되었음을 알 수 있다.

19 ①

• 하루 40feet 컨테이너에 대한 트럭의 적재량
  = 2 × 40 = 80
• 월 평균 트럭 소요대수
  = 1,600 × 20 ÷ 2,000 = 16
• 월 평균 40feet 컨테이너 트럭의 적재량
  = 25 × 80 = 2,000
∴ 1일 평균 필요 외주 대수는 16 − 11 = 5대이다.

20 ③

A, B, C의 장소를 각각 1대의 차량으로 방문할 시의 수송거리는(10 + 13 + 12)×2 = 70km, 하나의 차량으로 3곳 수요지를 방문하고 차고지로 되돌아오는 경우의 수송거리 10 + 5 + 7 + 12 = 34km, 그러므로 70 - 34 = 36km가 된다.

21 ④

ⓒ 2023년은 전체 임직원 중 20대 이하 임직원이 차지하는 비중이 50% 이하이다.

22 ④

네 번째 조건에서 수요일에 9대가 생산되었으므로 목요일에 생산된 공작기계는 8대가 된다.

월요일	화요일	수요일	목요일	금요일	토요일
		9대	8대		

첫 번째 조건에 따라 금요일에 생산된 공작기계 수는 화요일에 생산된 공작기계 수의 2배가 되는데, 두 번째 조건에서 요일별로 생산한 공작기계의 대수가 모두 달랐다고 하였으므로 금요일에 생산된 공작기계의 수는 6대, 4대, 2대의 세 가지 중 하나가 될 수 있다.

그런데 금요일의 생산 대수가 6대일 경우, 세 번째 조건에 따라 목~토요일의 합계 수량이 15대가 되어야 하므로 토요일은 1대를 생산한 것이 된다. 그러나 토요일에 1대를 생산하였다면 다섯 번째 조건인 월요일과 토요일에 생산된 공작기계의 합이 10대를 넘지 않는다. (∵ 하루 최대 생산 대수는 9대이고 요일별로 생산한 공작기계의 대수가 모두 다른 상황에서 수요일에 이미 9대를 생산하였으므로)

금요일에 4대를 생산하였을 경우에도 토요일의 생산 대수가 3대가 되므로 다섯 번째 조건에 따라 월요일은 7대보다 많은 수량을 생산한 것이 되어야 하므로 이 역시 성립할 수 없다.

즉, 세 가지 경우 중 금요일에 2대를 생산한 경우만 성립하며 화요일에는 1대, 토요일에는 5대를 생산한 것이 된다.

월요일	화요일	수요일	목요일	금요일	토요일
	1대	9대	8대	2대	5대

따라서 월요일에 생산 가능한 공작기계 대수는 6대 또는 7대가 되므로 둘의 합은 13이다.

23 ④

④ 1회 송달료가 2,500원일 경우 A가 납부한 송달료의 합계는 처음의 소를 제기할 때 들어간 송달료 50,000원에 항소를 제기하기 위해 들어간 송달료 60,000원을 더한 110,000원이 된다.

① A가 제기한 소는 소가 2,000만 원 이하의 사건이므로 제1심 소액사건에 해당한다.

② 1회 송달료가 3,200원일 경우 A가 소를 제기하기 위해 내야할 송달료는 당사자 수 × 송달료 10회분이므로, 2 × 32,000 = 64,000원이다.

③ A가 원래의 소를 제기할 때 들어가는 송달료는 당사자 수 × 송달료 10회분이고, 항소를 제기할 때 들어가는 송달료는 당사자 수 × 송달료 12회분이므로, 당사자 수가 같을 경우 항소를 제기할 때 들어가는 송달료가 원래의 송달료보다 많다.

⑤ 민사 항소사건의 경우 당사자수 × 송달료 12회분을 납부해야 한다.

24 ③

위 글에 나타난 문제점은 전원이 갑자기 꺼지는 현상이다. 따라서 ③ 취침 예약이 되어있는지 확인하는 것이 적절하다.

25 ①

①은 위 매뉴얼에 나타나있지 않다.

26 ④

단식을 하는 날 전후로 각각 최소 2일간은 정상적으로 세 끼 식사를 하므로 2주차 월요일에 단식을 하면 전 주 토요일과 일요일은 반드시 정상적으로 세 끼 식사를 해야 한다. 이를 바탕으로 조건에 따라 김 과장의 첫 주 월요일부터 일요일까지의 식사를 정리하면 다음과 같다.

월	화	수	목	금	토	일
○		○	○	○	○	○
○		○	○		○	○
○	○	○	○		○	○

27 ⑤

7월 23일(일)에 포항에서 출발하여 울릉도에 도착한 김 대리는 24일(월) 오후 6시에 호박엿 만들기 체험을 하고, 25일(화) 오전 8시에 울릉도 → 독도 → 울릉도 선박에 탑승할 수 있으며 26일(수) 오후 3시에 울릉도에서 포항으로 돌아올 수 있다.

① 16일(일)에 출발하여 19일(수)에 돌아왔다면 매주 화요일과 목요일에 출발하는 울릉도→독도→울릉도 선박에 탑승할 수 없다(18일 화요일 최대 파고 3.2).

② 매주 금요일에 술을 마시는 김 대리는 술을 마신 다음날인 22일(토)에는 멀미가 심해서 돌아오는 선박을 탈 수 없다.

③ 20일(목)에 포항에서 울릉도로 출발하면 오후 1시에 도착하는데, 그러면 오전 8시에 출발하는 울릉도 → 독도 → 울릉도 선박에 탑승할 수 없다.

④ 21일(금)과 24일(월)은 모두 파고가 3m 이상인 날로 모든 노선의 선박이 운항되지 않는다.

28 ③

평가 기준에 따라 점수를 매기면 다음과 같다.

평가항목 음식점	음식 종류	이동 거리	가격 (1인 기준)	맛 평점 (★ 5개 만점)	방 예약 가능 여부	총점
자금성	2	4	5	1	1	13
샹젤리제	3	3	4	2	1	13
경복궁	4	5	1	4	1	15
도쿄타워	5	1	3	5	–	14
에밀리아	3	2	2	3	1	11

따라서 A그룹의 신년회 장소는 경복궁이다.

29 ④

한주가 수도인 나라는 평주가 수도인 나라의 바로 전 시기에 있었고, 금주가 수도인 나라는 관주가 수도인 나라 바로 다음 시기에 있었으나 정보다는 이전 시기에 있었으므로 수도는 관주 > 금주 > 한주 > 평주 순임을 알 수 있다. 병은 가장 먼저 있었던 나라는 아니지만, 갑보다 이전 시기에 있었으므로 두 번째나 세 번째가 되는데, 병과 정이 시대 순으로 볼 때 연이어 존재하지 않았으므로 을 > 병 > 갑 > 정이 되어야 한다. 따라서 나라와 수도를 연결해 보면, 을 – 관주, 병 – 금주, 갑 – 한주, 정 – 평주가 되며 [이야기 내용]과 일치하는 것은 3, 5, 6이다.

30 ①

$EOQ = \sqrt{\dfrac{2C_oD}{C_h}}$ 를 적용하면,

$\Rightarrow EOQ = \sqrt{\dfrac{2(20,000)(5,000)}{200}}$ 이 되며, 루트를 벗기면 경제적 주문량은 1,000이 된다.

31 ⑤

타 기업의 제도 또는 시스템을 벤치마킹하더라도 이는 어디까지나 제도 및 시스템적인 측면을 받아들이는 것이지 어느 한 조직의 구성원들이 공유하는 생각, 가치관, 신념 등에 관한 조직문화적 가치까지도 쉽게 이전되는 것이 아니다.

32 ②

임금피크제 … 종업원이 일정 연령이 되면 임금을 삭감하는 대신 정년은 보장하는 제도로 워크 셰어링의 한 형태이다. 미국·유럽·일본 등 일부 국가에서 공무원과 일반 기업체 직원들을 대상으로 선택적으로 적용하고 있으며, 우리나라에서는 2001년부터 금융기관을 중심으로 이와 유사한 제도를 도입해 운용하고 있다. 그러나 공식적으로는 신용보증기금이 2003년 7월 1일 임금피크제를 적용한 것이 처음이다. 노동자들의 임금을 삭감하지 않고 고용도 유지하는 대신 근무시간을 줄여 일자리를 창출하는 제도로 2~3년의 기간을 설정하여 노동자들의 시간당 임금에도 변함이 없으며 고용도 그대로 유지되는 단기형, 기존의 고용환경과 제도를 개선할 목적으로 비교적 장기간에 걸쳐 행해지는 중장기형으로 나뉜다.

33 ③

콘체른 … 일종의 기업집단으로 산업과 금융의 융합, 주식소유에 의한 지배 또는 융자 및 중역파견에 의한 인적 결합 지배로 독립성이 유지되는 산업과 금융의 융합을 말하는 것으로 우리나라의 재벌이 이에 속한다.

34 ③

리더십의 일반적 유형

㉠ **거래적 리더십** : 타산적, 교환적 관계를 중시하는 전통적인 리더십으로 구성원의 결핍욕구(deficiency needs)를 자극하고 이를 충족시켜 주는 것을 반대급부로 조직에 필요한 임무를 수행하도록 동기화시키는 지도자의 특성을 의미한다.

㉡ **변혁적 리더십** : 카리스마, 지적 동기 유발, 개인적 배려, 비전의 4가지 차원에서 중요한 변화를 주도하고 관리하는 리더십 행위로서, 구성원의 성장욕구를 자극하고 동기화 시킴으로써 구성원의 태도와 신념을 변화시켜 더 많은 노력과 헌신을 이끌어 내는 지도자의 특성을 의미한다.

㉢ **카리스마적 리더십** : 리더의 이념에 대한 부하의 강한 신뢰를 바탕으로 동화, 복종, 일체감으로 높은 목표를 추구하고자 하는 리더십이다.

㉣ **서번트 리더십** : 섬기는 자세를 가진 봉사자로서의 역할을 먼저 생각하는 리더십이다.

㉤ **비전적 리더십** : 카리스마의 개념 중에서 특히 비전에 강조점을 두고 있는 리더십이다.

35 ②

디지털 마케팅이 기존 마케팅과 차별화하는 요인

㉠ 데이터 중심

㉡ 관객의 도달 및 세분화

㉢ 단방향에서 쌍방향으로의 대화 진행

㉣ 저렴한 가격

㉤ 기존보다 높은 ROI

36 ②

②는 인바운드 텔레마케팅에 관한 설명이다. 아웃바운드 텔레마케팅은 텔레마케터(telemarketer)가 직접 고객들에게 제품정보를 제공하고 주문을 유도하거나 또는 자동화된 텔레마케팅 시스템을 이용하여 주문을 유도할 수 있다.

37 ②

델파이법은 생산예측의 방법 중에서 정성적 방법에 해당한다.

38 ④

직무분석의 절차

배경정보의 수집 → 대표직위의 선정 → 직무정보의 획득 → 직무기술서의 작성 → 직무명세서의 작성

39 ②

포터의 5요인 분석

㉠ 진입위협
㉡ 경쟁위협
㉢ 공급자위협
㉣ 구매자위협
㉤ 대체자위협

40 ④

물류기업의 경우에는 차량의 효율화, 비용의 절감을 위해 녹색물류 도입을 추진해야 한다.

41 ①

벤치마킹(bench marking) … 초우량기업이 되기 위해 최고의 기업과 자사의 차이를 구체화하고 이를 메우는 것을 혁신의 목표로 활용하는 경영전략이다.

42 ③

매슬로우의 욕구 5단계

| 자아실현의 욕구 (잠재능력의 발휘) |
| 존경의 욕구 (자존, 자율, 성취 등) |
| 사회적 욕구 (애정, 소속, 다른 사람에 의해 받아들여짐) |
| 안전의 욕구 (안전 및 신체적·정서적 피해로부터의 보호) |
| 생리적 욕구 (의식주 등 인간의 생명유지를 위한 기본적 욕구) |

43 ⑤

지식근로자(knowledge workers)는 자신의 일을 끊임없이 개선·개발·혁신하여 부가가치를 올리는 지식을 소유한 사람을 의미한다. 정보를 나름대로 해석하고 이를 활용해 부가가치를 창출해 낼 수 있는 노동자를 가리킨다. ⑤ 지식근로자는 지식소스를 파악하고 분석하여 본질적인 문제점을 해결할 수 있는 능력을 갖추어야 한다.

44 ④

④ BCG 매트릭스에서 DOG 단계는 시장점유율도 낮고 해당시장의 성장률도 낮은 쇠퇴기에 접어든 단계로 사업의 축소 또는 철수 전략이 시행된다.

45 ④

④ 캐즘(Chasm)이란 혁신적 제품이 개발·출시되어 초기의 적극적 소비자가 구매한 이후 일반 대중적 시장 영역으로 도약에 나서는 경우 수렁과 정체를 말한다.

※ **제품수명주기(PLC ; Product Life Cycle)** … 일반적으로 도입기, 성장기, 성숙기, 쇠퇴기의 네 단계로 구분된다. 주기의 구분이 명확하지 않고 분석의 초점이 제품에 맞춰짐으로 전반적 시장의 상황을 간과한다는 비판도 받고 있지만 현재까지는 제품전략의 수립에 유용한 분석의 틀로 사용되고 있으며 이를 통해 적절한 마케팅 전략을 수립하고 실행할 수 있다.

㉠ **도입기** : 제품에 대하여 소비자의 인식이 부족하고 유통채널에 상품을 진열하는 데도 상당한 시간이 소요된다. 제품을 알리기 위한 촉진비용이 가장 많이 드는 시기이기 때문에 이익은 아주 적거나 오히려 적자인 경우가 대부분이다.

㉡ **성장기** : 도입기를 지나 성장기가 되면 매출이 크게 증가하고 새로운 특성을 지닌 제품의 경쟁자가 등장한다. 일반대중들도 제품을 구매하기 시작하며 경쟁의 심화로 촉진비용도 함께 증가하지만 시장이 확대되어 수익도 빠르게 증가하게 된다.

㉢ **성숙기** : 제품의 판매성장률이 둔화 즉, 판매가 정점에 달하는 전후의 시기를 말한다. 통상 도입기나 성장기보다 오래 지속되는 특징을 지니며 경쟁자들은 가격경쟁을 시도하거나 공격적인 촉진전략을 구사하기도 한다. 이익은 감소하고 경쟁에서 밀리는 기업은 도태되므로 성장기에는 소수의 시장지배자들과 다수의 소규모 기업으로 시장이 양분된다.

㉣ **쇠퇴기** : 시장에서 제품이 서서히 사라지는 단계로 기술의 변화 또는 소비자 기호의 변화, 경쟁심화 등으로 인해 진행되므로 제품에 따라 이 시기가 급격하게 진행될 수도 있고 서서히 진행될 수도 있다.

46 ①

㉠ **푸시(push)시스템** : 전통적 서구의 생산시스템을 의미하는 것으로 작업이 생산의 첫 단계에서 방출되고 차례로 재고품을 다음 단계로 밀어내어 마지막 단계에서 완제품이 나오게 된다.

㉡ **풀(pull)시스템** : 일본의 JIT시스템을 의미하는 것으로 재공품 재고 및 이의 변동을 최소화할 목적으로 설계되며, 재고관리를 단순화함으로써 수요변동에 의한 영향을 감소시키고 분권화에 의하여 작업관리의 수준을 높인다.

47 ④

보고(BOGO)마케팅에 있어서 'BOGO'는 '물건을 하나 사면 하나를 덤으로 준다'는 의미로, 'Buy One Get One'의 줄임말이다. 불황 탓에 무료사은품을 덧붙인 상품이 소비자들에게 인기를 끌고 있는 데서 파생한 용어로 원래 미국의 대형할인매장이나 패스트 푸드점에서 사용하던 마케팅전략이었으나, 판매부진에 시달리는 국내의 업계로 확산되고 있다. 소비자의 구매욕구를 촉진시키면서 동시에 저렴한 비용으로 제품홍보도 하는 1석 2조의 마케팅전략으로 평가 된다.

48 ④

4PL은 3PL보다 범위가 넓은 공급사슬 역할을 담당한다.

49 ④

새로운 형태의 소매상이 처음에는 낮은 수준의 서비스와 저마진으로 저가격을 실현함으로써 시장에 등장하지만, 높은 수준의 서비스를 제공하는 기존 형태의 소매상과 경쟁하고 소비자들에게 추가적인 만족을 제공하기 위해 어쩔 수 없이 설비를 개선하고 서비스를 확대해야 하므로 그에 따라 가격경쟁력을 잃게 된다.

50 ①

경제적 주문량의 기본가정은 다음과 같다.

- 계획기간 중 해당품목의 수요량은 항상 일정하며, 알려져 있다.
- 단위구입비용이 주문수량에 관계없이 일정하다.
- 연간 단위재고 유지비용은 수량에 관계없이 일정하다.
- 1회 주문비용이 수량에 관계없이 일정하다.
- 주문량이 일시에 입고된다.
- 조달기간이 없거나 일정하다.
- 재고부족이 허용되지 않는다.

51 ②

대량 마케팅(mass marketing)은 단일제품을 전체시장을 대상으로 대량생산판매하는 마케팅 유형을 말한다. 고객의 욕구 중에서 이질성보다 동질성에 초점을 두고 최소의 비용과 가격으로 최대의 잠재시장을 창출하고자 하는 마케팅이다. 표준화에 의한 원가 절감이나 규모의 경제(economies to scale) 이익을 얻을 수 있다.

52 ⑤

철도운송의 경우 철도역에서의 화물의 수취는 불편하다. 또한, 수송체제는 D to D(Door To Door)가 아닌 Point To Point로 이루어지므로 환적 작업(육상운송과의)을 필요로 한다. 환적작업을 하게 되면 신속성이 떨어지고 그만큼 시스템이 복잡해진다. 그렇기 때문에 D To D가 가능한 육상운송에 비해 기동성이 떨어지게 되며 철도운송은 타 운송수단과의 연계를 필요로 한다.

53 ②

지식경영은 기업을 둘러싼 환경이 급변함에 따라 이에 적극 대응하기 위한 지속적인 혁신과 함께 이를 가능하게 하는 지식의 중요성이 커짐에 따라 피터 드러커 & 노나카 이쿠지로 등에 의해 제창된 개념이다.

54 ①

POS 터미널의 도입으로 인해 판매원 교육 및 훈련시간이 짧아지고 입력오류를 방지할 수 있다.

55 ①

ⓔ 최소의 자원으로 최대의 물자공급 효과를 얻어야 한다.
ⓜ 필요하지 않은 중간과정의 유통과정은 없애야 한다.

56 ⑤

① 바퀴형(wheel)은 집단 내 특정 리더가 있을 경우에 발생하는 것으로 특정 리더에 의해 모든 정보의 전달이 이루어지므로 정보가 특정 리더에게 집중되는 현상을 보이게 된다. 이 방법의 경우 힘이 한 곳(리더)에 집중되므로 구성원들 간의 정보공유가 되지 않는다는 문제점이 있다.

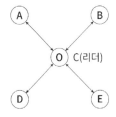

② 완전연결형(all channel)은 전체 집단구성원이 서로 적극적 의사소통을 한다. 이 형태가 오늘날 조직에서 이상적으로 추구하는 형태의 네트워크이다. 이 방법의 경우 일정한 규칙 없이 자유롭게 의견교환이 이루어지다 보면 창의적이면서 참신한 아이디어 산출이 가능해진다.

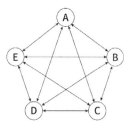

③ 원형(circle)은 위원회 조직 또는 태스크포스 조직에서와 같이 권력의 집중도 없으며 지위고하도 없이 특정 문제해결을 위해 구성된 조직에서 발생하는 형태의 네트워크이다.

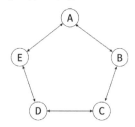

④ Y형은 집단 내 특정 리더가 있는 것은 아니지만 비교적 집단을 대표할 수 있는 인물이 있는 경우에 나타난다. 특히 라인 및 스탭의 혼합집단에서 찾아볼 수 있으며 단순한 문제를 해결하는데 있어서의 정확도는 비교적 높다.

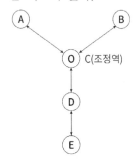

⑤ 사슬형(chain)은 공식적 계통 및 수직적 경로를 통해 의사(정보)전달이 이루어지는 형태의 네트워크로 명령 및 권한의 체계가 명확한 공식적인 조직에서 활용하는 커뮤니케이션 네트워크이다. 주로 관료적 조직 또는 공식화가 진행된 조직에서 쉽게 발견할 수 있으며 사슬이 길어질수록 정보왜곡에 대한 가능성은 커진다.

57 ④

문제에 제시된 그림은 매트릭스 조직구조(matrix structure)의 형태를 나타낸 것이다. 이러한 조직구조의 경우 한 명의 종업원이 두 명의 상사를 두고 있는 형태로 이들 상사로부터 서로 상이한 지시를 받을 경우에 혼란이 발생할 수 있다는 문제점(명령일원화의 원칙에 위배)이 있다. 이로 인해 상시적 조직에서는 거의 활용하지 않고 있으며, 프로젝트성의 업무가 있는 조직에서 주로 활용된다.

58 ⑤

연공주의는 자신이 그 회사에 소속된 년수에 비례하여 숙련도가 향상된다는 사고와 예로부터 내려온 전통적인 사고, 정신적인 가치기준에 기반한 것으로 승진관리에 있어 안정(경력, 근속년수 등)적이다. 반면 능력주의는 자신이 지닌 직무가치와 수행능력에 따라 급여가 지급되며 임금이 급상승하게 되는 방식으로 연공주의에 비해 승진관리에 있어 불안정적이다.

59 ④

① 주관의 객관화(projection)는 평가자가 본인의 특성과 피평가자의 특성을 비교하려는 경향을 의미한다.

② 선택적 지각(selective perception)은 선택적 지각은 애매모호한 상황에 대해서 부분적인 정보만을 받아들여 판단을 내리게 되는 데서 발생하게 되는 범하게 되는 지각상의 오류를 의미하는데 이러한 선택적 지각은 타인을 빠르게 파악할 수 있는 반면에 정확하지 않은 그림을 그리게 되는 위험도 크다.

③ 대비효과(contrast effect)는 타인에 대한 판단을 함에 있어 대비되는 정보로 인해 판단이 왜곡되는 것을 의미한다. 다시 말해 절대적 기준으로 평가하지 못하고 타인과 비교하여 평가하는 오류이다.

④ 스테레오타이핑(stereo typing)은 개인 간 차이를 충분히 고려하지 않은 채 타인의 행동, 성격을 그 개인이 속한 집단의 속성으로 규정하는 것을 의미한다. 이는 개인이 특정 집단의 구성원이라는 이유만으로 그 특정 집단이 가지는 모든 특성을 다 가지고 있을 것이라고 가정하고 평가하는 오류로 일종의 대안평가에 있어서 고정관념이자 편견이다. 문제의 사례를 보면 '강남에 살면 돈이 많다' 를 보면 서울 한강 이남의 지가는 대한민국의 최고 수준이다. 하지만 모든 땅이 노른자 땅도 아닐 뿐더러 달동네도 강남에 위치하고 있기 때문이다. 또한, '아시아 인은 운전을 못한다' 를 보면 일부 아시아인의 운전이 급하고 사고가 나면 화를 주체하지 못하는 행위들이 여러 영상매체에 언급되어 아시아인을 바라보는 세계의 많은 사람들의 머리 속에는 고정관념으로 남아 있다.

⑤ 후광효과(halo effect)는 특정인이 가진 지엽적 특성만을 가지고 그 사람의 모든 측면을 '긍정적' 으로 평가하게 되는 오류를 의미한다.

60 ⑤

판매개념에서의 목표는 매출증대를 통한 이윤의 창출에 있다.

>>> **철도관련법령**

61 ④

철도운영〈철도산업발전기본법 제3조 제3호〉
㉠ 철도 여객 및 화물 운송
㉡ 철도차량의 정비 및 열차의 운행관리
㉢ 철도시설·철도차량 및 철도부지 등을 활용한 부대사업개발 및 서비스

62 ④

④ 국가는 객관적이고 공정한 철도사고조사를 추진하기 위한 전담기구와 전문 인력을 확보하여야 한다〈철도산업발전기본법 제14조 제4항〉.

63 ③

국토교통부장관이 철도청장으로부터 위탁 받은 자산을 위탁이나 사용·수익하게 할 수 있는 기관〈철도산업발전기본법 제23조 제4항〉
㉠ 국가철도공단
㉠ 철도공사
㉢ 관련 기관 및 단체
㉣ 민법에 의해 설립된 비영리법인
㉤ 상법에 의해 설립된 주식회사
※ 국토교통부장관이 철도청장으로부터 이관 받을 수 있는 자산〈철도산업발전기본법 제23조 제4항〉
　㉠ 철도청의 시설자산(건설 중인 시설자산은 제외한다)
　㉡ 철도청의 기타자산

64 ①

국토교통부장관의 승인을 얻어 특정노선 및 역의 폐지와 관련 철도서비스의 제한 또는 중지 등 필요한 조치를 취할 수 있는 경우〈철도산업발전기본법 제34조 제1항〉

㉠ 승인신청자가 철도서비스를 제공하고 있는 노선 또는 역에 대하여 철도의 경영개선을 위한 적절한 조치를 취하였음에도 불구하고 수지균형의 확보가 극히 곤란하여 경영상 어려움이 발생한 경우

㉡ 보상계약체결에도 불구하고 공익서비스비용에 대한 적정한 보상이 이루어지지 아니한 경우

㉢ 원인제공자가 공익서비스비용을 부담하지 아니한 경우

㉣ 원인제공자가 위원회의 조정에 따르지 아니한 경우

65 ①

역 시설 개발 및 운영사업으로서 대통령령으로 정하는 사업〈한국철도공사법 시행령 제7조의2 제2항〉

㉠ 철도운영이나 철도와 다른 교통수단과의 연계운송을 위한 시설

㉡ 환승시설

㉢ 역사와 같은 건물 안에 있는 시설로서 건축물 중 제1종 근린생활시설, 제2종 근린생활시설, 문화 및 집회시설, 판매시설, 운수시설, 의료시설, 운동시설, 업무시설, 숙박시설, 창고시설, 자동차관련시설, 관광휴게시설과 그 밖에 철도이용객의 편의를 증진하기 위한 시설

66 ⑤

국토교통부장관의 지도·감독을 받아야 하는 공사의 업무〈한국철도공사법 제16조〉

㉠ 연도별 사업계획 및 예산에 관한 사항

㉡ 철도서비스 품질 개선에 관한 사항

㉢ 철도사업계획의 이행에 관한 사항

㉣ 철도시설·철도차량·열차운행 등 철도의 안전을 확보하기 위한 사항

㉤ 그 밖에 다른 법령에서 정하는 사항

67 ①

국토교통부장관은 철도 운임 상한의 산정, 철도차량의 효율적인 관리 등을 위하여 철도차량을 국토교통부령으로 정하는 운행속도에 따라 구분하여 분류할 수 있다〈철도사업법 제4조의2〉.

68 ⑤

철도사업자는 열차를 이용하는 여객이 정당한 운임·요금을 지급하지 아니하고 열차를 이용한 경우에는 승차 구간에 해당하는 운임 외에 그의 30배의 범위에서 부가운임을 징수할 수 있다〈철도사업법 제10조 제1항〉.

69 ④

국토교통부장관이 철도사업자에게 사업정지처분을 하여야 하는 경우로서 그 사업정지처분이 그 철도사업자가 제공하는 철도서비스의 이용자에게 심한 불편을 주거나 그 밖에 공익을 해칠 우려가 있을 때에는 그 사업정지처분을 갈음하여 1억 원 이하의 과징금을 부과·징수할 수 있다〈철도사업법 제17조 제1항〉.

70 ①

철도서비스의 품질평가결과 시 포함해야 할 사항〈철도사업법 시행령 제11조 제1항〉

㉠ 평가지표별 평가결과

㉡ 철도서비스의 품질 향상도

㉢ 철도사업자별 평가순위

㉣ 그 밖에 철도서비스에 대한 품질평가결과 국토교통부장관이 공표가 필요하다고 인정하는 사항

1 ③

빈칸 이후의 문장에서 단기 이익의 극대화가 장기 이익의 극대화와 상충될 때에는 단기 이익을 과감하게 포기하기도 한다고 제시되어 있으므로 ③이 가장 적절하다.

2 ⑤

필자는 현재 우리나라의 역간 거리가 타 비교대상에 비해 짧게 형성되어 있어 운행 속도 저하에 따른 속도경쟁력 약화를 문제점으로 지적하고 있다. 따라서 역간 거리가 현행보다 길어야 한다는 주장을 뒷받침할 수 있는 선택지 ①~④와 같은 내용을 언급할 것으로 예상할 수 있다. 다만, 역세권 문제나 부동산 시장과의 연계성 등은 주제와의 관련성이 있다고 볼 수 없다.

3 ②

② (나)에 따르면 조사 대상의 84%가 작업 중 스마트폰 사용이 위험하다는 사실을 알고 있다. 따라서 작업 중 스마트폰 사용이 위험하다는 사실을 알지 못하는 것이 산업현장 사고 발생 원인의 하나임을 제시하는 것은 적절하지 않다.

4 ⑤

밑줄 친 '늘리고'는 '시간이나 기간이 길어지다.'의 뜻으로 쓰였다. 따라서 이와 의미가 동일하게 쓰인 것은 ⑤이다.
① 물체의 넓이, 부피 따위를 본디보다 커지게 하다.
② 살림이 넉넉해지다.
③ 힘이나 기운, 세력 따위가 이전보다 큰 상태가 되다.
④ 재주나 능력 따위가 나아지다.

5 ⑤

회신(回信)은 편지, 전신, 전화 따위로 회답을 한다는 의미의 단어로써 괄호 위의 문장에서 전북 불교연합대책위 등 지역불교 단체들은 "코레일 전북본부의 명확한 답변을 받아냈다"는 부분에서 문서(편지) · 전화 · 전신 등의 수단을 통해 답변을 얻었다는 것을 알 수 있으므로 회신(回信)이라는 단어를 유추해 낼 수 있다.

6 ③

제2조 제1항 1호에 의하면 종이승차권은 운행정보 등 운송에 필요한 사항을 KTX 리무진 승차권용 전용 용지에 인쇄한 승차권을 말한다.

7 ③

③ 두 번째 문단에서 한국은행이 발표한 최근 자료를 활용하여 자신의 논거의 근거로 삼고 있다.

8 ⑤

⑤ 현재 소비를 포기한 대가로 받는 이자를 더 중요하게 생각한다면, 저축 이자율이 떨어지고 물가 상승률이 증가하는 상황에서 저축을 해야 한다고 조언하지 않을 것이다.

9 ③

약관 13조 3항에서 보면 "13세 미만의 어린이(초등학생)는 할인할 수 있다."고 명시되어 있다. 다시 말해 1세~12세까지만 할인율이 해당된다고 할 수 있다. 하지만 ③의 클로제 조카는 13세라고 되어 있으므로 클로제가 운송약관의 내용을 잘못 이해하고 있다.

10 ④

"소득이 늘면서 유행에 목을 매다보니 남보다 한 발짝이라도 빨리 가고 싶은 욕망이 생기고 그것이 유행의 주기를 앞당기는 것이다."에서 보듯이 유행과 소비자들이 복잡한 욕구가 서로 얽혀 유행 풍조를 앞당기고 있다고 할 수 있다.

11 ⑤

⑤ 제48조 5호에 건널목을 제외한 모든 선로에 철도 운영자의 승낙 없이 출입하는 것은 금지되어 있다.
① 의도와 상관없이 '여객열차 밖에 있는 사람을 위험하게 할 우려가 있는' 경우에는 금지된 행위이다.
② 두 가지 행위 모두 철도안전법에서 금지 행위로 규정하고 있다.
③ 여객출입 금지 장소가 기관실로 한정되어 있지 않으므로 규정된 다른 지역까지 출입 금지되어 있다고 볼 수 있다.
④ 제47조 6호에 음주 행위 또한 금지인 것으로 명시되어 있다.

12 ②

② 일반버스와 굴절버스 간의 운송항목 비용 중 비용 차이가 가장 큰 항목은 차량 감가상각비이다.

13 ③

기준 타수의 합계가 36개인 상황에서
甲은 타수의 합계가 기준 타수의 합계보다 2개 적으므로 $34 - 36 = -2$이고
x가 두 개 있으므로 $x = -1$이다.
丙은 타수 합계가 36으로 기준 타수의 합계와 동일한데 x와 y가 각각 하나씩이므로
$y = 1$이 된다. ($\because x = -1$)
乙은 x가 1개, y가 2개이므로 기준타수에 $+1$을 해야 하므로 타수의 합계가 37이 된다.
㉠ $x = -1$이므로 1타 적게 친 것을 의미한다. (○)
㉡ 9개 홀의 타수의 합은 갑은 34, 을을 37이므로 다르다. (×)
㉢ 세 선수 중에서 타수의 합이 가장 적은 선수는 갑이 맞다. (○)

14 ④

④ 2010년에 비해 2020년에 대리의 수가 늘어난 출신 지역은 서울·경기, 강원, 충남 3곳이고, 대리의 수가 줄어든 출신 지역은 충북, 경남, 전북, 전남 4곳이다.

15 ①

㉢ 지역난방을 사용하는 가구 수의 비율은 서울이 인천의 2배 이하이다.
㉣ 남부가 북부보다 지역난방을 사용하는 비율이 높다.

16 ③

① 2022년과 2023년의 흡연율은 전년에 비해 감소하였다.

② 2017년, 2020년, 2021년만 7배 이상이다.

④ ㉠에 들어갈 수치는 56.3이다.

⑤ 매년 단기 금연계획률은 장기 금연계획률보다 적다.

17 ④

④ 2024년 전년대비 늘어난 연도말 부채잔액은 14,398 − 12,430 = 1,968이고, 전년대비 줄어든 연간 차입액은 4,290 − 3,847 = 443으로 5배를 넘지 않는다.

18 ④

BBB등급 기준보증료율인 1.4%에서 지방기술사업과 벤처기업 중 감면율이 큰 자방기술사업을 적용하면 ㈜서원의 보증료율은 1.1%이다. 보증료의 계산은 보증금액 × 보증료율 × 보증기간/365이므로 ㈜서원의 보증료는 5억 원 × 1.1% × 365/365 = 5,500천 원이다.

19 ①

갑, 을, 병 3개 회사가 보증금액(신규)과 보증기간이 동일하므로 보증료율이 높은 순서대로 정렬하면 된다.

- 갑   보증료율 : 1.4%(BBB등급) − 0.3%p(감면율이 큰 국가유공자기업 적용) + 0.3%p(고액보증기업 나 + 장기이용기업 가) = 1.4%
- 을   보증료율 : 1.5%(B등급) − 0.2%(벤처 · 이노비즈기업 중복적용 안 됨) + 0.0%p(장기이용기업 다에 해당하지만 경영개선지원기업으로 가산요율 적용 안 함) = 1.3%
- 병   보증료율 : 1.5%(B등급) − 0.3%p(감면율이 큰 장애인기업 적용) + 0.0%p(가산사유 해당 없음) = 1.2%

따라서 보증료율이 높은 순서인 갑 − 을 − 병 순으로 보증료가 높다.

20 ③

채무자인 乙이 실제 수령한 금액인 1,200만 원을 기준으로 최고연이자율 연 30%를 계산하면 360만 원이다. 그런데 선이자 800만 원을 공제하였으므로 360만 원을 초과하는 440만 원은 무효이며, 약정금액 2,000만 원의 일부를 변제한 것으로 본다. 따라서 1년 후 乙이 갚기로 한 날짜에 甲에게 전부 변제하여야 할 금액은 2,000 − 440 = 1,560만 원이다.

21 ⑤

㉠ 병은 B, D, E를 받지 않았고, C는 아무도 받지 않았다고 했으므로 병이 받은 점수는 A가 된다.

㉡ 을은 A 또는 E, 갑은 A 또는 B, 정은 A 또는 D인 것을 알 수 있는데, 최고점 A는 이미 병이 받았으므로 을의 점수는 E, 갑의 점수는 B, 정의 점수는 D가 된다.

㉢ 무의 점수는 B 또는 D이다.

㉣ 따라서 갑과 무(B) 또는 정과 무(D)가 같은 점수를 받을 수 있다.

22 ④

최종 선발 인원이 500명인데 사회적 약자 집단이 3% 포함되어 있으므로 500 × 0.03 = 15명이 별도로 뽑힌 사회적 약자 집단이 된다. 따라서 485명이 4차 최종 면접을 통과한 인원이 된다.

4차 면접 통과 인원이 485명이 되기 위해서는 3차 인적성 테스트에서 485 × 1.5 = 728명이 뽑힌 것이 되며, 2차 필기시험에서는 728 × 3 = 2,184명이, 1차 서류전형에서는 2,184 × 3 = 6,552명이 선발되었음을 알 수 있다. 1차 서류전형 통과 인원인 6,552명은 총 응시자의 45%에 해당하는 수치이므로, 총 응시자 수는 6,552 ÷ 0.45 = 14,560명이 된다.

23 ①

제시된 네 개의 명제의 대우명제를 정리하면 다음과
같다.

㉠ →乙 지역이 1급 상수원이면 甲 지역은 1급 상수
원이 아니다.

㉡ →乙 지역이 1급 상수원이 아니면 丙 지역도 1급
상수원이 아니다.

㉢ →甲 지역이 1급 상수원이 아니면 丁 지역도 1급
상수원이 아니다.

㉣ →戊 지역이 1급 상수원이면 丙 지역은 1급 상수
원이다.

戊 지역이 1급 상수원임을 기준으로 원래의 명제와
대우명제를 함께 정리하면 '戊 지역→丙 지역→乙
지역→~甲 지역→~丁 지역'의 관계가 성립하게
되고, 이것의 대우인 '丁 지역→甲 지역→~乙 지
역→~丙 지역→~戊 지역'도 성립한다. 따라서 甲
지역이 1급 상수원이면 丙 지역은 1급 상수원이 아니
므로 ①은 거짓이다.

24 ④

이런 유형은 문제에서 제시한 상황, 즉 1명이 당직을
서는 상황을 각각 설정하여 1명만 진실이 되고 3명은
거짓말이 되는 경우를 확인하는 방식의 풀이가 유용
하다. 각각의 경우, 다음과 같은 논리가 성립한다.

고 대리가 당직을 선다면, 진실을 말한 사람은 윤 대
리와 염 사원이 된다.

윤 대리가 당직을 선다면, 진실을 말한 사람은 고 대
리, 염 사원, 서 사원이 된다.

염 사원이 당직을 선다면, 진실을 말한 사람은 윤 대
리가 된다.

서 사원이 당직을 선다면, 진실을 말한 사람은 윤 대
리와 염 사원이 된다.

따라서 진실을 말한 사람이 1명이 되는 경우는 염 사
원이 당직을 서고 윤 대리가 진실을 말하는 경우가
된다.

25 ③

〈보기〉에 주어진 조건대로 고정된 순서를 정리하면
다음과 같다.

• B 차장 > A 부장
• C 과장 > D 대리
• E 대리 > ? > ? > C 과장

따라서 E 대리 > ? > ? > C 과장 > D 대리의 순서
가 성립되며, 이 상태에서 경우의 수를 따져보면 다
음과 같다.

㉠ B 차장이 첫 번째인 경우라면, 세 번째와 네 번째는
A 부장과 F 사원(또는 F 사원과 A 부장)이 된다.
• B 차장 > E 대리 > A 부장 > F 사원 > C 과장
> D 대리
• B 차장 > E 대리 > F 사원 > A 부장 > C 과장
> D 대리

㉡ B 차장이 세 번째인 경우는 E 대리의 바로 다음
인 경우와 C 과장의 바로 앞인 두 가지의 경우가
있을 수 있다.
• E 대리의 바로 다음인 경우 : F 사원 > E 대리 >
B 차장 > A 부장 > C 과장 > D 대리
• C 과장의 바로 앞인 경우 : E 대리 > F 사원 > B
차장 > C 과장 > D 대리 > A 부장

따라서 위에서 정리된 바와 같이 가능한 네 가지의
경우에서 두 번째로 사회봉사활동을 갈 수 있는 사람
은 E 대리와 F 사원 밖에 없다.

26 ④

결과를 유심히 보면 덕현이가 가장 많이 낸 바위 9번
이 힌트가 됨을 알 수 있다. 무승부가 없으므로 덕현
이가 바위를 9번 내는 동안 희선이는 가위 5번과 보
4번을 낸 것이 된다. 이 경우 희선이가 가위를 낸 5
번은 덕현이가 승리하고, 희선이가 보를 낸 4번은 희
선이가 승리한다.

희선이가 바위를 6번 낼 때 덕현이는 가위 2번과 보
4번을 낸 것이 되는데, 이 경우 덕현이가 가위를 낸
2번은 희선이가 승리하고 덕현이가 보를 낸 4번은 덕
현이가 승리하게 된다.

구분	1	2	3	4	5	6	7	8	9	10	11	12	13	14	15
덕현	✊	✊	✊	✊	✊	✊	✊	✌	✌	✊	✋	✋	✋	✋	✋
희선	✌	✌	✌	✌	✌	✋	✋	✋	✋	✋	✋	✋	✋	✋	✋

따라서 총 15번 중 덕현이가 승리한 게임은 5 + 4 = 9번이고, 희선이가 승리한 게임은 4 + 2 = 6번이다. 즉, 덕현의 9승 6패 또는 희선의 6승 9패가 됨을 알 수 있다.

27 ③

구분	1	2	3	4	5	6	7	8	9	10	11	12	13	14	15
덕현	✊	✊	✊	✊	✊	✊	✊	✌	✌	✊	✋	✋	✋	✋	✋
희선	✌	✌	✌	✌	✌	✋	✋	✋	✋	✋	✋	✋	✋	✋	✋

③ 희선이가 가위를 낸 5번은 모두 패하였으므로 이 중 2번이 보로 바뀔 경우 희선이의 승수가 2번 추가되어 8승 7패로 덕현을 누르고 최종 승자가 된다.

① 덕현의 바위가 보로 바뀌면 1승 → 1패(1~5번 게임) 또는 1패 → 무승부(6~7번 게임)로 바뀌는 두 가지 경우가 생긴다. 희선의 보가 바위로 바뀌면 1승 → 무승부(6~9번 게임)가 된다. 따라서 1패 → 무승부, 1승 → 무승부의 조합이 되는 경우 덕현은 9승 6패에서 8승 2무 5패가, 희선은 6승 9패에서 5승 2무 8패가 되어 최종 승자와 패자가 뒤바뀌지 않는다.

② 덕현의 바위가 가위로 바뀌면 1승 → 무승부(1~5번 게임) 또는 1패 → 1승(6~7번 게임)으로 바뀌는 두 가지 경우가 생긴다. 희선의 바위가 가위로 바뀌면 1승 → 무승부(10~11번 게임) 또는 1패 → 1승(12~15번 게임)으로 바뀌는 두 가지 경우가 생긴다. 희선이에게 가장 유리한 결과로 덕현은 1승 → 무승부, 희선은 1패 → 1승의 조합이 되더라도 둘 다 7승 1무 7패로 최종 승자와 패자가 뒤바뀌지는 않는다.

④ 희선이 바위를 내서 패한 게임(12~15번 게임)에서 가위로 2번 바뀔 경우 2승이 추가되어 최종 승자가 되지만 희선이 바위를 내서 승리한 게임(10

~11번 게임)에서 가위로 2번 바뀔 경우 2무승부가 되어 최종 승자와 패자는 뒤바뀌지 않는다.

⑤ 덕현의 가위 2번이 보로 바뀔 경우 덕현이의 2승이 추가되어 최종 승자와 패자가 뒤바뀌지는 않는다.

28 ⑤

甲 국장은 전체적인 근로자의 주당 근로시간 자료 중 정규직과 비정규직의 근로시간이 사업장 규모에 따라 어떻게 다른지를 비교하고자 하는 것을 알 수 있다. 따라서 국가별, 연도별 구분 자료보다는 ⑤와 같은 자료가 요청에 부합하는 적절한 자료가 된다.

29 ②

제11조 제2항에 따르면 사용자가 제1항 단서의 사유가 없거나 소멸되었음에도 불구하고 2년을 초과하여 기간제 근로자로 사용하는 경우에는 그 기간제 근로자는 기간의 정함이 없는 근로계약을 체결한 근로자로 본다. 따라서 ②의 경우 기간제 근로자로 볼 수 없다.

① 2년을 초과하지 않는 범위이므로 기간제 근로자로 볼 수 있다.

③ 제11조 제1항 제3호에 따른 기간제 근로자로 볼 수 있다.

④ 제11조 제1항 제1호에 따른 기간제 근로자로 볼 수 있다.

⑤ 제11조 제1항 제2호에 따른 기간제 근로자로 볼 수 있다.

30 ④

④ 수소를 제조하는 기술에는 화석연료를 열분해 · 가스화 하는 방법과 원자력에너지를 이용하여 물을 열화학분해하는 방법, 재생에너지를 이용하여 물을 전기분해하는 방법, 그리고 유기성 폐기물에서 얻는 방법 등 네 가지 방법이 있다.

31 ④

합자회사의 특징

㉠ 합자회사의 설립절차는 합명회사와 같다.

㉡ 유한책임사원은 대표권이 없고 감시권만을 가진다.

㉢ 지분의 양도는 무한책임사원의 동의가 있어야 한다.

㉣ 유한책임사원의 경우, 회사채권자에게 정관에 정한 출자액의 한도 내에서만 책임을 부담한다.

㉤ 무한책임사원과 직접·연대·유한책임사원(금전 기타 재산만 출자가능)으로 구성된다.

㉥ 유한책임사원 전원이 퇴사한 때에는 무한책임사원의 결의로 조직변경에 의해 합명회사로 회사를 계속할 수 있다.

32 ②

② 투사란 자신의 특성이나 태도를 타인에게 전가하거나 자신 특성 기준으로 다른 사람을 판단하는 것을 말한다. 상기의 예시는 대조효과에 해당한다.

33 ①

MIS(Management Information System) … 경영정보시스템을 의미한다. 기업경영의 의사결정에 사용할 수 있도록 기업 내외의 정보를 전자계산기로 처리하고 필요에 따라 이용할 수 있도록 인간과 전자계산기를 연결시킨 경영방식이다.

34 ②

기업의 사회적 책임(CSR) … 기업의 활동과정에서 뇌물 수수 금지와 회계투명성 등 윤리경영, 환경 및 인권보호, 사회공헌 등의 가치를 제고시켜, 이해관계자뿐만 아니라 지역사회, 더 나아가 인류사회 전체에 이익이 되도록 하는 조직체의 책무를 포괄하는 개념이다.

35 ③

작업기록법은 직무수행자인 종업원이 매일매일 작성하는 일종의 업무일지로, 수행하는 해당 직무에 대한 정보를 취득하는 방법이다.

36 ②

①③④⑤번은 임금수준의 결정요인 중 내적요인에 속하며, ②번은 외적 요인에 속한다.

37 ④

보상적 권력은 자원과 보상을 할당하는 공식적 권한에서 부분적으로 생긴다. 이 권한은 조직에 따라서 매우 다르며, 같은 조직 내에서도 지위에 따라 다르다. 하급지위보다도 상급지위자들이 희소자원에 대해 더 많은 통제력을 부여받는 게 일반적이다.

38 ④

④번은 OFF JT에 대한 설명이다.

39 ①

4P's 전략

㉠ 제품관리(Product management)

• 제품은 마케팅 믹스의 첫 번째로 가장 중요한 요소이다.

• 제품전략은 제품믹스, 브랜드, 포장 등에 대한 종합적 의사결정을 말한다.

• 제품이란 고객의 욕구를 충족시키기 위해 시장에 제공되는 것으로 유형·무형의 것을 말한다.

㉡ 가격관리(Price management)

• 가격은 마케팅의 네가지 활동인 4P 중 다른 마케팅 요소인 제품, 유통, 촉진에 비해 그 효과가 단기간 내에 확연하게 나타나는 특징을 가지고 있다.

- 비가격요소의 역할이 점차 강조되고 있지만 가격은 여전히 마케팅믹스의 주요 요소이다.
- 지역적으로 가격을 차별화할 수도 있고 다양한 할인 및 공제정책을 활용할 수도 있으며, 서로 다른 세분시장에 대해 서로 다른 가격을 설정할 수도 있다. 또한 제품계열이나 사양선택 등에 따라 가격을 책정할 수 있다.

ⓒ **경로관리**(Channel management, Place)

- 생산된 제품이 생산자로부터 소비자에게 전달되는 과정으로 모든 생산자가 직접 소비자와 만날 수 없으므로 이와 같은 관리가 필요하다.
- 효율적으로 제품이나 서비스가 고객에게 전달될 수 있도록 하는 것이 중요하다.

ⓡ **촉진관리**(Promotion management)

- 촉진관리란 마케터가 제품의 혜택을 소비자에게 인지시키기 위해서 펼치는 모든 활동을 말한다.
- 촉진관리에는 광고, 판촉, 홍보, 인적 판매 등이 있다.

40 ②

① 특정한 제품이나 서비스에 대한 수요 또는 관심을 없애려는 마케팅 방법을 말한다.

③ 제품에 대하여 관심이 없거나 모르는 경우 그 제품에 대한 욕구를 자극하려고 하는 마케팅 방법을 말한다.

④ 제품이나 서비스 또는 조직을 싫어하는 사람들을 호의적인 태도로 바꾸려 노력하는 마케팅 방법을 말한다.

⑤ 개발적 상품의 수요가 시간이나 계절 등의 영향으로 불규칙하지만 이를 특별할인 등을 통해서 수요의 차이를 극복하는 마케팅 활동이다

41 ②

시장세분화 기준

㉠ **지리적 세분화** : 국가, 지역, 도시, 인구밀도, 기후 등

㉡ **인구통계학적 세분화** : 연령, 성별, 가족 수, 직업, 종교, 교육수준 등

㉢ **심리묘사적 세분화** : 라이프 스타일, 개성, 특성 등

㉣ **구매행동적 세분화** : 구매동기, 상표충성도, 편익 등

42 ②

공정혁신은 생산제품의 효율성을 높이기 위하여 작업방법, 장비, 작업흐름에 새로운 변화를 도입하여 실용화한 것을 의미한다.

43 ③

서비스는 비저장성의 특징을 가진다.

44 ①

적시생산시스템의 특징으로 셋업 시간의 단축을 들수 있다.

45 ③

트랜스프로모(Transpromo) … '트랜잭션(Transaction)' 과 '프로모션(Promotion)'의 합성어로 청구서에 고객 개개인의 맞춤형 정보와 광고를 제공하는 새로운 형태의 DM 마케팅이다. 출력 장비가 옵셋 중심의 아날로그에서 디지털 인쇄 장비로 바뀌며 보급의 탄력을 얻었으며 명세서 또는 송장과 같은 업무용 문서를 이용하여 기업이나 협력 업체의 서비스와 제품을 홍보하는 '통합 마케팅(integrated transactional marketing)' 수단으로 주목받고 있다.

46 ①

자기고과는 인사고과 방법 중 하나로 피고과자 스스로 자신을 평가하는 것으로 능력개발을 목적으로 시행하며, 개인이 가진 스스로의 결함의 파악과 개선에 효과가 있어서 상위자에 의한 고과의 보충적 기법으로 사용되는 것이다.

47 ②

생산시스템의 관리과정

수요예측 → 총괄생산계획 → 대일정계획 → 절차계획 → 일정계획 → 작업배정 → 진도관리

48 ④

④ 허즈버그(F. Herzberg)의 2요인 이론은 사람들에게 만족을 주는 직무요인(동기요인)과 불만족을 주는 직무요인(위생요인)이 별개라는 것이다. 그리하여 만족과 불만족을 동일선상의 양극점으로 파악하던 종래의 입장과는 달리 만족과 불만족이 전혀 별개의 차원이고 각 차원에 작용하는 요인 역시 별개라는 것이다. 따라서 불만족이 해소된다고 해서 구매동기가 생기는 것은 아니다. 구매동기에 영향을 미치는 요인은 별개이다.

49 ②

② 서비스품질(SERVQUAL)을 측정 시 고객의 기대와 성과에 대한 차이가 작으면 서비스 품질에 대한 평가가 높아진다.

50 ①

의사결정 지원시스템(DSS : decision support system)은 기업경영에서 당면하는 여러 가지 의사결정 문제를 해결하기 위해 복수의 대안을 개발하고, 비교·평가하며, 최적안을 선택하는 의사결정 과정을 지원하는 정보시스템이다. ① DSS는 경영계층 뿐만 아니라 전문가 및 그룹의사결정을 지원하고, 비구조적이거나 반구조적인 의사결정을 지원하는 시스템이다.

51 ①

상표 전환(brand switching)은 판매촉진이 없었더라면 다른 상표를 구매하였을 소비자가 판매촉진이 실행 중인 상표를 구매하게 되는 현상을 말한다. 상표 전환은 상표들 간 비대칭적으로 발생한다. 즉 프리미엄 브랜드가 판매촉진을 하여 중저가 브랜드의 매출을 잠식하는 것이 중저가 브랜드가 프리미엄 브랜드의 매출을 판매촉진으로 잠식하는 것보다 훨씬 크다. ① 특정 상표에 대한 고객 충성도가 증가하면 상표 전환은 발생하지 않는다.

52 ③

개방적(집중적 또는 집약적) 유통전략은 가능한 한 많은 점포가 자사 제품을 취급하도록 하는 마케팅 전략이다. 이 전략은 제품이 소비자에게 충분히 노출되어 있고, 제품판매의 체인화에 어려움이 있는 일용품이나 편의품 등에 적용할 수 있다. 그러나 유통비용이 증가하고, 통제가 어렵다는 문제점이 있다.

53 ①

물류의 역할에 관한 내용 중 ①은 개별 기업의 관점에서 서술되었으며, ②③④⑤는 국민경제적 관점에서 서술된 내용이다.

(참고) 물류의 역할

물류의 역할	국민 경제적 관점	• 사회간접자본 및 물류 시설에 대한 투자의 증대로 인하여 경제성장 촉진 • 물류합리화는 자재 및 자원 등의 낭비를 방지해 자원의 효율적인 이용을 촉진 • 물류비용을 절감해 기업의 체질을 개선하고 소비자 및 도매 물가의 상승을 억제 • 효율적인 물류체계가 구축되면 지역 경제가 발전하여 지역 간 균형 있는 발전 촉진 및 인구의 편중을 방지
	개별 기업의 관점	• 물류비용의 절감으로 기업의 실질적인 이윤 증대 가능 • 신속한 주문처리, 정확하고 규칙적인 배송 등의 물류관리를 통한 재고량의 감축 • 생산 및 소비 사이에 존재하는 시간적·공간적 간격을 극복하는 물류의 기능으로 인한 판매의 촉진 • 고객의 요구에 부응하는 물류서비스의 제공으로 판매에 있어 경쟁우위를 확보 (최소의 비용으로 고객서비스를 극대화)

54 ②

Green Belt는 6시그마 프로젝트의 직접적인 수행자로서 과학적인 기법을 활용하여 문제를 해결하는 전문가를 의미한다.

55 ④

판매물류는 물류의 최종단계로서 제품을 고객에게 전달하는 일체의 활동, 즉 물류센터의 운용(보관하역 포함), 제품의 수배송 정보 네트워크의 운용 등이 그 관리대상이 된다.

56 ③

인적자원에 대한 보상관리, 즉 임금관리의 3대 지주는 임금수준, 임금체계 그리고 임금 형태이다. 임금체계(wage system)는 각 개인에게 임금총액을 배분하여 개인 간의 임금격차를 가장 공정하게 설정함으로써 만족과 동기유발을 가져오는 것이다. 임금체계는 기본급, 수당, 상여금 등으로 구분되는데, 그 기준은 공정성이다. 기본급의 유형으로는 연공급, 직무급, 직능급 등이 있다.

57 ⑤

①②③④는 전통적 고과방법이며, ⑤는 현대적 고과방법이다. 전통적 고과방법으로는 서열법, 강제할당법, 평정척도법, 대조법, 등급할당법, 표준인물 비교법, 성과기준 고과법, 기록법, 직무보고법 등이 있으며 현대적 고과방법으로는 중요사건서술법, 인적평정센터법, 목표에 의한 관리(MBO), 행위기준고과법, 인적자원회계, 자기고과법, 토의식 고과법 등이 있다.

58 ④

노동조합은 사용자와 노동자 간의 지배관계를 상하관계가 아닌 대등관계로 변화시키는 역할을 수행한다.

59 ④

월마트와 P&G의 사례는 공급사슬관리(Supply Chain Management)를 설명하고 있다. SCM은 이제까지 부문마다의 최적화, 기업마다의 최적화에 머물렀던 정보·물류·자금에 관련된 업무의 흐름을 공급사슬 전체의 관점에서 재검토하여 정보의 공유화와 비즈니스 프로세스의 근본적인 변혁을 꾀하여 공급사슬 전체의 자금흐름(cash flow)의 효율을 향상시키려는 관리개념이다.

60 ①

제품 개발단계는 '아이디어 생성 → 타당성 분석 → 제품 사양 결정 → 프로세스 사양 결정 → 원형 (prototype)개발 → 설계 검토 → 시장 시험 → 제품 도입 → 후속 평가'로 이루어진다.

61 ②

① 위원회는 위원장을 포함한 25인 이내의 위원으로 구성한다〈철도산업발전기본법 제6조 제3항〉.
③ 철도산업위원회의 위원장은 국토교통부장관이 된다〈철도산업발전기본법 시행령 제6조 제1항〉.
④ 공정거래위원회부위원장은 위원회의 위원이 된다〈철도산업발전기본법 시행령 제6조 제2항 제1호〉.
⑤ 위원의 임기는 2년으로 하되, 연임할 수 있다〈철도산업발전기본법 시행령 제6조 제3항〉.

62 ③

국가가 철도이용자의 권익보호를 위하여 강구해야 할 시책〈철도산업발전기본법 제16조〉
㉠ 철도이용자의 권익보호를 위한 홍보·교육 및 연구
㉡ 철도이용자의 생명·신체 및 재산상의 위해 방지
㉢ 철도이용자의 불만 및 피해에 대한 신속·공정한 구제조치
㉣ 그 밖에 철도이용자 보호와 관련된 사항

63 ③

철도자산처리계획에 포함되어야 할 내용〈철도산업발전기본법 시행령 제29조〉
㉠ 철도자산의 개요 및 현황에 관한 사항
㉡ 철도자산의 처리방향에 관한 사항
㉢ 철도자산의 구분기준에 관한 사항
㉣ 철도자산의 인계·이관 및 출자에 관한 사항
㉤ 철도자산처리의 추진일정에 관한 사항
㉥ 그 밖에 국토교통부장관이 철도자산의 처리를 위하여 필요하다고 인정하는 사항

64 ④

④는 3년 이하의 징역 또는 5천만 원 이하의 벌금에 처한다〈철도산업발전기본법 제40조 제1항〉.

65 ④

손익금의 처리 … 공사는 매 사업연도 결산 결과 이익금이 생기면 다음의 순서로 처리하여야 한다〈한국철도공사법 제10조〉.

ⓐ 이월결손금의 보전(補塡)

ⓑ 자본금의 2분의 1이 될 때까지 이익금의 10분의 2 이상을 이익준비금으로 적립

ⓒ 자본금과 같은 액수가 될 때까지 이익금의 10분의 2 이상을 사업확장적립금으로 적립

ⓓ 국고에 납입

66 ④

유사명칭의 사용금지 규정을 위반한 자에게는 500만 원 이하의 과태료를 부과한다〈한국철도공사법 제20조 제1항〉.

67 ③

대통령령으로 정하는 철도 관계 법령〈철도사업법 시행령 제2조〉

ⓐ 철도산업발전 기본법

ⓑ 철도안전법

ⓒ 도시철도법

ⓓ 국가철도공단법

ⓔ 한국철도공사법

※ ③ 한국고속철도건설공단법은 폐지되었다.

68 ④

철도사업자 또는 철도사업자로부터 승차권 판매위탁을 받은 자가 아닌 자는 철도사업자가 발행한 승차권 또는 할인권·교환권 등 승차권에 준하는 증서를 상습 또는 영업으로 자신이 구입한 가격을 초과한 금액으로 다른 사람에게 판매하거나 이를 알선하여서는 아니 된다〈철도사업법 제10조의2〉.

69 ②

철도사업자 또는 그 소속 종사자의 고의 또는 중대한 과실에 의하여 발생한 사고의 과징금〈철도사업법 시행령 제9조 별표1〉

ⓐ 1회의 철도사고로 인한 사망자가 40명 이상인 경우 : 5,000만 원

ⓑ 1회의 철도사고로 인한 사망자가 20명 이상 40명 미만인 경우 : 2,000만 원

ⓒ 1회의 철도사고로 인한 사망자가 10명 이상 20명 미만인 경우 : 1,000만 원

ⓓ 1회의 철도사고로 인한 사망자가 5명 이상 10명 미만인 경우 : 500만 원

70 ②

전용철도운영자가 사망한 경우 상속인이 그 전용철도의 운영을 계속하려는 경우에는 피상속인이 사망한 날부터 3개월 이내에 국토교통부장관에게 신고하여야 한다〈철도사업법 제37조 제1항〉.

코레일
(한국철도공사)

경영학
[사무영업(일반)]

제4회~제5회

- 정답 및 해설 -

SEOWONGAK

(주)서원각

1 ①

전통은 과거로부터 이어온 것 중 현재의 문화 창조에 이바지할 수 있는 것만을 말한다. 인습이나 유물은 현재 문화 창조에 이바지할 수 없으므로 전통과는 구별되어야 한다는 것이 글의 중심 내용이다.

2 ①

경쟁은 둘 이상의 사람이 하나의 목표를 향해서 다른 사람보다 노력하는 것이며, 이 때 경쟁의 전제가 되는 것은 합의에 의한 경쟁 규칙을 반드시 지켜야 한다는 점이므로 빈칸에는 '경쟁은 정해진 규칙을 꼭 지키는 가운데서 이루어져야 한다.'는 내용이 올 수 있을 것이다. 농구나 축구, 그리고 마라톤 등의 운동 경기는 자신의 소속 팀을 위해서 또는 자기 자신을 위해서 다른 팀이나 타인과 경쟁하는 것이며, 스포츠맨십은 규칙의 준수와 관련이 있으므로 글에서 말하는 경쟁의 한 예로 적합하다.

3 ①

말다 … '말고' 꼴로 명사의 단독형과 함께 쓰여 '아니고'의 뜻을 나타낸다.
② 밥이나 국수 따위를 물이나 국물에 넣어서 풀다.
③ 종이나 김 따위의 얇고 넓적한 물건에 내용물을 넣고 돌돌 감아 싸다.
④⑤ 어떤 일이나 행동을 하지 않거나 그만두다.

4 ②

㈎ 이러한 경우, 평가대상 기관 항목 아래 '개별기관별 별도 통보함'이라는 문구를 삽입해 주는 것이 바람직하다.
㈏ 연월일의 표시에서는 모든 아라비아 숫자 뒤에 마침표를 쓰는 것이 문서작성 원칙이다.
㈐ 공고문이나 안내문 등에서는 연락처를 기재하는 것이 원칙이다.
㈑ 1번과 2번 항목이 5번 항목의 뒤로 오는 것이 일반적인 순서에 맞고, 읽는 사람이 알고자 하는 사항을 적절한 순서로 작성한 것으로 볼 수 있다.

5 ①

① 전반적으로 수온의 상승이 전망되지만 겨울철 이상 기후로 인한 저수온 현상으로 대표적 한대성 어종인 대구가 남하하게 되어, 동해, 경남 진해에서 잡히던 대구가 인천이 아닌 전남 고흥, 여수 등지에서 잡힐 것으로 전망하고 있다.
② 생활환경에 물관리, 건강 부문을 통해 유추할 수 있다.
③ 노후화로 인해 방조제, 항구 등이 범람에 취약해지고, 가뭄과 홍수가 보다 빈번해질 것으로 볼 수 있다.
④ 참치 등 난대성 어종 양식 기회가 제공되어 시중의 참치 가격이 인하된다고 볼 수 있으며, 수온 상승은 하천에 저산소 · 무산소 현상을 유발할 수 있다.
⑤ 아열대성 기후로 인한 질병이 증가하나, 이로 인한 말라리아, 뎅기열 등의 예방 접종률이 높아지고 경각심이 고취될 것으로 보는 것이 타당하다.

1

6 ②

산재보험의 소멸은 명확한 서류나 행정상의 절차를 완료한 시점이 아닌 사업이 사실상 폐지 또는 종료된 시점에 이루어진 것으로 판단하며, 법인의 해산 등기 완료, 폐업 신고 또는 보험관계소멸신고 등과는 관계없다.

① 마지막 부분에 고용보험 해지에 대한 특이사항이 기재되어 있다.

③ '직권소멸'은 적절한 판단에 의해 근로복지공단이 취할 수 있는 소멸 형태이다.

7 ④

甲은 정치적 안정 여부에 대하여 '정당체제가 어떤 권력 구조와 결합하는가에 따라 결정된다. 의원내각제는 양당제와 다당제 모두와 조화되어 정치적 안정을 도모할 수 있는 반면 혼합형과 대통령제의 경우 정당체제가 양당제일 경우에만 정치적으로 안정되는 현상을 보인다.'고 주장하였으므로, 甲의 견해에 근거할 때 정치적으로 가장 불안정할 것으로 예상되는 정치 체제는 대통령제이면서 정당체제가 양당제가 아닌 경우이다. 따라서 권력구조는 대통령제를 선택하고 의원들은 비례대표제 방식을 통해 선출하는(→ 대정당과 더불어 군소정당이 존립하는 다당제 형태) D형이 정치적으로 가장 불안정하다.

8 ④

④ 걷잡을 수 없어진 지구 온난화에 적응을 하지 못한 식물들이 한꺼번에 죽어 부패하면 그 속에 가두어져 있는 탄소가 대기로 방출된다고 언급하고 있다. 따라서 생명체가 소멸되면 탄소 순환 고리가 끊길 수 있지만, 대기 중의 탄소가 사라지는 것은 아니다.

9 ⑤

⑤ 형태가 일정한 물체의 회전 운동 에너지는 회전 속도의 제곱에 정비례하므로 물체의 회전 속도가 2배가 되면 회전 운동 에너지는 4배가 된다.

10 ④

① 돌림힘의 크기는 회전축에서 힘을 가하는 점까지의 거리와 가해 준 힘의 크기의 곱으로 표현된다. 따라서 갑의 돌림힘의 크기는 $1m \times 300N = 300N \cdot m$이고, 을의 돌림힘의 크기는 $2m \times 200N = 400N \cdot m$이다. 따라서 갑의 돌림힘의 크기가 을의 돌림힘의 크기보다 작다.

② 두 돌림힘의 방향이 서로 반대이므로 알짜 돌림힘의 방향은 더 큰 돌림힘의 방향과 같다. 따라서 알짜 돌림힘의 방향의 을의 돌림힘의 방향과 같다.

③ 두 돌림힘의 방향이 반대이지만, 돌림힘의 크기가 다르므로 알짜 돌림힘은 0이 아니고, 돌림힘의 평형도 유지되지 않는다.

⑤ 두 돌림힘의 방향이 서로 반대이면 알짜 돌림힘의 크기는 두 돌림힘의 크기의 차가 된다. 따라서 알짜 돌림힘의 크기는 $400 - 300 = 100N \cdot m$이다.

11 ④

(개), (내), (대), (매)는 각각 공단의 사업 활동 영역 중 다음과 같은 분야의 사업 현황과 성과에 대한 기술을 하고 있으나, (래)는 공단의 사업 활동 영역에 대한 내용이 아닌 미래 도약을 위한 공단의 청사진에 대하여 기술하고 있으므로 (래)의 내용상의 성격이 나머지와 다르다고 볼 수 있다.

(개) 능력개발의 사업 현황과 성과

(내) 능력평가의 사업 현황과 성과

(대) 외국인 고용 지원의 사업 현황과 성과

(매) 해외 취업 지원의 사업 현황과 성과

12 ③

③ $\dfrac{487}{49,560} \times 100 \fallingdotseq 0.98\%$

① $\dfrac{9,782}{49,560} \times 100 \fallingdotseq 19.74\%$

② $\dfrac{9,761}{49,560} \times 100 \fallingdotseq 19.70\%$

④ $\dfrac{175}{49,560} \times 100 \fallingdotseq 0.35\%$

⑤ $\dfrac{11,128}{49,560} \times 100 \fallingdotseq 22.45\%$

13 ③

- 2024년 C사의 단기순이익 점유비가 2022년도보다 7.2% 감소하였으므로, ⓒ=19.4%
- 2024년 A사의 단기순이익 점유비 ㉠=4.3%
∴ 2024년 A사와 B사의 당기순이익 점유비 합은 4.3+21.3=25.6%이다.

14 ②

2개의 생산라인을 하루 종일 가동하여 3일간 525개의 레일을 생산하므로 하루에 2개 생산라인에서 생산되는 레일의 개수는 525 ÷ 3 = 175개가 된다. 이때, A라인만을 가동하여 생산할 수 있는 레일의 개수가 90개/일이므로 B라인의 하루 생산 개수는 175 − 90 = 85개가 된다.

따라서 A라인 5일, B라인 2일, A + B라인 2일의 생산 결과를 계산하면, 생산한 총 레일의 개수는 (90 × 5) + (85 × 2) + (175 × 2) = 450 + 170 + 350 = 970개가 된다.

15 ⑤

① 김유진 : 3억 5천만 원 × 0.9% = 315만 원
② 이영희 : 12억 원 × 0.9% = 1,080만 원
③ 심현우 : 1,170만 원 + (32억 8천만 원 − 15억 원) × 0.6% = 2,238만 원
④ 이동훈 : 18억 1천만 원 × 0.9% = 1,629만 원
⑤ 김원근 : 2,670만 원 + (3억 원 × 0.5%) = 2,820만 원

16 ③

㉠ 1804년 가구당 인구수는 $\dfrac{68,930}{8,670}=$ 약 7.95이고, 1867년 가구당 인구수는 $\dfrac{144,140}{27,360}=$ 약 5.26이므로 1804년 대비 1867년의 가구당 인구수는 감소하였다.

ⓒ 1765년 상민가구 수는 7,210 × 0.57 = 4109.7이고, 1804년 양반가구 수는 8,670 × 0.53 = 4595.1로, 1765년 상민가구 수는 1804년 양반가구 수보다 적다.

ⓒ 1804년의 노비가구 수는 8,670 × 0.01 = 86.7로 1765년의 노비가구 수인 7,210 × 0.02 = 144.2보다 적고, 1867년의 노비가구 수인 27,360 × 0.005 = 136.8보다도 적다.

㉣ 1729년 대비 1765년에 상민가구 구성비는 59.0%에서 57.0%로 감소하였고, 상민가구 수는 1,480 × 0.59 = 873.2에서 7,210 × 0.57 = 4109.7로 증가하였다.

17 ①

빈칸 중 추론이 가능한 부분을 채우면 다음과 같다.

과목 / 사원	A	B	C	D	E	평균
김영희	(16)	14	13	15	( )	( )
이민수	12	14	(15)	10	14	13.0
박수민	10	12	9	(10)	18	11.8
최은경	14	14	(15)	17	( )	( )
정철민	(18)	20	19	17	19	18.6
신상욱	10	(13)	16	(15)	16	(14)
계	80	(87)	(87)	84	( )	( )
평균	($\frac{80}{6}$)	14.5	14.5	(14)	( )	( )

① 김영희 사원의 성취수준은 E항목 평가 점수가 17점 이상이면 평균이 15점 이상으로 '우수수준'이 될 수 있다.

② 최은경 사원의 성취수준은 E항목 시험 점수가 0점이라고 해도 평균 12점으로 '보통수준'이다. 따라서 '기초수준'이 될 수 없다.

③ 신상욱 사원의 평가 점수는 B항목은 13점, D항목은 15점, 평균 14점으로 성취수준은 '보통수준'이다.

④ 이민수 사원의 C항목 평가 점수는 15점으로, 정철민 사원의 A항목 평가 점수는 18점보다 낮다.

⑤ 박수민 사원의 D항목 평가 점수는 10점으로 신상욱 사원의 평균 14점보다 낮다.

18 ③

1명의 투표권자가 후보자에게 줄 수 있는 점수는 1순위 5점, 2순위 3점으로 총 8점이다. 현재 투표까지 중간집계 점수가 640이므로 80명이 투표에 참여하였으며, 아직 투표에 참여하지 않은 사원은 120 − 80 = 40명이다. 따라서 신입사원 A는 40명의 사원에게 문자를 보내야 한다.

19 ①

① 점유 형태가 무상인 경우의 미달가구 비율은 시설기준 면에서 전세가 더 낮음을 알 수 있다.

② 각각 60.8%, 28.0%, 11.2%이다.

③ 15.5%와 9.1%로 가장 낮은 비율을 보이고 있다.

④ 33.4%로 45.6%보다 더 낮다.

⑤ 가구 수가 동일하다면 수도권의 최저주거기준 미달가구는 51.7%이고 광역시와 도지역의 미달가구는 48.3%이므로 수도권이 나머지 지역의 합보다 많다.

20 ③

모두 100%의 가구를 비교 대상으로 하고 있으므로 백분율을 직접 비교할 수 있다.

• 광역시의 시설기준 미달가구 비율 대비 수도권의 시설기준 미달가구 비율의 배수는 37.9 ÷ 22.9 = 1.66배가 된다.

• 저소득층의 침실기준 미달가구 비율 대비 중소득층의 침실기준 미달가구 비율의 배수는 위와 같은 방식으로 45.6 ÷ 33.4 = 1.37배가 된다.

21 ③

③ 9~12시 사이에 출국장 1/2를 이용한 사람 수는 2,176명으로 이날 오전 출국장 1/2를 이용한 사람 수의 50% 이하이다.

22 ⑤

20XX년 7월 甲의 월급은 기본급 300만 원에 다음의 수당을 합한 급액이 된다.

• 정근수당 : 3,000,000 × 50% = 1,500,000원
• 명절휴가비 : 해당 없음
• 가계지원비 : 3,000,000 × 40% = 1,200,000원
• 정액급식비 : 130,000원
• 교통보조비 : 200,000원

따라서 $3,000,000 + 1,500,000 + 1,200,000 + 130,000 + 200,000 = 6,030,000$원이다.

23 ③

두 번째 정보에서 테이블 1개와 의자 1개의 가격의 합은 서류장 2개의 가격과 같음을 알 수 있다.

세 번째 정보에서 두 번째 정보를 대입하면 테이블 2개와 의자 1개는 의자 5개와 서류장 15개의 가격과 같아지게 된다. 따라서 테이블 1개는 의자 1개와 서류장 1개의 가격과 같아진다는 것을 알 수 있다.

그러므로 서류장 2개와 의자 2개는 테이블 2개와 같은 가격이 된다. 결국 서류장 10개와 의자 10개의 가격은 테이블 10개의 가격과 같다.

24 ①

신입사원 오리엔테이션 당시 다섯 명의 자리 배치는 다음과 같다.

| 김 사원 | 이 사원 | 박 사원 | 정 사원 | 최 사원 |

확정되지 않은 자리를 SB(somebody)라고 할 때, D에 따라 가능한 경우는 다음의 4가지이다.

㉠

| 이 사원 | SB 1 | SB 2 | 정 사원 | SB 3 |

㉡

| SB 1 | 이 사원 | SB 2 | SB 3 | 정 사원 |

㉢

| 정 사원 | SB 1 | SB 2 | 이 사원 | SB 3 |

㉣

| SB 1 | 정 사원 | SB 2 | SB 3 | 이 사원 |

이 중 ㉠, ㉡은 B에 따라 불가능하므로, ㉢, ㉣의 경우만 남는다. 여기서 C에 따라 김 사원과 박 사원 사이에는 1명이 앉아 있어야 하므로 ㉢의 SB 2, SB 3과 ㉣의 SB 1, SB 2가 김 사원과 박 사원의 자리이

다. 그런데 B에 따라 김 사원은 ㉣의 SB 1에 앉을 수 없고 박 사원은 ㉢, ㉣의 SB 2에 앉을 수 없으므로 다음의 2가지 경우가 생긴다.

㉢

| 정 사원 | SB 1
(최 사원) | 김 사원 | 이 사원 | 박 사원 |

㉣

| 박 사원 | 정 사원 | 김 사원 | SB 3
(최 사원) | 이 사원 |

따라서 어떤 경우에도 바로 옆에 앉는 두 사람은 김 사원과 최 사원이다.

25 ④

1. P와 Q는 시중의 모든 카메라보다 높은 화소를 가졌다고 하였으므로 두 카메라의 화소는 같다. → ×

2. 터치조작이 가능한 카메라는 A사에서 밖에 제작되지 않는다고 하였지만, A사에서 나오는 다른 카메라들 중 P 외에 터치조작이 가능한 다른 카메라가 있을 수 있다. → ×

3. 'Q는 P에 비해 본체 사이즈가 크지만 여러 종류의 렌즈를 바꿔 끼울 수 있고 ~'를 통해 Q는 다양한 렌즈를 사용할 수 있음을 알 수 있다. → ○

4. '모든 카메라보다 가볍지는 않다.'고 하였으므로 P보다 가벼운 카메라가 존재한다. → ×

5. P와 Q는 모두 A사에서 출시되었다. → ○

6. 마지막 문장에서 'Q는 ~ 무선 인터넷을 통해 SNS 등으로 바로 사진을 옮길 수 있다.'라고 하였으므로 일치한다. → ○

26 ③

신당에서 6호선을 타고 약수에서 환승한 뒤 3호선으로 갈아타 옥수(F)에 들린 뒤, 다시 3호선을 타고 고속터미널에서 환승한 뒤 7호선으로 갈아타 사가정(C)으로 가는 것이 가장 효율적이다.

27 ④

F→B→E 또는 F→E→B의 순서로 이동할 수 있다.

㉠ F에서 B로 이동할 때 9정거장과 1번의 환승이 필요하고, B에서 E로 이동할 때 9정거장과 2번의 환승이 필요하다.

㉡ F에서 E로 이동할 때 8정거장과 1번의 환승이 필요하고, E에서 B로 이동할 때 9정거장과 2번의 환승이 필요하다.

28 ①

각각의 프로그램이 받을 점수를 계산하면 다음과 같다.

분야	프로그램명	점수
미술	내 손으로 만드는 철로	$\{(26 \times 3) + (32 \times 2)\} = 142$
인문	세상을 바꾼 생각들	$\{(31 \times 3) + (18 \times 2)\} = 129$
무용	스스로 창작	$\{(37 \times 3) + (25 \times 2)\} +$ 가산점 $30\% = 209.3$
인문	역사랑 놀자	$\{(36 \times 3) + (28 \times 2)\} = 164$
음악	연주하는 사무실	$\{(34 \times 3) + (34 \times 2)\} +$ 가산점 $30\% = 221$
연극	연출노트	$\{(32 \times 3) + (30 \times 2)\} +$ 가산점 $30\% = 202.8$
미술	예술캠프	$\{(40 \times 3) + (25 \times 2)\} = 170$

따라서 가장 높은 점수를 받은 연주하는 사무실이 최종 선정된다.

29 ④

① 총 인원이 250명이므로 블루 연회장과 골드 연회장이 적합하다.

② 송년의 밤 행사이니 저녁 시간대에 진행되어야 한다.

③ 평일인 4~5일과 11~12일은 업무 종료 시간이나 연회부의 동 시간대 투입 인력 조건 등 제한으로 예약이 불가능하다.

④ 모든 조건을 고려했을 때 예약 가능한 연회장은 6일 블루, 7일 골드, 13일 블루, 14일 블루 또는 골드이다.

⑤ 5일에 실버 연회장 예약이 취소된다면 블루 연회장으로 예약이 가능하다.

30 ②

제시된 제7조~제12조까지의 내용은 각 조항별로 각각 인원보안 업무 취급 부서, 비밀취급인가 대상자, 비밀취급인가 절차, 비밀취급인가대장, 비밀취급인가의 제한 조건, 비밀취급인가의 해제 등에 대하여 언급하고 있다.

② 비밀의 등급이나 비밀에 해당하는 문서, 정보 등 취급인가 사항에 해당되는 비밀의 구체적인 내용에 대해서는 언급되어 있지 않다.

31 ②
① 일종의 기업협동으로 다른 기업의 주식보유를 통한 지배와 시장의 독점을 시도한다. 가맹기업의 독립성은 없고, 동일 산업부문 또는 기술적으로 관련된 수직적인 산업부문만의 자본 지배를 말한다.
③ 경제적으로 일종의 기업연합이나 법률적으로는 계약적 결합이며 법인격이 인정되지 않는다. 합리화 카르텔과 같이 시장지배나 경제제한을 목적으로 하지 않는 것도 있지만, 본래 어느 정도의 계약이나 협정의 범위 내에서의 경쟁 제한을 목적으로 발생하였다.
④ 콘체른과 같은 수직적 기업집단과는 달리 일정수의 유사한 규모의 기업들이 원재료와 신기술의 이용을 목적으로 사실상의 제휴를 하기 위하여 근접한 지역에서 대등한 관계로 결성하는 수평적 기업집단(특정 공업단지 내의 기업집단)을 말한다.
⑤ 이종 기업의 주식을 무차별 집중매입하여 합병함으로써 기업의 규모를 확대시켜 대기업의 이점을 추구하려는 다각적 합병을 말한다.

32 ③
속성 관리도는 이항분포 또는 포아송 분포를 가정한다.

33 ③
이익분배제는 노사 간의 계약에 의한 기본임금 이외에 기업 조직의 각 영업기마다 결산이윤의 일부를 종업원들에게 부가적으로 지급하는 제도로써, 종업원은 이익배당 참여권 및 분배율을 근속년수와 연관시킴으로써, 종업원들의 장기근속을 유도할 수 있다.

34 ④
인사관리의 대상은 인간이다.

35 ②
임금피크제도(Salary Peak System)는 기업 조직의 구성원들이 일정 정도의 연령에 이르게 되면 해당 구성원들의 생산성에 의해 임금을 지급하는 제도를 말한다.

36 ④
네트워크 조직은 고도로 분권화되어 있다.

37 ④
노사관계의 발전과정
전제적 노사관계 → 온정적 노사관계 → 근대적 노사관계 → 민주적 노사관계

38 ③
a. BCG 매트릭스는 시장성장률과 상대적 시장점유율을 결합하여 4개의 사업영역으로 분류한다. c. BCG 매트릭스의 문제아 영역(물음표 영역)은 시장성장률은 높지만 상대적 시장점유율이 낮은 전략사업단위를 지칭한다.

39 ②
매트릭스(matrix)조직(복합조직, 행렬조직)
㉠ 개념 : 전통적 조직과 프로젝트팀을 통합시킨 조직을 말한다.
㉡ 특징
• 명령계통의 다원화
• 구성원은 사업구조와 기능구조에 중복 소속
㉢ 기능 : 프로젝트팀의 장점에 신축성, 역동성, 자율성을 결합한 기능 수행

40 ①

② 전속적 유통전략 : 자사 제품만을 취급할 수 있는 제한된 수의 소매점

③ 선택적 유통전략 : 집중적 유통전략과 전속적 유통전략의 중간적 형태

④ 푸시전략 : 판매원에 의한 인적판매를 통해 소비자에게 밀어붙이면서 판매하는 유통전략

41 ②

리엔지니어링 … 마이클 해머가 제창한 기업 체질 및 구조의 근본적 변혁을 말한다. 사업 활동을 근본적으로 새롭게 생각하여 업무의 방법 및 조직구조를 혁신시키는 재설계방법이다. 기업 재구성이 인원삭감 또는 부분폐쇄 등에 의존한 것과 달리 기업전략에 맞추어 업무진행을 재설계하는 것을 주안점으로 하는 특징이 있다.

42 ③

마케팅믹스(marketing mix) … 마케팅 믹스란 목표시장에서의 기업의 목적을 달성하기 위한 통제 가능한 마케팅 변수를 적절하게 배합하는 것을 말하며 마케팅 변수는 다음과 같다.

㉠ 제품(Product) : 품질, 성능, 포장, 상표, 크기, 서비스, 보증, 반품 등

㉡ 가격(Price) : 정가, 할인, 대금 결제 조건, 공제, 할부기간 등

㉢ 유통(Place) : 경로, 입지, 재고, 상권, 운송 등

㉣ 촉진(Promotion) : 광고, 인적 판매, 홍보, 판매촉진 등

43 ④

④ 재고투자를 최소화하기 위한 재고관리모형이다.

※ 재고관리모형

㉠ EOQ(Economic Order Quantity) 모형 : 경제적주문량이란 주문비용과 재고유지비용을 합한 연간 총비용이 최소가 되도록 하는 주문량을 말한다. 즉, 재고품의 단위원가가 최소가 되는 1회 주문량을 말한다.

㉡ ROP 모형 : 주문기간을 일정하게 하고 주문량을 변동시키는 모형이다.

㉢ ABC 관리방식 : 재고자산의 가치나 중요도에 따라 중점 관리하는 기법이다.

㉣ 자재소요계획 : 시기별로 제품생산에 필요한 자재소요량을 분석하여 재고투자를 최소화하기 위한 재고관리모형의 일종이다. 생산일정 및 재고통제기법이라 할 수 있다.

㉤ JIT 재고모형 : 생산과정에서 필요한 양의 부품이 즉시에 도착하기 때문에 재고의 유지가 필요없거나 극소량의 재고만을 유지함으로써 재고관리비용을 최소화시키는 방법이다.

44 ②

② 풀 마케팅전략의 판매수단은 광고를 활용하여 대중의 관심과 욕구를 자극하여 소비자의 직접적인 구매를 유도하는 촉진전략이다. 따라서 잘 알려지지 않은 브랜드의 제품을 손님이 많이 드나드는 매장에 전시하는 것은 기업 측이 적극적으로 유통업체에게 판매촉진 활동을 요청하는 푸시 전략에 해당한다.

45 ④

마케팅조사 과정

조사문제의 정의 → 마케팅조사의 설계 → 자료의 수집 → 자료의 분석 및 설계 → 조사결과의 보고

46 ③

종속제품 가격책정, 즉 구속가격(captive pricing) 또는 노획가격은 프린터와 프린터 잉크, 카메라와 필름, 컴퓨터와 소프트 웨어 등의 완전 보완재의 경우 주품목의 가격은 저렴하게, 부품목의 가격은 비싸게 책정하여 판매하는 방식이다. 예컨대 면도기의 가격은 낮게 책정하고 면도날의 가격은 높게 책정한다든지, 프린터의 가격은 낮은 마진을 적용하고 카트리지나 다른 소모품의 가격은 높은 마진을 적용하는 등의 가격결정 방식이다.

47 ①

행위기준 고과법은 직무성과에 초점을 맞추기 때문에 높은 타당성을 유지하며, 피고과자의 구체적인 행동 패턴을 평가 척도로 사용하므로 신뢰성 또한 높고, 고과자 및 피고과자 모두에게 성공적인 행동 패턴을 알려줌으로써, 조직의 성과향상을 위한 교육효과도 있어 수용성 또한 높은 편이므로, 다양하면서도 구체적인 직무에의 활용이 가능하다.

48 ②

JIT(Just In Time) 시스템은 필요한 시기에 필요한 양 만큼의 단위를 생산해내는 시스템을 의미한다.

49 ①

Frei(2006)의 '고객에 기인한 변동성'의 다양한 불확실성 유형은 다음과 같다.

- ㉠ **방문의 변동성**(arrival variability) : 서비스 받기 위해 고객이 방문하는 시간의 불확실성
- ㉡ **요구의 변동성**(request variability) : 고객이 서비스-제품 묶음에 대해 요구하는 내용의 불확실성
- ㉢ **역량의 변동성**(capability variability) : 고객이 서비스에 참여하는 능력에서의 불확실성
- ㉣ **수고/노력의 변동성**(effort variability) : 고객이 기꺼이 적합한 행동을 취할지에 대한 불확실성
- ㉤ **주관적 선호의 변동성**(subjective-preference variability) : 서비스의 수행방식과 관련된 무형적 선호도의 불확실성

50 ③

물류기능의 3가지 책임 영역

- ㉠ **운송수단의 결정** : 공급사슬상의 입지 간에 물리적으로 제품을 어떻게 운송할 것인가에 관한 것이다. 즉, 제품을 철도, 항공, 트럭 또는 이들 방식의 조합으로 운송할 것인가를 정하는 것이다.
- ㉡ **포장 및 자재취급** : 이송하거나 보관할 제품을 보호할 방법을 마련하는 것이다. 잘못된 포장 및 자재취급은 제품을 상하게 만든다. 예를 들어 상하기 쉬운 제품(예 : 과일, 채소, 고기 등)을 장거리로 운송할 때 적절한 냉장이 필요하다. 그렇지 않으면 제품이 상하거나 소비하기에 안전하지 못할 것이다.
- ㉢ **보관지점의 입지 및 관리** : 공급사슬상에 얼마나 많은 보관시설을 둘 것인가, 보관시설을 어디에 둘 것인가, 어떻게 보관시설을 관리할 것인가 등에 초점이 있다. 보관시설의 수, 크기, 입지 등은 공급사슬이 수요에 얼마나 민감하게 반응할 수 있는가에 영향을 미친다. 이들 시설은 하류로 제품을 운송하는 조직, 상류로부터 제품을 공급받는 조직, 또는 최근 점점 늘어가는 추세로서 운송서비스를 제공하는 제3의 독립물류업체에 소속되어 있을 수 있다.

51 ③

필요(needs)는 인간이 살아가는 데 있어 필요한 음식, 옷, 집, 안전, 소속감, 사회적 지위 등과 같은 기본적인 것들이 부족한 상태를 의미하며, 욕구(wants)는 이러한 필요를 충족시킬 수 있는 어떠한 구체적인 수단을 원하는 것을 의미하는 것으로 배가 고프다는 것은 '필요(needs)'이지만 실질적으로 라면 또는 햄버거를 먹고 싶다고 느끼는 것은 '욕구(wants)'이다.

52 ④

④ 정성적 예측기법은 경영자의 판단에 의존하는 것이다. 이 기법은 특정한 모델을 사용하지 않는다. 따라서, 사람들이 동일한 정성적 기법을 사용해도 서로 다른 다양한 수요예측치에 이를 수 있다. 하지만 정성적 기법은 자료가 부족하거나 과거의 자료가 미래에 대한 좋은 지표가 되지 못할 경우 유용하다. 이러한 경우 의사결정권자는 사용가능한 최선의 자료와 정성적 기법을 사용해서 수요예측치를 얻는다.

53 ⑤

판단적 기법은 마케터 또는 관련 분야의 전문가들의 판단에 의존하는 예측방법으로 이에는 단순 추세 연장법, 판매사원 의견 종합법, 전문가 의견 종합법, 델파이 기법 등이 있다.

54 ⑤

회상적 문제해결(recalled problem solving)은 과거에 구매한 경험이 없지만 기억 속에 저장된 대안을 구매하는 것을 말하며, 과거에 구매하였던 대안을 습관적으로 구매하는 것은 일상적 문제해결(routinized problem solving)을 의미한다.

55 ⑤

모든 시스템은 기업 내부 및 외부의 환경과 상호작용한다. 기업 내부의 상호작용이란 다기능적 의사결정을 의미한다. 또한 외부환경과의 상호작용은 기업운영의 경제적·물리적·사회적·정치적 환경을 통해 발생한다. 운영은 여러 가지 외부환경으로 둘러싸여 있으며 지속적으로 이들과 상호작용한다.

56 ⑤

공급업자의 품질 기록이 상당히 좋을 때에는 전수검사보다 샘플검사를 사용한다.

57 ⑤

린 생산방식(lean production system)은 작업 공정 혁신을 통해 비용은 줄이고 생산성은 높이는 것을 말한다. 즉 숙련된 기술자들의 편성과 자동화 기계의 사용으로 적정량의 제품을 생산하는 방식이다. 이는 일본의 '도요타자동차'가 창안한 생산방식으로서 기존의 수공업적 생산방식에서 나타나는 원가상승 및 대량 생산 문제의 대안이다.

58 ⑤

기간품목군 상품은 재고관리가 가장 중요한 품목이다. 따라서 품절을 방지하기 위해 매장뿐만 아니라 창고에서도 재고를 보관해야 한다.

59 ①

① 정량발주시스템에서의 발주 시기는 비정기적이다.

60 ①

판매개념(selling concept)은 충분한 규모의 판매촉진 노력이 이루어지지 않으면 소비자는 충분한 양의 제품을 구매하지 않을 것이라는 사고를 의미한다.

>>> **철도관련법령**

61 ③

해설 국토교통부장관은 철도기술의 진흥 및 육성을 위하여 철도기술전반에 대한 연구 및 개발에 노력하여야 한다〈철도산업발전기본법 제11조 제1항〉.

62 ③

해설 철도산업구조개혁의 기본방향〈철도산업발전기본법 제17조〉

㉠ 국가는 철도산업의 경쟁력을 강화하고 발전기반을 조성하기 위하여 철도시설 부문과 철도운영 부문을 분리하는 철도산업의 구조개혁을 추진하여야 한다.

㉡ 국가는 철도시설 부문과 철도운영 부문간의 상호 보완적 기능이 발휘될 수 있도록 대통령령으로 정하는 바에 의하여 상호협력체계 구축 등 필요한 조치를 마련하여야 한다.

63 ②.

철도시설관리권〈철도산업발전기본법 제26조 제1항〉…국토교통부장관이 철도시설을 관리하고 그 철도시설을 사용하거나 이용하는 자로부터 사용료를 징수할 수 있는 권리를 말한다.

64 ③

① 공사의 주된 사무소의 소재지는 정관으로 정한다〈한국철도공사법 제3조 제1항〉.

② 공고의 방법도 설립등기사항에 포함된다〈한국철도공사법 시행령 제2조 제6호〉.

④ 공사는 업무수행을 위하여 필요하면 이사회의 의결을 거쳐 필요한 곳에 하부조직을 둘 수 있다〈한국철도공사법 제3조 제2항〉.

⑤ 공사는 설립등기사항에 변경이 있는 때에는 주된 사무소의 소재지에서 2주일 이내에 변경된 사항을 등기하여야 한다〈한국철도공사법 시행령 제5조〉.

65 ①

사채청약서의 기재 사항〈한국철도공사법 시행령 제10조 제2항〉

㉠ 공사의 명칭
㉡ 사채의 발행총액
㉢ 사채의 종류별 액면금액
㉣ 사채의 이율
㉤ 사채상환의 방법 및 시기
㉥ 이자지급의 방법 및 시기
㉦ 사채의 발행가액 또는 그 최저가액
㉧ 이미 발행한 사채 중 상환되지 아니한 사채가 있는 때에는 그 총액
㉨ 사채모집의 위탁을 받은 회사가 있을 때에는 그 상호 및 주소

66 ②

철도사업법은 철도사업에 관한 질서를 확립하고 효율적인 운영여건을 조성함으로써 철도사업의 건전한 발전과 철도 이용자의 편의를 도모하여 국민경제의 발전에 이바지함을 목적으로 한다〈철도사업법 제1조〉.

67 ①

철도사업자는 국토교통부장관이 지정하는 날 또는 기간에 운송을 시작하여야 한다. 다만, 천재지변이나 그 밖의 불가피한 사유로 철도사업자가 국토교통부장관이 지정하는 날 또는 기간에 운송을 시작할 수 없는 경우에는 국토교통부장관의 승인을 받아 날짜를 연기하거나 기간을 연장할 수 있다〈철도사업법 제8조〉.

68 ①

사업계획의 중요한 사항 변경의 경우〈철도사업법 시행령 제5조〉.

㉠ 철도이용수요가 적어 수지균형의 확보가 극히 곤란한 벽지노선으로서 공익서비스비용의 보상에 관한 계약이 체결된 노선의 철도운송서비스(철도여객운송서비스 또는 철도화물운송서비스를 말한다)의 종류를 변경하거나 다른 종류의 철도운송서비스를 추가하는 경우
㉡ 운행구간의 변경(여객열차의 경우에 한한다)
㉢ 사업용철도 노선별로 여객열차의 정차역을 신설 또는 폐지하거나 10분의 2 이상 변경하는 경우
㉣ 사업용철도 노선별로 10분의 1 이상의 운행횟수의 변경(여객열차의 경우에 한한다). 다만, 공휴일·방학기간 등 수송수요와 열차운행계획상의 수송력과 현저한 차이가 있는 경우로서 3월 이내의 기간 동안 운행횟수를 변경하는 경우를 제외한다.

69 ⑤

철도사업자가 홈페이지에 게시하고 관계 역·영업소 및 사업소 등에 갖추어 두어야 하는 내용〈철도사업법 제20조 제3항〉

㉠ 여객운임표
㉡ 여객요금표
㉢ 감면사항
㉣ 철도사업약관

70 ⑤

점용허가 취소사유〈철도사업법 제42조의2 제1항〉

㉠ 점용허가 목적과 다른 목적으로 철도시설을 점용한 경우

㉡ 시설물의 종류와 경영하는 사업이 철도사업에 지장을 주게 된 경우

㉢ 점용허가를 받은 날부터 1년 이내에 해당 점용허가의 목적이 된 공사에 착수하지 아니한 경우. 다만, 정당한 사유가 있는 경우에는 1년의 범위에서 공사의 착수기간을 연장할 수 있다.

㉣ 점용료를 납부하지 아니하는 경우

㉤ 점용허가를 받은 자가 스스로 점용허가의 취소를 신청하는 경우

1 ③

'수축'은 '근육 따위가 오그라듦'이라는 뜻이고, '이완'은 '굳어서 뻣뻣하게 된 근육 따위가 원래의 상태로 풀어짐'이라는 뜻이다. 따라서 두 단어는 서로 대조의 의미 관계에 있다. 이와 같이 상반된 의미를 가진 단어로는 '압축'과 '복원'이 있다. '압축'은 '물질 따위에 압력을 가하여 그 부피를 줄임'이라는 뜻이고, '복원'은 '원래대로 회복함'이라는 뜻으로 의미상 대조 관계를 이룬다.

① 동물은 사슴을 포함한다. 즉, 둘은 상하 관계에 있다.

② 바늘은 시계를 구성하는 하나의 부분이다. 즉, 둘은 부분-전체 관계에 있다.

④ 은총과 총애는 서로 의미가 비슷한 유의 관계에 있다.

⑤ 손(手)과 손(客)은 소리는 같지만 의미에 유사성이 없는 동음이의 관계에 있다.

2 ②

② 여자는 지문에서 나타난 '혼인기간(배우자의 국민연금 가입기간 중의 혼인기간만 해당)이 5년 이상인 자'라는 요건을 갖추지 못했다.

3 ③

밑줄 친 '열고'는 '모임이나 회의 따위를 시작하다.'의 뜻으로 쓰였다. 따라서 이와 의미가 동일하게 쓰인 것은 ③이다.

① 닫히거나 잠긴 것을 트거나 벗기다.

② 사업이나 경영 따위의 운영을 시작하다.

④ 새로운 기틀을 마련하다.

⑤ 자기의 마음을 다른 사람에게 터놓거나 다른 사람의 마음을 받아들이다.

4 ①

① **침강(沈降)** : 밑으로 가라앉음

② **침식(侵蝕)** : 외부의 영향으로 세력이나 범위 따위가 점점 줄어듦

③ **침체(沈滯)** : 어떤 현상이나 사물이 진전하지 못하고 제자리에 머무름

④ **침범(侵犯)** : 남의 영토나 권리, 재산, 신분 따위를 침노하여 범하거나 해를 끼침

⑤ **침해(侵害)** : 침범하여 해를 끼침

5 ②

신호전자사업소장으로부터 통신설비가 중단되어야 하는 작업계획을 보고 받으면 해당 작업이 열차의 안전 운행에 지장이 없는지를 확인해야 하고, 지장이 있다고 판단될 경우 해당 작업의 취소를 지시하여야 한다.

6 ⑤

⑺, ⑻, ⑼는 설화 속에서 다양한 성격으로 등장하는 호랑이 모습을 예를 들어 설명하고 있다.
① 분석 ② 과정 ③ 정의 ④ 인과

7 ④

④ 세 번째 문단을 보면 객관적인 성취의 크기로 보자면 은메달 수상자가 동메달 수상자보다 더 큰 성취를 이룬 것이 분명하나, 은메달 수상자와 동메달 수상자가 주관적으로 경험한 성취의 크기는 이와 반대로 나왔다고 언급하고 있다. 따라서 주관적으로 경험한 성취의 크기는 동메달 수상자가 은메달 수상자보다 더 큰 것을 알 수 있다.

8 ①

마지막 문단에서 공간 정보 활용 범위의 확대 사례 사례로 여행지와 관련한 공간 정보 활용과 도시 계획 수립을 위한 공간 정보 활용, 자연재해 예측 시스템에서의 공간 정보 활용 등을 제시하여 내용을 타당성 있게 뒷받침하고 있다.

9 ②

'기억의 장소'의 구체적 사례에 대해서는 언급되지 않았다.
①③⑤ 두 번째 문단에서 언급하였다.
④ 네 번째 문단에서 언급하였다.

10 ③

ⓒ은 3년간 축제 참여 현황을 통해 나타난 사실에 대한 언급이다. 나머지 ㉠, ㉡, ㉣, ㉤은 화자의 생각이자 예측으로, 사실이 아닌 의견으로 구분할 수 있다.

11 ⑤

빅데이터는 데이터의 양이 매우 많을 뿐 아니라 데이터의 복잡성이 매우 높다. 데이터의 복잡성이 높으면 다양한 파생 정보를 끌어낼 수 있다. 즉, 빅데이터에서는 파생 정보를 얻을 수 있다.

12 ④

• 전체 연구책임자 중 공학전공의 연구책임자가 차지하는 비율

$$\frac{11,680+463}{19,134+2,339}\times100=\frac{12,143}{21,473}\times100\fallingdotseq56.6\%$$

• 전체 연구책임자 중 의학전공의 여자 연구책임자가 차지하는 비율

$$\frac{400}{19,134+2,339}\times100=\frac{400}{21,473}\times100\fallingdotseq1.9\%$$

따라서 전체 연구책임자 중 공학전공의 연구책임자가 차지하는 비율과 전체 연구책임자 중 의학전공의 여자 연구책임자가 차지하는 비율의 차이는 56.6 - 1.9 = 54.7%p이다.

13 ②

⑺ A직업의 경우는 200명 중 35%이므로 200×0.35 =70명이, C직업의 경우는 400명 중 25%이므로 $400\times0.25=100$명이 부모와 동일한 직업을 갖는 자녀의 수가 된다. (O)

⑻ B와 C직업 모두 75%로 동일함을 알 수 있다. (O)

⑼ A직업을 가진 자녀는 $200\times0.35+300\times0.25+400\times0.25=245$명, B직업을 가진 자녀는 $200\times0.2+300\times0.25+400\times0.4=275$명이다. (X)

⑽ 기타 직업을 가진 자녀의 수는 각각 200×0.05 =10명, $300\times0.15=45$명, $400\times0.1=40$명으로 B직업을 가진 부모가 가장 많다. (O)

14 ②

② 모든 초등학교 교원 수 : $150 \times 30 \times 1.3 = 5,850$명

모든 중학교 교원 수 : $70 \times 36 \times 1.8 = 4,536$명

모든 고등학교 교원 수 : $60 \times 33 \times 2.1 = 4,158$명

모든 중학교와 고등학교의 총 교원 수의 합 : $4536 + 4158 = 8,694$명

따라서 모든 초등학교의 교원 수는 모든 중학교와 고등학교의 교원 수의 합보다 적다.

① 모든 초등학교 학생 수 : $150 \times 30 \times 32 = 144,000$명

모든 중학교 학생 수 : $70 \times 36 \times 35 = 88,200$명

모든 고등학교 학생 수 : $60 \times 33 \times 32 = 63,360$명

모든 초등학교 학생 수와 중학교 학생 수의 차이 : $55,800$명

모든 중학교 학생 수와 고등학교 학생 수의 차이 : $24,840$명

③ 모든 초등학교 주간 수업시수 : $150 \times 30 \times 28 = 126,000$시간

모든 중학교 주간 수업시수 : $70 \times 36 \times 34 = 85,680$시간

④ 모든 중학교의 교원당 학생 수 : $70 \times 36 \times 1.8 \times 19 = 86,184$명

⑤ 모든 중학교 학급 수 : $70 \times 36 = 2,520$개

모든 고등학교 학급 수 : $60 \times 33 = 1,980$개

$\dfrac{\text{모든 고등학교 학급 수}}{\text{모든 중학교 학급 수}} \times 100 = 78.57 \cdots$

따라서 모든 고등학교 학급 수는 모든 중학교 학급수의 약 79%이다.

15 ③

③ 전체 기업 수의 약 99%에 해당하는 기업은 중소기업이며, 중소기업의 매출액은 1,804조 원으로 전체 매출액의 약 $1,804 \div 4,760 \times 100 = $ 약 37.9%를 차지하여 40%를 넘지 않는다.

① 매출액과 영업이익을 각 기업집단의 기업 수와 비교해 보면 계산을 하지 않아도 쉽게 확인할 수 있다.

② 매출액 대비 영업이익률은 영업이익 ÷ 매출액 × 100으로 구할 수 있다. 각각을 구하면 대기업이 $177 \div 2,285 \times 100 = $ 약 7.7%로 가장 높고, 그 다음이 $40 \div 671 \times 100 = $ 약 6.0%의 중견기업, 마지막이 $73 \div 1,804 \times 100 = $ 약 4.0%인 중소기업 순이다.

④ 전체 기업 수의 약 1%에 해당하는 대기업과 중견기업이 전체 영업이익인 290조 원의 약 74.8% $(= 217 \div 290 \times 100)$를 차지한다.

⑤ 대기업은 $2,047,000 \div 2,191 = $ 약 934명이며, 중견기업은 $1,252,000 \div 3,969 = $ 약 315명이므로 3배에 육박한다고 말할 수 있다.

16 ④

- 첫 번째 생산성 조건에 따르면 A생산라인과 B생산라인을 각각 가동할 때, A생산라인은 1시간에 25개(정상 20개), B생산라인은 1시간에 50개(정상 45개)를 만든다.

- 두 번째 생산성 조건에서 두 라인을 동시에 가동하면 시간 당 정상제품 생산량이 각각 20%씩 상승한다고 하였으므로 A생산라인은 시간당 24개, B생산라인은 시간당 54개의 정상제품을 생산한다.

- A생산라인을 먼저 32시간 가동하였을 때 만들어진 정상제품은 $20 \times 32 = 640$개이므로 최종 10,000개의 납품을 맞추려면 9,360개의 정상제품이 더 필요하다.

- 두 생산라인을 모두 가동한 시간을 x라 할 때, 두 생산라인을 모두 가동하여 9,360개를 생산하는 데 걸리는 시간은 $(24 + 54)x = 9,360$이므로 $x = 120$이다.

17 ②

ⓒ A지역은 여름과 겨울에 전력사용량이 증가하는 것으로 보아 산업용보다 주택용 전력사용량 비중이 높을 것이다.

ⓔ 공급 능력이 8,000만kW, 최대 전력 수요가 7,200kW라면 공급예비율(=공급 능력−최대 전력 수요)이 10% 이상으로 유지되도록 대책을 마련해야 한다.

18 ①

A~E의 지급 보험금을 산정하면 다음과 같다.

피보험물건	지급 보험금
A	주택, 보험금액 ≥ 보험가액의 80%이므로 손해액 전액 지급→6천만 원
B	일반물건, 보험금액 < 보험가액의 80%이므로 손해액 × $\dfrac{보험금액}{보험가액의\ 80\%}$ 지급 →$6,000 \times \dfrac{6,000}{6,400} = 5,625$만 원
C	창고물건, 보험금액 < 보험가액의 80%이므로 손해액 × $\dfrac{보험금액}{보험가액의\ 80\%}$ 지급 →$6,000 \times \dfrac{7,000}{8,000} = 5,250$만 원
D	공장물건, 보험금액 < 보험가액이므로 손해액 × $\dfrac{보험금액}{보험가액}$ 지급 →$6,000 \times \dfrac{9,000}{10,000} = 5,400$만 원
E	동산, 보험금액 < 보험가액이므로 손해액 × $\dfrac{보험금액}{보험가액}$ 지급 →$6,000 \times \dfrac{6,000}{7,000} =$ 약 $5,143$만 원

따라서 지급 보험금이 많은 것부터 순서대로 나열하면 A − B − D − C − E이다.

19 ④

㉠ 2020년에 '갑'이 x원어치의 주식을 매수한 뒤 같은 해에 동일한 가격으로 전량 매도했다고 하면, 주식을 매수할 때의 주식거래 비용은 $0.1949x$원이고 주식을 매도할 때의 주식거래 비용은 $0.1949x + 0.3x = 0.4949x$원으로 총 주식거래 비용의 합은 $0.6898x$원이다. 이 중 증권사 수수료는 $0.3680x$원으로 총 주식거래 비용의 50%를 넘는다.

ⓒ 금융투자협회의 2024년 수수료율은 0.0008%로 2023년과 동일하다.

20 ③

주어진 자료를 근거로 괄호 안의 숫자를 채우면 다음과 같다.

구분	2023년	2024년
남(초) + 여(초)	$260 - 22 = 238$	$(241 + 238 + x) \div 3 = 233,\ x = 220$
남(재) + 여(초)	$15 - 4 = 11$	$(14 + 11 + x) \div 3 = 12,\ x = 11$
남(초) + 여(재)	$19 - 4 = 15$	$(16 + 15 + x) \div 3 = 16,\ x = 17$
남(재) + 여(재)	$41 - 7 = 34$	$(33 + 34 + x) \div 3 = 33,\ x = 32$

따라서 ㉠은 초혼 남자이므로 '남(초) + 여(초)'인 220명과 '남(초) + 여(재)'인 17명의 합인 237명이 되며, ㉡은 재혼 남자이므로 '남(재) + 여(초)'인 11명과 '남(재) + 여(재)'인 32명의 합인 43명이 된다.

21 ②

㈎ 매년 '남(초) + 여(재)'의 건수가 '남(재) + 여(초)'의 건수보다 많으므로 타당한 판단이라고 볼 수 있다.

㈏ 이혼율 관련 자료가 제시되지 않아 이혼율과 초혼 간의 혼인율의 상관관계를 판단할 수 없다.

㈐ 여성의 재혼 건수는 2016년, 2018년, 2020년에 전년보다 증가하였다. 이때 남성의 재혼 건수도 전년보다 증가하였으므로 타당한 판단이다.

㈑ 2024년에는 10년 전보다 초혼, 재혼 등 모든 항목에 있어서 큰 폭의 감소를 나타내고 있다.

따라서 타당한 판단은 ㈎와 ㈐이다.

22 ⑤

① 2호 : 최대 주주가 자연인인 경우 본인, 배우자 및 직계존·비속

② 6호 : 회사와 거래관계 등 중요한 이해관계에 있는 법인의 이사, 감사 및 피용자

③ 4호 : 이사의 배우자 및 직계존·비속

④ 7호 : 회사의 이사 및 피용자가 이사로 있는 다른 회사의 이사, 감사 및 피용자

23 ⑤

보기의 명제를 대우 명제로 바꾸어 정리하면 다음과 같다.

㉠ ~인사팀 → 생산팀(~생산팀 → 인사팀)

㉡ ~기술팀 → ~홍보팀(홍보팀 → 기술팀)

㉢ 인사팀 → ~비서실(비서실 → ~인사팀)

㉣ ~비서실 → 홍보팀(~홍보팀 → 비서실)

이를 정리하면 '~생산팀 → 인사팀 → ~비서실 → 홍보팀 → 기술팀'이 성립하고 이것의 대우 명제인 '~기술팀 → ~홍보팀 → 비서실 → ~인사팀 → 생산팀'도 성립하게 된다. 따라서 이에 맞는 결론은 보기 ⑤의 '생산팀을 좋아하지 않는 사람은 기술팀을 좋아한다.'뿐이다.

24 ①

②

원래 시료	딸기향 10㎖, 바다향 10㎖, 바닐라향 10㎖, 파우더향 10㎖, 커피향 10㎖
1차 조합 및 결과	바닐라향 10㎖ + 파우더향 10㎖ = 바닐라향 20㎖
	딸기향 10㎖, 바다향 10㎖, 커피향 10㎖
2차 조합 및 결과	딸기향 10㎖ + 바닐라향 10㎖ = 딸기향 10㎖ + 베리향 10㎖
	바닐라향 10㎖, 바다향 10㎖, 커피향 10㎖
3차 조합 및 결과	딸기향 10㎖ + 커피향 10㎖ = 커피향 20㎖
	베리향 10㎖, 바닐라향 10㎖, 바다향 10㎖

③

원래 시료	딸기향 10㎖, 바다향 10㎖, 바닐라향 10㎖, 파우더향 10㎖, 커피향 10㎖
1차 조합 및 결과	딸기향 10㎖ + 바닐라향 10㎖ = 딸기향 10㎖ + 베리향 10㎖
	바다향 10㎖, 파우더향 10㎖, 커피향 10㎖
2차 조합 및 결과	바다향 10㎖ + 파우더향 10㎖ = 바다향 20㎖
	딸기향 10㎖, 베리향 10㎖, 커피향 10㎖

④

원래 시료	딸기향 10㎖, 바다향 10㎖, 바닐라향 10㎖, 파우더향 10㎖, 커피향 10㎖
1차 조합 및 결과	바다향 10㎖ + 바닐라향 10㎖ = 바다향 10㎖ + 나무향 10㎖
	딸기향 10㎖, 파우더향 10㎖, 커피향 10㎖
2차 조합 및 결과	딸기향 10㎖ + 바다향 10㎖ = 숲속향 20㎖
	나무향 10㎖, 파우더향 10㎖, 커피향 10㎖
3차 조합 및 결과	숲속향 10㎖ + 파우더향 10㎖ = 숲속향 20㎖
	숲속향 10㎖, 나무향 10㎖, 커피향 10㎖

⑤

원래 시료	딸기향 10㎖, 바다향 10㎖, 바닐라향 10㎖, 파우더향 10㎖, 커피향 10㎖
1차 조합 및 결과	딸기향 10㎖ + 파우더향 10㎖ = 딸기향 20㎖
	바다향 10㎖, 바닐라향 10㎖, 커피향 10㎖
2차 조합 및 결과	바다향 10㎖ + 바닐라향 10㎖ = 바다향 10㎖ + 나무향 10㎖
	딸기향 20㎖, 커피향 10㎖
3차 조합 및 결과	바다향 10㎖ + 커피향 10㎖ = 커피향 20㎖
	딸기향 20㎖, 나무향 10㎖

25 ③

조건에 따라 그림으로 나타내면 다음과 같다. 네 번째 술래는 C가 된다.

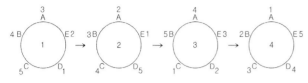

26 ④

④ 예능 프로그램 2회 방송의 총 소요 시간은 1시간 20분으로 1시간짜리 뉴스와의 방송 순서는 총 방송 편성시간에 아무런 영향을 주지 않는다.

① 채널1은 3개의 프로그램이 방송되었는데 뉴스 프로그램을 반드시 포함해야 하므로, 기획물이 방송되었다면 뉴스, 기획물, 시사정치의 3개 프로그램이 방송되었다.

② 기획물, 예능, 영화 이야기에 뉴스를 더한 방송시간은 총 3시간 40분이 된다. 채널2는 시사정치와 지역 홍보물 방송이 없고 나머지 모든 프로그램은 1시간 단위로만 방송하므로 정확히 12시에 프로그램이 끝나고 새로 시작하는 편성 방법은 없다.

③ 9시에 끝난 시사정치 프로그램에 바로 이어진 뉴스가 끝나면 10시가 된다. 기획물의 방송시간은 1시간 30분이므로, 채널3에서 영화 이야기가 방송되었다면 정확히 12시에 기획물이나 영화 이야기 중 하나가 끝나게 된다.

⑤ 예능 2회분은 1시간 20분이 소요되며, 뉴스 1시간, 영화 이야기 30분을 모두 더하면 총 2시간 50분이 소요된다. 따라서 12시까지는 2시간 10분이 남게 되어 4종류의 프로그램만 방송될 경우, 예능(2회분), 뉴스, 영화 이야기와 함께 시사정치가 방송될 수밖에 없다.

27 ⑤

⑤ 채널2에서 영화 이야기 프로그램 편성을 취소하면 3시간 10분의 방송 소요시간만 남게 되므로 정각 12시에 프로그램을 마칠 수 없다.

① 기획물 1시간 30분 + 뉴스 1시간 + 시사정치 2시간 30분 = 5시간으로 정각 12시에 마칠 수 있다.

② 뉴스 1시간 + 기획물 1시간 30분 + 예능 40분 + 영화 이야기 30분 + 지역 홍보물 20분 = 4시간이므로 1시간짜리 다른 프로그램을 추가하면 정각 12시에 마칠 수 있다.

③ 시사정치 2시간 + 뉴스 1시간 + 기획물 1시간 30분 + 영화 이야기 30분 = 5시간으로 정각 12시에 마칠 수 있다.

④ 예능 1시간 20분 + 뉴스 1시간 = 2시간 20분이므로 시사정치가 2시간 이상 방송하여 11시 30분 또는 11시 40분에 종료한다면, 영화 이야기나 지역 홍보물을 추가하여 모두 4종류의 프로그램을 정각 12시에 마칠 수 있다.

28 ②

통화대기를 한 경우이므로 이 부장 통화 후 수화기를 들고 통화대기 버튼을 눌러야 한다.

① 세 자리 내선번호의 맨 앞자리는 각 부서를 의미하는 것임을 알 수 있다.

③ 당겨 받을 경우 * 버튼을 두 번 누르면 되므로 신 대리의 내선번호를 누를 필요는 없다.

④ 타 직원에게 전화를 돌려주는 경우이므로 # 버튼을 누른 후 이 대리의 내선번호인 105번을 반드시 눌러야 한다.

⑤ # 버튼을 누르는 것은 타 직원에게 전화를 돌려주는 것이므로 상대방의 통화가 아직 끝나지 않은 것이다.

29 ⑤

조건에 따라 신규 매장 위치를 표시하면 다음과 같다. 따라서 신규 매장이 위치할 수 없는 곳은 ⓔ이다.

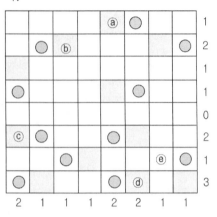

30 ①

- 甲 : 사망자가 공무원의 부모이고, 해당 공무원이 2인 이상(직계비속인 C와 D)인 경우이므로 사망한 자를 부양하던 직계비속인 공무원인 D가 사망조위금 최우선 순위 수급권자이다.
- 乙 : 사망자 C는 공무원의 배우자이자 자녀이다. 해당 공무원이 2인 이상(직계존속인 A와 B, 배우자인 D)인 경우이므로 사망한 자의 배우자인 공무원인 D가 사망조위금 최우선 순위 수급자이다.
- 丙 : 사망자 A 본인이 공무원인 경우로, 사망조위금 최우선 순위 수급자는 사망한 공무원의 배우자인 B가 된다.

31 ①

소비자가 문제를 인식하게 되는 계기는 내적 요인에 의한 것(즉, 소비자 자신이 스스로 문제를 인식하는 것)과 외적 요인에 의한 것(즉, 소비자 자신은 문제를 인식하지 못하였는데, 광고나 또는 주변 사람 등과 같은 외적인 자극으로 인해 문제를 인식하게 되는 것)이 있다.

32 ④

실험적 방법은 변수들 사이의 함수관계를 발견하기 위해 통제된 상황 하에서 독립변수를 인위적으로 조작 및 변화시켰을 때 그것이 종속변수에 끼치는 효과를 객관적으로 측정 및 관찰해서 파악하는 실증적 연구방법이다.

33 ③

프로세스 관리에서의 기본적인 변동성의 원천으로는 제공되는 제품이나 서비스의 다양성, 수요의 구조적 변동, 우연변동, 이상변동 등이 있다.

34 ⑤

수정재구매(modified rebuy) 상황은 외부요인(예 원자재 가격의 급변)뿐만 아니라 내부 요인(예 구매자 회사의 인사이동)에 의해서도 발생할 수 있다.

35 ④

피케팅이란, 노조의 쟁의행위를 효과적으로 수행하기 위한 것을 말한다.

36 ③

표준은 대응적이라기보다는 예측적이어야 한다. 즉, 표준은 과거의 불평보다는 현재나 미래의 고객기대에 기반을 두어야 한다.

37 ①

조직 공정성은 분배적(Distributive), 절차적(Procedural), 관계적(Interactional) 공정성의 3가지 측면에서 고려되어지고 있다.

38 ④

예측은 비용효과가 높아야 한다.

39 ③

③ 저성장, 저점유율의 사업단위로 회수나 철수전략을 선택하는 것은 Dog라고 하며, Question Mark는 고성장, 저점유율의 사업단위로 성장 가능성이 있을 경우 확대전략, 경쟁력이 없을 것으로 판단되는 경우 회수 혹은 철수전략을 선택한다.

40 ②

② 둘은 서로 배타적이지 않고 보완적인 것이다. 불량률을 낮추는 것과 생산원가를 낮추는 것이 상충관계에 있지 않다는 것이 일본 기업들에 의하여 증명되었기 때문이다.

41 ③

역세분화(counter-segmentation)는 시장에서 점유율이 높은 회사보다는 점유율이 낮은 회사들에게 적합한 방법이다.

42 ①

소비자 구매의사결정과정

문제의 인식 → 정보의 탐색 → 대안의 평가 → 구매 → 구매 후 행동

43 ③

제품 사용자에 의한 포지셔닝은 자사 제품의 적절한 사용 상황을 설정함으로서 타 사 제품과 사용상황에 따라 차별적으로 다르다는 것을 소비자에게 인식시키는 전략을 말한다. 문제에서 접대가 많은 비즈니스맨 (접대 상황을 표현)에게 타 음료보다 자사의 음료 (컨디션)가 적절하다는 것으로 포지셔닝하고 있으며, 아기용 샴푸 (민감한 피부로 반응하는 어린 아기들이 사용해야 하는 샴푸의 상황을 표현)에는 자사의 샴푸 (존슨 앤 존슨)가 가장 적절하다고 포지셔닝하고 있다.

44 ③

변혁적 리더십(Transformational Leadership)은 조직구성원들로 하여금 리더에 대한 신뢰를 갖게 하는 카리스마는 물론, 조직변화의 필요성을 감지하고 그러한 변화를 이끌어 낼 수 있는 새로운 비전을 제시할 수 있는 능력이 요구되는 리더십이다

45 ③

생산용량 관련 결정은 흔히 자원을 장기적으로 한 곳에 고정시키며, 이런 결정은 일단 실행되면 큰 비용을 초래하지 않고는 변경하기가 매우 어렵거나 불가능하다.

46 ③

새로 추가된 상품 품목이 경쟁자의 고객을 빼앗아 오는 것이 아닌 자사의 다른 상품 품목의 고객을 빼앗을 가능성이 높아지게 되는 데 이를 자기잠식(cannibalization)이라고 한다.

47 ④

④ 팀원들의 역할과 기능에 대한 분명한 이해이다.

48 ⑤

선택적 왜곡은 일단 주의를 기울여 받아들인 정보를 자기들이 미리 갖고 있던 선입관에 맞추어 해석하는 경향을 말한다.

49 ②

스블릭(therbligs)은 한 업무를 구성하는 기본적 요소 동작을 의미하는 것으로 탐색, 선택, 쥐기, 쥐고 있기, 옮기기, 놓기 등이 있다.

50 ①

추종상표는 시장선도 상표를 따르는 후발제품의 브랜드인데, 이 경우에는 여러 판촉수단을 사용하여 시장 선도제품을 사용하고 있는 소비자들로 하여금 상표전환을 유도하는 전략을 사용하는 것이 유리하다. 그렇기 때문에 이러한 마케팅 전략은 다양성 추구 구매행동을 보이는 소비자에 적합하다.

다양성 추구 구매행동의 경우에는 소비자 관여도가 낮지만 브랜드 간의 차이가 상당히 큰 구매상황에서 나타나게 되며 이러한 행동을 보이는 소비자는 브랜드를 자주 바꾼다.

51 ④

접점직원은 해당 조직을 대표하고 고객의 만족에 직접적으로 영향을 미칠 수 있으므로 이들은 마케터의 역할을 수행하고 있는 것이다.

52 ⑤

새로운 시장을 창출하는 혁신적인 신상품(예 무인 자동차)이 얻을 수 있는 판매량은 잠재구매자를 대상으로 한 컨셉트 테스트와 같은 방법으로 예측하기는 상당히 어렵다.

53 ①

학습곡선 사용자는 이월효과(carryover effect)를 간과하기도 한다. 학습비율이 같게 유지된다 하더라도, 유사한 작업을 한 경험이 작업시간 감소에 영향을 줄 수 있다.

54 ①

같은 브랜드의 상품이 서로 다른 유통경로로 판매될 경우, 경로 간의 갈등을 일으킬 위험이 있다.

55 ③

식스시그마가 특정 조직에서 성공하기 위해서는 최고경영층의 참여가 필수적이다.

56 ④

그림1은 차별화 마케팅 전략, 그림 2는 비차별화 마케팅 전략, 그림 3은 집중화 전략을 나타낸다.
① 차별적 마케팅 전략에서 적용 가능한 경우는 다음과 같다.

㉠ 각 세분시장이 명확하게 이질적일 때

㉡ 제품수명주기에서 성숙기, 쇠퇴기로 접어들 때

㉢ 제품 관여도가 큰 제품의 경우

㉣ 다양성이 높은 제품의 경우

㉤ 총매출액 증가 및 단위비용 증가

② 그림 1은 차별화 시장으로써 전체 시장을 여러 개의 세분시장으로 나누고, 이들 모두를 목표시장으로 삼아 각기 다른 세분시장의 상이한 욕구에 부응할 수 있는 마케팅믹스를 개발하여 적용함으로서 기업의 마케팅 목표를 달성하고자 하는 것이다. 전체 시장의 매출이 증가한다는 이점이 있는 반면에 각 세분시장에 차별화된 제품과 광고 판촉을 제공하기 위해 비용 또한 늘어나는 단점이 있다.

③ 비차별적 마케팅 전략에서 적용 가능한 경우는 다음과 같다.

㉠ 소비자의 욕구, 선호도 등이 동질적일 때

㉡ 제품수명주기에서 도입기, 성장기에 해당할 때

㉢ 밀가루, 설탕 등과 같은 표준적, 보편적인 생활필수품

㉣ 대량생산, 대량유통, 대량광고

④ 그림 2에 해당하는 비차별적 마케팅 전략은 전체 시장을 하나의 동일한 시장으로 간주하고, 하나의 제품을 제공하는 전략으로 규모의 경제, 즉 비용을 줄일 수 있다. 하지만 모든 계층의 소비자를 만족시킬 수 없으므로 경쟁사가 쉽게 틈새시장을 찾아 시장에 진입할 수 있다. 하지만 그림 3에 해당하는 집중화 전략은 전체 세분시장 중에서 특정 세분시장을 목표시장으로 삼아 집중 공략하는 전략을 의미하는 것으로 해당 시장의 소비자 욕구를 보다 정확히 이해하여 그에 걸 맞는 제품과 서비스를 제공함으로서 전문화의 명성을 얻을 수 있다. 동시에 생산과 판매 및 촉진활동을 전문화함으로서 비용을 절감시킬 수 있다. 하지만 대상으로 하는 세분시장의 규모가 축소되거나 경쟁자가 해당 시장에 뛰어들 경우 위험이 크며, 자원이 한정(제한)된 중소기업 등에서 사용하는 전략이다.

⑤ 집중적 마케팅 전략의 경우에서 적용 가능한 경우는 다음과 같다.

㉠ 기업의 경영자원 부족으로 전체시장을 지배하기 어려울 때

㉡ 제품수명주기에서 도입기, 성장기에 해당할 때

㉢ 다양성이 높은 제품의 경우

57 ③

MOT(Moment of Truth)는 고객과 기업이 접촉하는 '결정적인 순간'을 표현하는 것으로, 기업의 생존이 결정되는 순간이라고 할 수 있다. MOT는 고객접점 서비스, 결정적 순간 또는 진실의 순간이라고 표현된다. 이는 고객과 서비스요원 사이의 15초 동안의 짧은 순간에서 이루어지는 서비스를 의미하는 것이지, 고객이 매장에 들어서서 구매를 결정하기까지의 시간을 의미하는 것이 아니다.

58 ①

제품의 품질, 특성, 스타일 등의 수정을 통해 신규고객을 유인하거나 기존 고객의 사용빈도를 높이는 것은 성숙기의 전략에 해당한다.

59 ⑤

㉤은 지각수용자(laggard)로써 전통에 얽매어 있고, 변화를 의심하고 혁신이 전통이 된 후에야 수용한다.

60 ③

소비자의 관여도(consumer involvement)는 소비자가 제품을 구매할 때 기울이는 노력 또는 개입의 정도를 나타내는 것으로, 소비자 특성, 제품 특성, 상황 특성에 의해 영향을 받는다. 소비자의 관여도가 낮은 제품은 광고를 해도 소비자가 별다른 관심을 기울이지 않는다.

>>> 철도관련법령

61 ②

철도산업정보화기본계획에 포함되어야 할 내용〈철도산업발전기본법 시행령 제15조 제1항〉

㉠ 철도산업정보화의 여건 및 전망

㉡ 철도산업정보화의 목표 및 단계별 추진계획

㉢ 철도산업정보화에 필요한 비용

㉣ 철도산업정보의 수집 및 조사계획

㉤ 철도산업정보의 유통 및 이용활성화에 관한 사항

㉥ 철도산업정보화와 관련된 기술개발의 지원에 관한 사항

㉦ 그 밖에 국토교통부장관이 필요하다고 인정하는 사항

62 ③

국토교통부장관은 철도차량 등의 운행정보의 제공, 철도차량 등에 대한 운행통제, 적법운행 여부에 대한 지도·감독, 사고발생시 사고복구 지시 등 철도교통의 안전과 질서를 유지하기 위하여 필요한 조치를 할 수 있도록 철도교통관제시설을 설치·운영하여야 한다〈철도산업발전기본법 시행령 제24조 제4항〉.

63 ④

선로등사용계약을 체결할 경우 충족해야 할 기준〈철도산업발전기본법 시행령 제35조 제2항〉

㉠ 해당 선로등을 여객 또는 화물운송 목적으로 사용하려는 경우일 것

㉡ 사용기간이 5년을 초과하지 않을 것

64 ⑤

공사의 자본금은 22조 원으로 하고, 그 전부를 정부가 출자한다〈한국철도공사법 제4조 제1항〉.

65 ②

공사는 철도사업과 관련하여 일반 업무시설, 판매시설, 주차장, 여객자동차터미널 및 화물터미널 등 철도 이용자에게 편의를 제공하기 위한 역세권 개발 사업을 할 수 있고, 정부는 필요한 경우에 행정적·재정적 지원을 할 수 있다〈한국철도공사법 제13조〉.

66 ②

② 철도사업자란 한국철도공사 및 철도사업 면허를 받은 자를 말한다〈철도사업법 제2조 제8호〉.

67 ①

① 여객운송과 관련된 설비·용역에 대한 대가는 신고에서 제외한다〈철도사업법 제9조 제1항〉.

② 철도사업법 제9조 제1항

③ 철도사업법 시행령 제3조 제1항

④ 철도사업법 시행령 제4조 제1항

⑤ 철도사업법 제9조의2 제1항

68 ①

국토교통부장관은 공동운수협정의 경미한 사항 변경에 대한 신고를 받은 날부터 3일 이내에 신고수리여부를 신고인에게 통지하여야 한다〈철도사업법 제13조 제3항〉. ⑤

69 ⑤

관리지원센터의 업무〈철도사업법 제25조의5 제2항〉.

ㄱ 민자철도의 교통수요 예측, 적정 요금 또는 운임
  및 운영비 산출과 관련한 자문 및 지원
ㄴ 민자철도의 유지·관리 및 운영에 관한 기준과 관
  련한 자문 및 지원
ㄷ 운영평가와 관련한 자문 및 지원
ㄹ 실시협약 변경 등의 요구와 관련한 자문 및 지원
ㅁ 국토교통부장관이 위탁하는 업무
ㅂ 그 밖에 이 법에 따른 민자철도에 관한 감독 지원
  을 위하여 국토교통부령으로 정하는 업무

70 ③

1년 이하의 징역 또는 1천만 원 이하의 벌금〈철도사업법
제49조 제2항〉

ㄱ 등록을 하지 아니하고 전용철도를 운영한 자
ㄴ 거짓이나 그 밖의 부정한 방법으로 전용철도의 등
  록을 한 자